D1881690

नागार्जुन का रचना-संसार

नागार्जुन का रचना-संसार

विजय बहादुर सिंह

वाणी प्रकाशन

वाणी प्रकाशन

4695, 21-ए, दरियागंज, नयी दिल्ली 110 002

फ़ोन : +91 11 23273167 फ़ैक्स : +91 11 23275710

शाखाएँ

अशोक राजपथ, पटना 800 004, बिहार

कॉफ़ी हाउस कैम्पस, महात्मा गांधी मार्ग, इलाहाबाद 211 001, उत्तर प्रदेश

महात्मा गांधी अन्तरराष्ट्रीय हिन्दी विश्वविद्यालय, वर्धा 442 001, महाराष्ट्र

सुल्तानिया रोड, मोतिया पार्क, भोपाल 462 001, मध्य प्रदेश

www.vaniprakashan.com
marketing@vaniprakashan.in
sales@vaniprakashan.in

Nagarjun Ka Rachana-Sansar
by Vijay Bahadur Singh

ISBN : 978-93-5000-105-9
Criticism

© विजय बहादुर सिंह

संस्करण 2009, 2014
तृतीय संस्करण 2022

मूल्य : ₹ 495

इस पुस्तक के किसी भी अंश को किसी भी माध्यम में प्रयोग करने के लिए प्रकाशक से लिखित अनुमति लेना अनिवार्य है।

जयंत प्रिंटरी, एलएलपी, मुम्बई-02 में मुद्रित

वाणी प्रकाशन का लोगो मक़बूल फ़िदा हुसेन की कूची से

अग्रज तुल्य
डॉ. कृष्णबिहारी मिश्र
और
डॉ. चन्द्रभूषण तिवारी के लिए

दूसरे संस्करण की भूमिका

भवानी प्रसाद मिश्र और नागार्जुन मेरे प्रिय कवियों में रहे हैं। कहने और सोचने के ढंग से लेकर उठने-बैठने के अपने सहज देशी ढंग के चलते। मध्यवर्ग की तमाम प्रचलित और जानी पहचानी मुद्राओं से अलग। ये लोग सिर्फ लिखते ही नहीं थे, लिखे को जीते भी थे। आग में कूदने का कोई मौका आया तो उसमें कूद भी जाते थे। गाँधी की अगुवाई में चलने वाला स्वदेशी आन्दोलन, सन् बयालीस का भारत छोड़ो आन्दोलन या फिर स्वामी सहजानन्द सरस्वती और महापण्डित राहुल सांकृत्यायन द्वारा प्रवर्तित किसान आन्दोलन हो, भवानी प्रसाद मिश्र और नागार्जुन ने अपनी जगजाहिर हाजिरी बजाई। आपात्काल (सन् 75 से 77) में भी ये दोनों तेजस्वी बूढ़े हिन्दी कविता की प्रतिरोधी छवि लेकर आगे आये। कुछ लोगों के हिसाब से नागार्जुन ने आपात्काल में जेल से निकलने के लिए शासन से माफी माँगी। ऐसे लोगों का वश चलता तो यह भी प्रचलित करते कि किसान-आन्दोलन में भी जेल जाने वाले नागार्जुन की माफी माँगकर बाहर आये थे। ये वे लोग हैं जिनके दोमुँहे, घृणित आचरणों ने भाषा के शब्दों में बेभरोसेमंदी पैदा की है, अधिकांश सत्ता-समर्थक और आपात्काल में दुम दबाकर चुप्पी साध लेने वाले लोग। विरोध की कार्रवाई को भी विरोध की चिकनी-चुपड़ी सुरक्षित राजनीति में बदल डालने वाले सयाने लोग।

नागार्जुन इसीलिए हमेशा अपनी चेतना की दुर्दान्त पुकार पर 'एकला चलो रे' की राह चलते रहे। उनका यह 'चलना' उनके लेखन में हमेशा साफ-साफ दिखता रहा, इस विलक्षण भंगिमा के साथ—

दोस्त है, दुश्मन है
खास है, कॉमन है
छाँटो भी, मीजो भी, धुनको भी

चुप-चुप तो मौत है
पीप है, कठौत है
बमको भी, खाँसी भी, खुनको भी

नागार्जुन मुझे अपनी इन्हीं अदाओं के चलते बेहद आकर्षक लगते रहे। खूबसूरत भी इसीलिए कि उनके लेखन के सन्दर्भ हमारे उन जीवन-सन्दर्भों की याद दिलाते रहे जिनसे नये भारतीय समाज का नवनिर्माण होना है। उनकी वे चिन्ताएँ भी जो उनके मार्फत व्यक्त होकर भी भारत की लोक-बिरादरी की स्वाभाविक और गहरी चिन्ताएँ हैं।

एक कवि के रूप में नागार्जुन के व्यक्तित्व की जड़ें वाल्मीकि, वेदव्यास और कालिदास जैसे कवियों में हैं तो शाखाएँ-प्रशाखाएँ, टहनियाँ और पत्ते उस वातावरण में जो धरती में आसमान तक फैला हुआ है। उनकी कल्पनाओं का चेहरा ज़मीनी है और भाषा का संगीत बहुरंगी और बहुआयामी। संवेदना तो ऐसी व्यापक और करुण, यत्र-तत्र क्षोभकारी और आक्रात्मक कि कविता जिन्दगी की भाषा बन गई है।

एक ऐसे कविता-समय में जहाँ सब सिद्धान्तवादी सृजन में अनुशासित शिल्पियों की तरह जुटे हुए हों, नागार्जुन ने ऐसे अनुशासनों को अँगूठा दिखाते हुए वे नई मर्यादाएँ रची हैं जिनसे ठस्स होती रचनाशीलता बेदखल हो सकी है। अपने चुनौतीपूर्ण सृजन से वे यह बता सके हैं कि कवि की आधार पहचान सिद्धान्तों का विनिवेशन नहीं, लोकानुभवों का भाषानुवाद करना है। और लोकानुभवकभी भी प्रायोजित नहीं किए जा सकते। यह नागार्जुन जैसे कवियों को पढ़ते हुए ही जाना जा सकता है कि कविता सचेत दुनियादारी की कमाई नहीं है। वह तो समय और सृष्टि की आत्मा की सामूहिक पुकार है। नागार्जुन जैसे कवियों के आलोचकों को यह संस्कार तो विकसित करना ही चाहिए कि कविता का सौन्दर्य-दर्शन उस सैद्धान्तिक चीरफाड़ में नहीं है जो उसकी सार-सत्ता को तरह-तरह से एक वैज्ञानिक की तरह बिखेर देता है। हिन्दी की आलोचना का अधिकांश इन दिनों प्रायः इसी सिद्धान्त-विवेचन और विश्लेषण में लगा है। एकदम यांत्रिक-पद्धति से। उसके पास तयशुदा नियम और औजार हैं। ये ताकत तो कम सीमाएँ कुछ अधिक हैं। अधिक सही यह कि सीमाओं और मशीनोन्मुखता को ही इसने अपनी पहचान बना लिया है। हिन्दी भाषा की समूची सृजनशीलता इसके इस किये का पाप भुगत रही है।

नागार्जुन जैसे कवि भी काफी दिनों तक इसके शिकार हुए। ऐसी ही परिस्थितियों में मैंने यह किताब लिखी थी। तब तक कवि के उपन्यासों की तुलना में कविता-संग्रहों की संख्या तो नगण्य-सी थी। फिर भी जो कविताएँ सामने थीं, उनमें कवि की प्रतिभा का विस्फोट साफ लक्षित किया जा सकता था। एक असाधारण कवि तमाम पारम्परिक ज़मीनों को जगह-जगह से जोत-जात कर खेत की मिट्टी को इस तरह उलट-पलट रहा था कि कविता की नई फसल बोई जा सके। इसमें क्या सन्देह कि बीज एकदम नये और ताकतवर थे और बोने का ढंग एकदम ताजा। सुपरिचित वातावरण को नये सिरे से रचने और प्रभाव पैदा करने की कोशिशें। कह सकते हैं अनुभवों को देखने की एक नई निगाह। किन्तु इससे भी कहीं अधिक उस जीवन को कविता की

वर्ण्य-सामग्री में बदलने की पहल जो हमेशा से परिधि पर भी रहने देने का अधिकारी नहीं माना गया था। वह विपन्न, दारिद्र्य-पीड़ित, अन्याय छाया-ग्रस्त जीवन कविता जिसके प्रति करुणा से भी और गरुआई हुई थी, यात्किंचित क्षोभ-युक्त। प्रेमचन्द जैसे कथाकार इसकी अगुवाई कर चुके थे। वैचारिक स्तर पर तो समूचा राष्ट्रीय आन्दोलन और वामपंथ भी यह कर ही रहा था किन्तु उसे भावान्दोलन में बदलने का काम तो कविगण ही करते हैं। नागार्जुन यह काम कर रहे थे इसे साबित करने और दुहराने की जरूरत नहीं बची।

कविता अगर घिस-पिट चुके अनुभवों की आवृत्ति नहीं है, न ही उस अर्थशून्य हो चुकी भाषा का संगीत जिससे जीवन ही प्रतिध्वनित नहीं होता तो कविता एक ऐसी कार्रवाई में बदल जाया करती है जिसे रस्मी कार्रवाई कहते हैं। नागार्जुन इस मायने में हमेशा सचेत रहकर उस अर्थ की प्रतिभा गढ़ते रहे जो छद्म कविता के जंजाल में गुम हो गया था। उन्होंने ठोस जीवन-सन्दर्भों को सटीक अभिव्यंजना देकर ऐसा वातावरण रचा कि कविता, भाषा-परम्परा और लोक-समाज पास-पास आ सकें। उन्होंने उस काव्य-संगीत को भी साथ लि या जिसे कई अद्वितीय विशिष्टों ने फिजूल मान छोड़ रखा था। इस मायने में नागार्जुन उस रूप में नये नहीं है जैसे कि कतिपय प्रयोगवादी और नये कवितावादी हैं। नागार्जुन की नवीनता और प्रयोगशीलता उस निगाह में है जो कविता और जीवन की परस्परता और एकता में विश्वास करती है। कविता को जीवन का अनुवाद मानती है। और बुनियादी जीवन-संघर्षों को कविता का प्राण समझती है।

पारंपरिक अर्थों में नागार्जुन महाकवि नहीं है। किन्तु वे महान कवि यदि नहीं भी कहे जाएँ तो भी उनकी गिनती इसी श्रेणी में होगी क्योंकि राष्ट्रीय वेदनाओं की उनकी संवेदनीयता और राष्ट्रीय आन्दोलन के गहरे सपनों के प्रति उनकी सजगता और आग्रहशीलता उन्हें यह स्थान स्वतः मुहैया करा देती है। आलोचक ठीक ही कहते हैं कि नागार्जुन आजादी के बाद के राष्ट्रीय जीवन-यथार्थ के सबसे बड़े कवि-प्रवक्ता हैं। यद्यपि उनकी मुख्य मुद्रा तीखी आलोचनात्मक है किन्तु उनके पाठक जानते हैं कि कोमल और सुन्दर का सन्निवेश और सृजन भी उनके यहाँ बेजोड़ है। प्रकृति हो या प्रेम, राजनीति हो या धर्म, सभ्यता आदि, उद्योग-व्यापार हो या विज्ञान और ज्ञान, यहाँ तक कि इतिहास-पुराण और देवी-देवता हों, सबके सब कविता के इस लोकतन्त्र में अपने उस चेहरे के साथ मौजूद हैं, जिसे ये सत्ताएँ प्रायः छिपाने और बचाने का काम करती हैं। नागार्जुन की कविता की विश्वसनीयता यही है कि वह हमारे अनुभवों की जुबान बन जाती है।

ऐसे कवि पर 79-80 में लिखकर मैंने जो हिमाकत की थी, दूसरे संस्करण में उसी को दुहराने का सुख लूट रहा हूँ। इच्छा तो थी कि इसमें कुछ नया जोड़ूँ पर यहाँ जो तेवर अपनाया गया है, उसकी वापसी सम्भव नहीं। इसलिए मूल स्वरूप को

जस-का-तस रहने दिया है। समूचे नागार्जुन इससे भले न जाने जा सकें पर पहचाने तो जरूर जा सकेंगे। उनकी विरल भावुकता, विकल उद्विग्नता, उनका असाधारण नेह-छोह, गहरा लगाव, बेचैनी-छटपटाहट, डाँट-डपट और निर्मम आत्मालोचन सब यहाँ थोड़ा-थोड़ा झलकेंगे। बहुत का दावा तो यों भी शालीन नहीं माना जाता। फिर, आलोचना का यह काम भी नहीं है। उसका काम तो सौन्दर्य संधान और उसकी अनुकूल व्याख्या है। कोई चाहे तो 'पुनर्विचार' के रास्ते से भी गुजरे, किन्तु विचार कर चुकने के बाद ही।

पहले इसे संभावना प्रकाशन, हापुड़ के कथाकार मित्र अशोक अग्रवाल ने छापा था। लगभग तीन दशक बाद अब इसे वाणी प्रकाशन के स्वामी श्री अरुण माहेश्वरी दुबारा प्रकाशित कर रहे हैं। नागार्जुन के पाठकों के बीच इसकी बढ़ती माँग को देखते हुए उनका यह निर्णय सर्वहितकारी है। वे धन्यवाद के पात्र हैं।

उम्मीद है, नागार्जुन पर लिखी यह पहली आलोचना नागार्जुन के पहले पाठकों को अप्रिय नहीं लगेगी।

29, निराला नगर

—विजय बहादुर सिंह

2009

दुष्यन्त कुमार मार्ग,
भोपाल-462003
09425030392

अनुक्रम

दो पत्र

पूज्य बाबा,

प्रणाम।

किताब लगभग पूरी हो चली है फिर भी कुछ बातें कहने को रह गई हैं। जब छपकर सामने आ जाएगी ऐसा तब भी लगता रहेगा। जीवनी को लेकर ढेर सारी जिज्ञासाएँ अब भी मन में हैं। मुझे यह भी मालूम है कि आपका सारा साहित्य शोभाकान्त जी समेटने में अभी लगे ही हुए हैं। इस नाते अपने काम के अधूरेपन को समझ रहा हूँ। तब भी जिद किए बैठा हूँ कि इस अधूरे को ही सामने रखकर आगे की कोशिश जारी रखूँ। कौन आलोचक अब तक अपने लेखक को पूरा-पूरा जान सका है। हम सब अपनी-अपनी समझदारियाँ भर ही पेश करते रहे हैं। यही हमारे लिए सहज सम्भव भी है।

आपको लेकर पार्टी और बाहर के दोस्तों में काफी बकझक होती रहती है। आपकी नीयत पर जो शक नहीं करते, वे भी आपके कई निर्णयों को लेकर पसोपेश में पड़ जाते हैं। मैं यहीं अपने को मुक्त रख सका हूँ और मुझे लगा है कि पार्टी या उसकी सीमाएँ किसी भी रचनाकार के लिए बेहद रचना विरोधी होती हैं। लेखक सिर्फ रटे हुए बाहरी शब्दों का इस्तेमाल नहीं करता, उसके सामने लोक के सर्वथा तीखे अनुभव और प्रतीतियाँ रहा करती हैं, जिस प्रवाह में मोटे तौर पर सारी औपचारिक धारणाएँ झड़ जाती हैं। गोर्की हों या प्रेमचन्द, रामविलास शर्मा हों या नागार्जुन, सबका ध्यान उस अतिक्रामक मानवतत्त्व पर होता है जिसमें अनेकानेक मानव भविष्य छिपे रहते हैं। यहीं हर लेखक स्वयंजीवी होता है। आप भी हैं, मैं यही समझ पाया हूँ।

आप जैसे लेखकों को पढ़ते हुए बार-बार यह महसूस होता है कि राष्ट्र प्रेम और राष्ट्रीय समस्याएँ ही आपके लेखन को प्रेरणा देती रही हैं। अगर आपके संवेदनसूत्र बाढ़, अकाल, महामारी, राजनीतिक पतन, सामाजिक भ्रष्टाचार, स्वार्थप्रियता, गरीबी, भलमनसाहत, गँवई नेह-छोह से परस्पर विरोधी मुद्राओं में जुड़े न होते तो शायद ही यह लेखन इतना जीवन्त, इतना प्रामाणिक, इतना आलोचना-मुखर और स्वप्नगर्भी होता। आप चाहते तो मजे से मोटे-मोटे उपन्यास लिखते और उस लिक्खाड़ पुरुषार्थ का सुख लूटते। या किसी सरकारी, गैर-सरकारी पद पर बैठे-बैठे सुविधा की रस-मलाई

उड़ाते। पर विद्याव्यसनी अध्यापक, तत्त्व शोधी बौद्ध भिक्षु, यात्री-गृहस्थ आंदोलनी कवि और कथाकार हुए, वह जो समाज की रूढ़ियों के खिलाफ जन-जागरण कर रहा हो। भला गँवई हिंदुस्तानी जनता अपने मसीहाओं को अब तक कहाँ समझ सकी है, जो आपको समझती? शहरी आबादी तो मकान-दूकान और मोटरकार की दौड़ में यह भी भुला चुकी है कि धनिया में घोड़े की लीद मिला देने से समाज के स्वास्थ्य पर कोई असर भी पड़ेगा। और आप लेखक लोग हैं जिन्हें हर क्षण राष्ट्रीय स्वास्थ्य की चिंता परेशान कर रही है। मुक्तिबोध के शब्दों में 'फिक्र से फिक्र लगी' हुई है। जो व्यवहार प्रेमचन्द, निराला, राहुल को उनके समाज से प्राप्त हुआ, वही आपको भी मिल रहा है। अगले प्रेमचन्द, निराला और नागार्जुन के लिए भी लगभग यही तय है। सरकारें जिस तरह के पालतू लेखन की तलाश में हैं वैसा तो आप लोग कर नहीं सकते। तब जो यह आत्म संघर्ष की नियति है, उसे ही जिन्दगी का रस-रक्त बनाए चलना, चलता ही रहेगा। यहाँ न प्रकाशक कुछ करेगा न पाठक और न संस्कृति प्रेमी भद्र समाज ही। फिक्र करेंगे त्रिलोचन और शमशेर। मरणोपरान्त वीरता पुरस्कार शैली में किसी गाँव-टोले में उनकी जयन्ती मना ली जाएगी। तब भी लोक संघर्ष को आत्म संघर्ष, लोक सुख को स्वांतः सुख मानकर जिन्दगी जीने की विलक्षणता बनी ही रहेगी। सचमुच देशप्रेम कोई बच्चों या अनाड़ियों का खेल नहीं है। वह अब भी शहादतें माँगता है। लेखक से भी। पाठक से भी। आप लोगों को इसी में सुख मिलता है, तो इस स्वतन्त्र वरण के लिए हजार-हजार आभार, लाख-लाख शुक्रिया।

आप न केवल जनता के पक्ष में लिखते हैं बल्कि पाठक रूप में भी वह हमेशा आपके सामने रहती है। आजादी या उद्धार जब बिचौलियों के द्वारा सम्पन्न होते हैं, चीजें आसमान से गिर खजूर पर लटक जाती हैं। धरती-पुत्रों तक पहुँचने का वायदा वायदा ही रह जाता है। सच्चा स्वातन्त्र्य तो तब आएगा जब आम हिन्दुस्तानी अपने बल-बूते पर लोकतन्त्र की इमारत का ढाँचा खड़ा करेगा। विद्रोह या क्रान्ति जब तक चन्द पढ़े-लिखे बुद्धि व्यापारियों के तमाशे बने रहेंगे—सामाजिक परिवर्तन का आना टेढ़ी खीर है। हमारा वामपंथ भी राजनीतिक कर्मकाण्डों, वर्ग भेदों और वर्णक्रमों का शिकार हो चला है। एकाध प्रदेशों की बात छोड़ दी जाए तो तीस-बत्तीस साल होने को आए मेरे गाँव के अलगू गड़रिया और घिसई तेली ने सुना ही नहीं कि कोई डाँगे, कोई नाम्बुदरीपाद और कोई ज्योति बसु और चारु मजुमदार भी हुए हैं। हाँ लोहिया, कृपलानी तक वह जरूर सुन सका है। आम जनता की खुशहाली की बात करने वाले वामपंथ की अभी यहाँ कोई पहुँच ही नहीं है। लगता है वहाँ तक पहुँचते-पहुँचते चुनावों का चक्कर खत्म हो जाएगा और हम आराम से किसी बन्द घर में बैठे-बैठे अपनी रोटियाँ तोड़ सकेंगे—अगर वे मिलती गईं तो। हाँ अगर वरुण के बेटे, बाबा बटेसरनाथ, बलचनमा, पारो, रतिनाथ की चाची, नुक्कड़ कविताएँ गाँवों तक पहुँच सकें तो शायद वह सामाजिक प्रतिरोध जन्म ले सके, जो पिछले

दिनों से चन्द लेखकों की किताबों के पन्नों की धरोहर बनकर रह गया है। मेरा पाठकीय प्रयास इसी मंशा का एक सगुण उपक्रम है। मैंने जान-बूझ कर अपनी बात को गैर पण्डिताऊ ढंग से कहने की कोशिश की है। आमफहम भाषा में आलोचना के नंगे हो जाने के खतरे भरपूर हैं। और आजकल रचनात्मक आलोचना सर्जनात्मक लेखन से भी आगे निकल चुकी है। मैं उसे समानधर्मी नहीं समानान्तरगामी बनाने की जुगत भिड़ा रहा हूँ। महारथियों को यह अन्दाज खटकेगा जरूर पर मुझे उसकी चिन्ता कहाँ है?

और आप ही कब किसकी परवाह करते हैं।

29-12-79 विजयबहादुर सिंह
विदिशा (म.प्र.)

विजय बाबू,

आपके कई पत्र इधर भी मिले हैं। नवम्बर और दिसम्बर में लगभग बीस रोज हमारा-आपका विदिशा में साथ रहा। आपकी राय के अनुसार अपने से सम्बन्धित कुछ खास मुद्दों पर मैं प्रकाश डालूँ तो वह प्रस्तुत पुस्तक में जुड़ जाएगा...। बहुत अच्छी बात है।

अपने बारे में मित्रों एवं अमित्रों के मन्तव्य सभी को सुनने पड़ते हैं। आपको भी अपने बारे में परस्पर विरोधी मन्तव्य सुनाई पड़ते होंगे। अपने बारे में प्रतिकूल, अशोभन, झूठे और हानिकारक मन्तव्य सुनकर अविचल रह जाना पाषाण धर्मिता का पर्याय होगा। मुझे खुशी है कि अब तक मैं पाषाण नहीं बन पाया।

अपने बारे में, संक्षेप में ही कहना चाहूँगा। सम्भवतः चालीस-पचास पंक्तियों से अधिक नहीं लिख पाऊँगा। लिखने को तो अपने बारे में सौ-पचास पृष्ठ कोई भी रचनाकार लिख-लिखा लेगा। लेकिन मैं जानबूझ कर संक्षेप का सहारा ले रहा हूँ।

मुझे यह सब व्यर्थ लगने लगा है। किसने, कब, कहाँ, मेरे प्रसंग में क्या कहा? मेरे पक्ष या विपक्ष में अमुक शोधकर्ता ने अपनी क्या राय जाहिर की है या किस परिचर्चा गोष्ठी में कौन मेरा परिहास कर रहा था?...मेरे हितैषियों ने समय-समय पर मुझे इस बात की सूचना देने की कोशिश की है। वामपंथी एवं वामगंधी बंधुओं के परामर्श, चेतावनियाँ, शीतोष्ण उपदेश...यह सब मेरे इन कानों तक पहुँचते रहे हैं...परंतु सर्वाधिक परवाह जिस तत्त्व की मैं करता हूँ वह कोई और तत्त्व है। जिस शक्ति से मैं ऊर्जा हासिल करता हूँ, वह कोई और शक्ति है। आपको यह बात शायद बातचीत के सिलसिले में बतला चुका हूँ कि मुझे संघर्षशील जनता का विपन्न बहुलांश ही शक्ति प्रदान करता है। कोटि-कोटि भारतीयों के वे निरीह, पिछड़े हुए, अकिंचन, दुर्बल समुदाय जो चाहने पर भी अपना मतपत्र नहीं डाल पाए, मेरी चेतना उनकी विवशताओं से ऊर्जा हासिल करेगी। निर्वाचन के जटिल, आडंबरपूर्ण और महँगे कर्मकाण्ड ही जब वामपंथी दलों के भी प्रमुख क्रिया-कलापों को परिचालित

करते हैं तब शेष साठ प्रतिशत भारतीय जन साधारण 'राजसूय यज्ञ' में शामिल होने का अवसर शायद ही कभी पाए! यानी, इस प्रक्रिया में, सदैव पंक्ति पावन समुदाय ही पूजावेदी तक पहुँच पाएँगे। साठ प्रतिशत वाले सामान्य जन तो अभी सौ वर्षों तक मुँह बाये अलग-अलग खड़े रहेंगे!

हमारे यहाँ साहित्य की तरह राजनीति में भी 'तप रे मधुर मधुर मन' चलता रहा है, चलता रहेगा। गरीबी की सीमा-रेखा, अशिक्षा की सीमा-रेखा, अस्वास्थ्य की सीमा-रेखा, कुसंस्कार की सीमा-रेखा...सीमा रेखाओं की सूची हो सकती है, मगर हमारी और आपकी और बन्धुवर अमुक की और महाशय तमुक की व्यक्तिगत एवं वर्गगत लाभ-लोभ वाली सीमा-रेखाएँ बड़ी ही डायनेमिक हैं। यदि संयोगवश हममें से कोई तीन हजारी—पाँच हजारी मासिक वेतन वाला निकल आए तो उसके स्वार्थ की सीमा-रेखा क्या जादुई रफ्तार में और आगे नहीं बढ़ती रहेगी?

जब कभी मैं ग्रामांचलों के किनारे-किनारे बसी हुई दलित बस्तियों के अन्दर अथवा महानगरों के पिछवाड़े गन्दे नालों के इर्द-गिर्द बसी हुई झुग्गियों की दुनिया में जाता हूँ तो सुविधा प्राप्त वर्गों द्वारा परिचालित राजनीति के प्रति मेरा रोम-रोम नफरत में सुलग उठता है।

ऐसा नहीं कि मैं सुविधा प्राप्त वर्गों के प्रति सारा दिन—सारी रात, बारहों महीने, साल-दर-साल निरन्तर नफरत में ही सुलगता रहता हूँ। सनातन काल से हमारी इस भूमि को प्रकृति का विशेष वरदान प्राप्त है। सनातन काल से सुविधा प्राप्त एवं उच्च वर्गों के भी सहृदय और ईमानदार व्यक्तियों ने जन-साधारण के दुख-सुख को निश्छल तौर पर अपनी प्रतिभा का आलंबन बनाया है। वाल्मीकि, कालिदास, तुलसीदास, रवींद्र, प्रेमचन्द उन्हीं में से रहे हैं। भाषा का विकास, साहित्य का विकास, ललित कलाओं के आविर्भाव और अग्रगति, समग्र मानवता को आगे बढ़ाने वाली शिल्प दस्तकारियाँ, खेती-बाड़ी और बागवानी के चमत्कार...ढेर सारी स्थापत्य सृष्टि, रासायनिक उपलब्धियाँ, खनिज धातुओं के उपयोग, परस्पर की सुरक्षा और दुष्टदलन के लिए अमोघ अस्त्र-शस्त्र...अर्थात् मानव जीवन को बेहतर बनाने के हजार-हजार तरीके हमारे उन्हीं पूर्वजों की देन हैं जिन्होंने दुर्दांत प्रकृति को समय-समय पर नाँधा था और जो न तो कामचोर थे और न जनसामान्य के सौभाग्य को हड़पने वाले। निःसन्देह महाजनी सभ्यता के गलित कुष्ठ से हमारे इन पूर्वजों के दिल और दिमाग दूषित नहीं हुए थे। वराह मिहिर और आर्यभट्ट, चरक और सुश्रुत कौन थे, हमारे ही पूर्वज तो थे। अपने इन पूर्व पुरुषों के प्रति मेरा मस्तक हमेशा झुका है।

विजय बाबू, आपको हँसी तो नहीं आएगी यदि मैं यह बतलाऊँ कि अपने खेतों में अधिकतम आलू उपजाने वाले उस किसान के प्रति भी मैं अपना यह मस्तक उसी प्रकार झुका दिया करता हूँ? अपनी बगिया में सर्वोत्तम आम पैदा करने वाले उस किसान के प्रति भी मैं अपनी आंतरिक श्रद्धा निवेदन करता हूँ...

तिकड़म से या झूठ-मूठ के वायदे करके या जातिवाद-क्षेत्रवाद आदि के लुभावने

नारे उछाल-उछाल कर जैसे-तैसे वोट बटोरने वाले विजयी सांस्द के प्रति मेरे अंदर यदि अश्रद्धा छलकती दिखाई पड़े तो क्या आप मुझे पागल करार देंगे?

मैं शत-प्रतिशत आशावादी हूँ। मुझे भावी-भारत में अन्धकार नहीं दिखता...सम्प्रति यह 'तीसरी आजादी' हासिल की गई है, निर्वाचन यज्ञ में चरम चनत्कार उभरकर आया है, इसके बाद इसी प्रकार चरम चमत्कारों के अभी और कई दौर आने वाले हैं...चौथी आजादी, पाँचवी आजादी, छठी आजादी, सातवीं आजादी...मैं स्पष्ट देख रहा हूँ, आगामी पच्चीस वर्षों के अन्दर बहुत से चमत्कार अपने देश में होने वाले हैं...उनमें से वामावर्त चमत्कारों की भी पूर्ण संभावना मुझको भासित हो रही है...हमारी जनता ही एक से एक चमत्कारों की जननी होगी।

—नागार्जुन

व्यक्तित्व की खोज

दरभंगा, मधुबनी उत्तरी बिहार के राजनीतिक और सांस्कृतिक केंद्र हैं। मधुबनी तो अपनी लोक कला के लिए आज भी विख्यात है। दीवालों पर अल्पना रचने से लेकर महीन खादी तक की छपाई मधुबनी शैली के नाम से प्रसिद्ध है। यहाँ के तालमखाने सारे हिन्दुस्तान में अपने स्वाद के लिए जाने जाते हैं। यदि बंगभाषियों को अपने भोजनपान, लिबास और पाण्डित्य का अहंकार है तो उनका भी कान काटने वाले मैथिल ब्राह्मण कुछ कम नहीं। मिथिला की मधुरता बंगाल से कन्धे से कन्धा मिलाकर खड़ी है। वैसी ही शस्य श्यामल, उतनी ही द्रवणशील, रस में डूबी हुई, उतनी ही प्रखरता से सम्पन्न, प्रतिभा प्रसूतिनी। नागार्जुन इसी धरती के लहलहाते 'बाबा बटेसरनाथ' हैं जो अपने लेखन से मिथलांचल ही नहीं, सारे हिन्दुस्तान की नई पीढ़ी को यौवन का आशीष और संघर्ष की प्रेरणा दे रहे हैं।

यह कहने की परिपाटी तो नहीं निभाना चाहता कि हर प्रतिभा का जन्म गरीबी और दारिद्र्य में ही होता है तब भी नागार्जुन तरौनी (दरभंगा) के दरिद्र ब्राह्मण परिवार में ही जन्मे। पिता गोकुल मिश्र और माँ उमादेवी को लगातार पाँच सन्तानें हुईं और चल बसीं। हार कर गोकुल मिसिर ने वैद्यनाथ धाम जाकर महीने भर का अनुष्ठान किया और जब छठवीं सन्तान ने जन्म लिया तो आस्थाव्रती दम्पति ने कुलदीपक की रक्षा के लिए उसे बाबा वैद्यनाथ का ही आशीर्वाद मानते हुए नामकरण वैद्यनाथ किया।[1] गाँव-घर के लोगों को भय सताता रहा कि बालक वैद्यनाथ भी एक न एक दिन माँ-बाप को ठग कर चला जाएगा, तब उसे 'ठक्कन मिसिर' कहकर पहले से ही कलेजा पोढ़ा क्यों न कर लिया जाए। तो शिशु वैद्यनाथ गाँव के घर के लिए ठक्कन मिसिर हो गया। पैदा होते ही जिसके प्रयाण कर जाने की आशंका से कुल परिवार के लोग आशंकित थे, वही बाद में चलकर 'यात्री' नाम से मैथिली उपन्यास और कविताएँ लिखने लगा। यात्री कितना दार्शनिक नाम है और ठक्कन मिसिर कितना यथार्थपरक। और दोनों कितना बढ़िया समन्वय प्रदर्शित करते हैं जब 'नागार्जुन' हो जाते हैं।

---

1. जन्मतिथि 1911 की ज्येष्ठ मास की पूर्णिमा मानी जाती है यद्यपि इसमें सन्देह भी है।

माँ उमा देवी बचपन में ही मर गई थीं। पिता को इसके लिए जवाबदेह मानते हुए नागार्जुन ने इस घटना का जिक्र 'आईने के सामने' और 'रतिनाथ की चाची' में भी किया है। पिता पण्डित गोकुल मिश्र और माँ उमा देवी के दारुण रिश्तों की एक झलक 'रतिनाथ की चाची' की इन पंक्तियों में देखने को मिल सकती है—

"रतिनाथ को अपनी माँ याद नहीं है। थोड़ा-सा आभास मात्र है। वह गौरश्याम थी। उसे दमा का रोग था। ज्यादातर वह लेटी ही रहती थी। बस यही रति को याद है। माँ का चेहरा कैसा था? कपाट छोटा, आँखें न छोटी न बड़ी। नाक नुकीली नहीं थी। माँ का प्रसंग छिड़ते ही एक भयानक दृश्य उस लड़के की आँखों के आगे नाच जाता था। वह नहीं चाहता था कि इस तरह का अप्रिय और भयानक दृश्य उसे याद आए। किन्तु सिर्फ आँखें मूँद लेने से ही कोई बात मन में न आए, ऐसा तो कहीं हुआ नहीं।

क्या थी यह बात? यही कि रतिनाथ की बीमार माँ बिस्तरे पर उतान लेटी पड़ी है और जयनाथ रुद्र रूप धर कर बेचारी की छाती पर बैठा है। हाथ में कुल्हाड़ी है और वह अपनी स्त्री की गरदन रेतता जा रहा है। वह घिघिया रही है, लेकिन कोई भी इस नरमेध में हस्तक्षेप करनेवाला वहाँ मौजूद नहीं है...माँ घिघियाती है, साढ़े तीन साल के अबोध रत्ती ने यह दृश्य देखकर दम साध लिया है। घर के कोने में बैठा हुआ वह कनखी से रह-रहकर अपनी माँ और बाप को देख लेता है...

माँ की स्मृति के साथ यह भयानक चित्र रत्ती की आँखों के आगे आ जाता है। पिता के रुद्र स्वभाव के प्रति इस बालक के हृदय में प्रतिहिंसा की आग कभी-कभी सुलग उठती है। तनी भौंहों और चढ़ी आँखों से वह बाप की ओर घूरता है। जिसको चाची से सदैव घुल-घुल कर बातें करते पाया है, उसी का अपनी माँ के प्रति वह नृशंस और रुक्ष व्यवहार रतिनाथ की समझ से परे की बात थी। वह चार साल का था, तभी माँ मरी थी। माँ के बाद चाची ने ही उसकी देखभाल की है। अकारण क्रोधी स्वभाव के इस पिता से चाची ही उसे बचाती आई है।" पृ. 31

माँ-बाप के इन सम्बन्धों में पिता का अपराध स्वतः प्रमाणित था जो अपने दबंग, गुस्सैल और कामी स्वभाव के कारण कभी भी अपने बेटे वैद्यनाथ के पूज्यपाद नहीं बन पाए। उल्टे उसके मन में अपने पिता के प्रति प्रतिशोध की यह आग धुँधुआती रही और आज भी कुरेदने पर चिनगारियाँ फेंकने लगती है।

गोकुल मिश्र न तो ज्यादा पढ़े-लिखे थे न ही कर्मठ सद्गृहस्थ ही। बहतूपन उनकी सनातन तबीयत थी। इसलिए न कभी ढंग से खेती की न घरेलू जिम्मेदारी निभाई। ननिहाल से मिली हुई जमीन महिषी गाँव में थी, ठीक कोसी नदी के किनारे। बालक वैद्यनाथ अपने पिता के साथ कभी-कभार यहीं रहते। यों उनका जन्म तरौनी में न होकर ननिहान सतलखा में हुआ था। पिता का अक्खड़-फक्खड़ स्वभाव और उनकी दबंगी के सामने भला किशोर वैद्यनाथ की दाल क्या गलती। इसलिए जब लोअर प्राइमरी से अपर प्राइमरी में जाकर पढ़ने की बात आई और पिता को लगा

कि चार-पाँच रुपए का खर्चा है तो उन्होंने तै किया—"नहीं, कभी नहीं। यह नहीं हो सकता। प्रातः स्मरणीय नील माधव उपाध्याय का वंशधर म्लेच्छ भाषा पढ़ेगा। उसी दिन धरती उलट जाएगी—और आसमान से अंगारे बरसने लगेंगे! वकील-बालस्टर बनकर प्याज-लहसुन और अण्डा नहीं खाना है रत्ती को, उसे तो अपने पूर्वजों की कीर्ति-रक्षा करनी है...बस, बस एक फटा-कटा अमरकोष कहीं से उठा लाए और बेटे के हाथ में उसे थमाते हुए कहा—क्या करना है अंग्रेजी पढ़कर, क्रिस्तान बनना है! लो यह अमरकोष, जिस दिन यह कण्ठस्थ हो जाएगा उस दिन तीनों लोक तुम्हारे लिए हस्तामलक हो जाएँगे।" (रतिनाथ की चाची, पृ. 35-36)। उपन्यास में वर्णित इन स्मृति-दृश्यों में बालक वैद्यनाथ और गोकुल मिश्र के शीत युद्ध को भाँपा जा सकता है। यह तो यथार्थ ही है कि वैद्यनाथ की प्रारंभिक शिक्षा गाँव की ही पाठशाला में हुई जो उन दिनों 'टोल' कहलाती थी। उन दिनों का स्मृति चित्र खींचते हुए उसी उपन्यास में नागार्जुन लिखते हैं—"पण्डितों के इस गाँव में छोटी-बड़ी दो पाठशालाएँ थीं। एक लोअर प्राइमरी स्कूल था। छोटी पाठशाला के अध्यापक का नाम था पण्डित योगानन्द ठाकुर, व्याकरणाचार्य। प्राइमरी स्कूल के मास्टर थे जयवल्लभदास। वे पुराने थे। हमेशा एक खजूर की छड़ी उनके पास पड़ी रहती थी। लड़कों को पीटते भी खूब थे और पढ़ाते भी खूब थे। बड़ी पाठशाला का नाम था 'श्री तारिणी संस्कृत टोल, शुभंकरपुर'। यह चटसाल बहुत पुरानी थी। बिहार जब बंगाल सरकार के मातहत था, तब संस्कृति पाठशालाएँ टोलकहलाती थीं।" (पृ. 35) दरिद्र बाप ने बालक वैद्यनाथ को ऐसी ही पाठशालाओं के हवाले करना अधिक सुविधाजनक पाया। एक तो ये पाठशालाएँ स्थानीय श्रीमंतों के आर्थिक संरक्षण में चलती थीं, दूसरे ब्राह्मण बटुक दशहरा दुर्गोत्सव पर चण्डीपाठ के लिए आमंत्रित किए जाकर दक्षिणा-दान भी प्राप्त करते थे। उन दिनों यह दक्षिणा अठारह आने की हुआ करती थी। वैद्यनाथ ईमानदारी से पूरी दक्षिणा अपने पिता को जब देते थे, बड़ा हिस्सा अपने पास रखकर एक दुअन्नी उन्हें जेब खर्च के लिए उदारतापूर्वक दे दी जाती थी। तरौनी में बटुक वैद्यनाथ मिश्र का बचपन ऐसे ही बीत रहा था जैसे आज भी गरीब ब्राह्मण परिवार के किशोरों का बीतता है। किंतु बालक शुरू से ही पढ़ने-लिखने में तेज था और ऐसे मेधावी छात्रों को अगली पढ़ाई के लिए मदद देनेवाले सामंतों और महाराजाओं की कोई कमी उन दिनों न थी—विशेषकर अगर यह मेधाविता ब्राह्मण कुल जाए छात्र में हो तो। संयोग से वैद्यनाथ ब्राह्मणों के प्रसिद्ध समौल कुल का वत्सगोत्री था। इसलिए उसकी मदद करने से लोक-परलोक दोनों के सुधरे रहने का लाभ-लोभ था ही। इसी बिना पर बालक वैद्यनाथ अगली शिक्षा के लिए मीरवाट स्थित काशी के काशी विद्यापीठ [अब वाराणसेय संस्कृत विश्वविद्यालय] में अगले अध्ययन के लिए भरती हुआ।

बनारस में उन दिनों दरभंगा महाराज लक्ष्मीश्वर सिंह की छोटी महारानी लक्ष्मीवती काशीवास कर रही थीं। दान-पुण्य उनकी दिनचर्या थी। इसी राजकुल की ओर से एक

धर्मशाला भी संचालित थी जिसमें नीचे की मंजिल तीर्थयात्रियों के लिए और ऊपर के कमरे छात्रों के लिए थे। वैद्यनाथ इसी धर्मशाला के छात्रावास में रहते थे। रानी लक्ष्मीवती अत्यन्त सहृदय महिला थीं और नई पीढ़ी के तरुणों को प्रोत्साहित करने के खयाल से 'बालवर्धिनी सभा' का संचालन पण्डित बलदेव मिश्र से करवाती थीं। बलदेव मिश्र काशी विद्यापीठ के अध्यापक थे। सामाजिक और राष्ट्रीय गतिविधियों से उनका गहरा सम्पर्क था। बालवर्धिनी सभा के माध्यम से अक्सर वाद-विवाद, भाषण प्रतियोगिताएँ आयोजित की जाती थीं। समस्यापूर्तियों की प्रतियोगिता भी यह सभा आयोजित करती रहती थी। नियमतः कोई भी छात्र तीन बार पुरस्कार ले चुकने पर इस प्रतियोगिता में भाग नहीं ले सकता था।

काशी में खेल-कूद, राष्ट्रीय आन्दोलन, साहित्यिक कार्यक्रमों की कई धाराएँ अपनाने को सामने थीं। देह से दुर्बल और स्वभाव से चुप्पा होने के कारण कबड्डी खेलकर हाड़ तुड़वाना वैद्यनाथ के वश का रोग नहीं था। एकांतजीवी होने से कविता ही अधिक सुविधाजनक जान पड़ी और वह समस्यापूर्तियाँ करने में जुट गए। ऐसे ही प्रयासों में किशोर वैद्यनाथ ने बालवर्धिनी सभा की ओर से तीसरा पुरस्कार भी प्राप्त कर लिया। पुरस्कारों में पैसा मिलता। गरीब ब्राह्मण छात्र के लिए तीसरे और अन्तिम का प्रतिबन्ध कुछ अच्छा नहीं लगा तो उसने चौथी बार भी जाकर रानी को एक कविता सुनानी चाही। व्यवस्था के अनुसार चौथी बार पुरस्कार-सुख की कोई सुविधा न होने से मैनेजर साहब ने कहा, "बड़ी बहन जी (रानी साहिबा) हृदय से बहुत कोमल हैं और तुम तीन बार पुरस्कार ले चुके हो। इसलिए वापस जाओ।" "आप हमारी कविता रानी जी को सुना दीजिए। हम कोई पुरस्कार लेने थोड़े ही आए हैं।" मैनेजर महोदय को यह शर्त मंजूर हो गई और उन्होंने कविता ले ली, जो इस प्रकार थी—

लक्ष्मी ओ लक्ष्मीवती दुहु सम बूझत धीर
किन्तु कन्हे कह चंचला तुहु समबूझत धीर

रानी की उदारता और सहृदयता भला ऐसी मक्खनबाजी पर क्यों न द्रवित होती। वैद्यनाथ को चौथी बार भी धनराशि प्राप्त हुई। कविता को प्रोत्साहन देने वाले इस वातावरण में किशोर कवि की हिम्मत बढ़ती गई और वह संस्कृत और मैथिली के छन्दों में धड़ल्ले से लिखने लगा। पर यह तथ्य है कि सबसे पहले वैद्यनाथ ने संस्कृत में लिखना शुरू किया था और काशी के पंडितों को इस युवक के भविष्य को लेकर चिन्ता सताने लगी थी। अक्सर कानाफूसी होती कि लड़का रजनी-सजनी में फँस गया है। काशी के पंडितों के बीच व्याकरण ही विद्या सर्वस्व था। कविता को वह प्रतिष्ठा उस समाज में प्राप्त न थी। चाचा रघुनाथ मिश्र को जब यह सूचना कानोंकान हुई तो उन्होंने अपनी चिन्ता पंडित गोकुल मिश्र को जता दी। गोकुल मिश्र न व्याकरण समझते थे न कविता। उन्होंने अपनी असमर्थता जाहिर करते हुए रघुनाथ मिश्र पर ही यह जिम्मेदारी सौंपी कि वे वैद्यनाथ को उचित निर्देश दें। पर

ऐसा कोई निर्देश उनकी ओर से दिया नहीं गया।

तब तक वैद्यनाथ पंडित बलदेव मिश्र की प्रेरणा से काशी से प्रकाशित होनेवाले 'दैनिक आज' और 'जागरण' इत्यादि अखबार पढ़ने लगे थे। जो पंडित समाज गीता, भागवत और हद से हद 'कल्याण' जैसी पत्रिका से आगे जाना धर्म का विनाश समझता था उसी का एक सदस्य अखबार पढ़े—यह भी कम क्रान्तिकारी न था। मिश्र जी ने समकालीन राष्ट्रीय और सामाजिक आन्दोलनों से सम्बन्धित सामग्री भी तरुण किशोरों में वितरित करना शुरू कर दिया था। काशी के होनहार किशोर उनकी छत्रछाया में गद्य लेखन और भाषण-कला का अभ्यास और प्रशिक्षण लेकर तत्कालीन राजनीतिक हलचलों के प्रति आकृष्ट होने लगे थे। वैद्यनाथ भी उन्हीं में से एक थे।

काशी में ही कवि की भेंट संन्यासी संस्कृत कॉलेज के अध्यापक और मैथिली के प्रतिष्ठित कवि पं. सीताराम झा से हुई। वैद्यनाथ के मामा ने परिचय देते हुए कहा, "यह लड़का संस्कृत में अन्धाधुन्ध श्लोक लिखता है।" वैद्यनाथ ने झा जी के आदेश पर अपने संस्कृत श्लोक सुनाए। उन्होंने ही उसे मैथिली लेखन की ओर न केवल प्रेरित किया बल्कि मैथिली छन्दों का गुर भी समझाया। झा जी का आशीष और प्रोत्साहन पाकर वैद्यनाथ ने मैथिली रचनाएँ शुरू कर दीं और अपना उपनाम 'वैदेह' रख लिया। उन्हीं दिनों भारती (हिन्दी) और वैदेही (मैथिली) नाम से दो हस्तलिखित पत्रिकाएँ भी शुरू की गईं जिसके सम्पादक 'वैदेह' जी थे। पंडित बलदेव मिश्र के संरक्षण ने वैद्यनाथ को यदि राष्ट्रीय जीवनधारा और हिन्दी गद्य की ओर मोड़ा तो सीताराम जी की प्रेरणा उन्हें मैथिली काव्य की मधुरिमा और देशीपन की ओर ले गई। वैद्यनाथ मिश्र की पहली प्रकाशित रचना मैथिली के पत्र मिथिला में लहरिया सराय से प्रकाशित हुई जिसे कवि ने महामहोपाध्याय पंडित मुरलीधर झा की मृत्यु पर शोकगीत के रूप में सन् '30 में लिखा था।

छुट्टियों में गाँव जाने पर भी छन्द का अभ्यास चलता रहता। ये कविताएँ ज्यादातर गाँव के ही लोगों पर होतीं। लिखने का काम वैद्यनाथ करते और जिसपर लिखी जाती उसकी दीवाल पर चिपकाने का काम किसी और से लिया जाता। अक्सर ये व्यंग्य कविताएँ होतीं इसलिए गाँव में भीतर ही भीतर कनकनी फैल जाती और ढुँढइया होती कि आखिर असली अपराधी कौन है। धीरे-धीरे यह बात सबके कानों तक पहुँच चुकी थी कि वैद्यनाथ मैथिली और संस्कृत में कविताएँ लिखता है और गाँव के जितने भी लड़के प्रथमा में इस बार बैठे हैं, अकेला वही पास हुआ है। नौ छात्रों में से अकेले वैद्यनाथ उत्तीर्ण हुए क्योंकि निरन्तर अभ्यास करते रहने से वाक्य निर्माण की क्षमता का अच्छा विकास हो चला था। गाँव में उन दिनों एक विख्यात संस्कृत पंडित थे—अनिरुद्ध मिश्र। नौकरी तो वे बनैली राज्य के किसी संस्कृत विद्यालय में करते थे किन्तु गर्मियों की छुट्टियों में जब गाँव आते थे, प्रतिभाशाली लड़कों को खोजकर उन्हें ब्रह्म विद्या या पिंगल रचना में आगे निकालने की इच्छा

रखते थे। इस बार उन्होंने जब सुना कि अकेला वैद्यनाथ ही नौ लड़कों में पास हुआ है तो बहुत प्रसन्न हुए और मिलने को बुलाया। गर्मी की दोपहर में आम के बाग में बैठे-बैठे वे लँगड़ा और बम्बइया अगोरा करते थे। उनके पास वहीं बाग में लगातार तीन दिन वैद्यनाथ की पिंगल शिक्षा होती रही। उन्होंने इस कवि को वाल्मीकि और कालिदास के छन्दों की सूक्ष्म टेकनीक का बोध भी कराया। आश्वस्त होने पर परीक्षा के बतौर एक समस्या दी—'बालानाम रोन्दनम बलम्'। इसकी पूर्ति में वैद्यनाथ को तीन दिन लग गए। किन्तु सफलता मिली। पंडित अनिरुद्ध मिश्र ने वैद्यनाथ की पीठ ठोंकी और जब कभी गाँववालों के बीच बैठते अक्सर यह कहते सुने जाते कि "उसको (वैद्यनाथ) तो हमने निकाल दिया।" नागार्जुन आज भी इन तीनों के प्रति कृतज्ञता भाव रखते हैं और अनिरुद्ध मिश्र को संस्कृत तथा पंडित सीताराम झा को मैथिली काव्य गुरु के रूप में स्मरण करते हैं। पंडित बलदेव मिश्र का योगदान तो बताया ही जा चुका है।

पंडित अनिरुद्ध मिश्र का आशीर्वाद और पं. सीताराम झा का स्नेह प्राप्त कर वैद्यनाथ धड़ल्ले से संस्कृत और मैथिली में कविताएँ लिखने लगे थे और समस्यापूर्तियों में तो अच्छी महारात हासिल कर ली थी। काशी में नौजवान पंडों का एक वर्ग उन दिनों व्रजी और अवधी में लिखा-पढ़ा करता था। वैद्यनाथ ने वहाँ भी प्रतिस्पर्धा की। नौजवान पंडों—जो वैद्यनाथ के मित्र भी बन चुके थे—के सम्पर्क में व्रजी-अवधी समस्या पूर्तियों पर भी हाथ आजमाया किन्तु 1931-32 तक आते-आते पता चल गया कि यह सब अब चलनेवाला नहीं। अतः व्रजी-अवधी छोड़कर खड़ी बोली पर उतर आना सहज ही था।

बनारस का जीवन कई दृष्टियों से लाभप्रद और प्रेरणादायी रहा। तरौनी गाँव से चलकर आया हुआ किशोर कई लोगों और अनुभवों के सम्पर्क में आता चला गया। एक ओर संस्कृत पंडितों की वह मंडली थी जो संस्कृत के अलावा किसी भाषा को स्वीकार करने को तैयार नहीं थी। पंडों, पुरोहितों, सामंत-यजमानों की एक अलग दुनिया थी जहाँ पूजा-पाठ, व्रत-त्योहार, मारण-उच्चाटन, दान दक्षिणा का बोलबाला था। कुछ धार्मिक किताबें थीं और कट्टर पवित्रतावाद और जड़ ब्राह्मणत्व था। और इन सबके बीच वाल्मीकि, व्यास, कालिदास, माघ, भारवि, भवभूति, बाणभट्ट का अद्भुत सृजन लोक था। पुराणों और उपनिषदों की अपनी अलग दुनिया थी। वैद्यनाथ इनके बीच अपने लायक बहुत कुछ छाँटता रहा। प्राकृत साहित्य का अध्ययन भी वह कर रहा था इसलिए देवभाषा की गरिमा और लोकभाषा की जीवन्तता से वह एक साथ संस्कार ग्रहण करता चल रहा था। काशी में उन्हीं दिनों ब्राह्मणों के तपःपूत नेता मालवीय जी का प्रभाव भी वैद्यनाथ तक पहुँच रहा था और उसने खादी पहनना शुरू कर दिया था। नई चेतना की किरणें उसे अपने उजालों की ओर खींचने लगी थीं। राष्ट्र-प्रेम, देश-दर्शन, अपने समाज के लिए कुछ कर गुजरने की बलवती आकांक्षा के साथ-साथ उसके मन में निर्व्याज करुणा का सागर लहरें ले रहा था।

इन्हीं दिनों की दो घटनाएँ विशेष रूप से उल्लेखनीय हैं जो कवि के व्यक्तित्व निर्माण की भूमिका को और अधिक साफ करती हैं। पहली घटना का जिक्र डॉ. प्रभाकर माचवे[1] और डॉ. प्रकाश चन्द्र भट्ट[2] दोनों ने ही अपनी-अपनी पुस्तकों में नागार्जुन के साहस और विद्रोह की प्रशंसा करते हुए किया है। दरभंगा महारानी लक्ष्मीश्वरी की देख-रेख में एक छात्रावास और धर्मशाला संचालित होती थी जिसमें ऊपर की मंजिल में संस्कृत विद्यालय के छात्र और निचली मंजिल में यात्रियों के ठहरने की व्यवस्था थी। मैथिल तीर्थयात्री अक्सर इसी धर्मशाला के कमरों में ठहरते थे। एक दिन छात्र वैद्यनाथ ने देखा कि तीर्थयात्रियों का दल तो जा चुका है किन्तु एक कोठरी की कुंडी बाहर से लगी हुई है और मोहड़ी से कुछ पीला बदसूरत मवाद रिस रहा है। बदबू अलग से आ रही है। भयानक बदबू के बावजूद किसी का भी ध्यान उधर नहीं जा रहा है। वैद्यनाथ चुपके से गए और दरवाजा खोलकर देखा कि कोई बुढ़िया मरी पड़ी है और बदबू उसी की नंगी अकड़ी हुई सड़ती लाश से आ रही है। पहले तो वे चुपचाप जाकर उसे चादर से ढँक आए फिर अपने एक विश्वस्त नेपाली सहपाठी को इसके लिए तैयार कर लिया कि वह इस अपरिचित और लावारिस शव के अन्तिम संस्कार में उनकी मदद करे। काम काफी टेढ़ा था और टेंट में धेला तक नहीं। फिर भी लाश को एक निजी पिछौरी (ओढ़ने की चादर) में गठरी की तरह बाँधकर दोनों ने चुपचाप श्मशान घाट पहुँचा दिया। वैद्यनाथ अपने साथी को वहीं छोड़ रानी के दरबार में हाजिर हुए। काफी पूछताछ के बाद रानी लक्ष्मीवती के दो आदमी आये और शवदाह की व्यवस्था करके चले गए। दाह क्रिया स्वयं वैद्यनाथ ने की। इस घटना का पता जब छात्रावास के अन्य साथियों से काशी की स्वनामधन्य पंडित मंडली को चला तो वैद्यनाथ पर तरह-तरह के लांछन लगाए गए। चांडाल तक कहा गया। वैद्यनाथ को इससे विचलित होने का कोई कारण नहीं था। उन्हें यह होश तब तक हो चुका था कि सेवा ही संस्कृति का सार है। अपने को इस धर्म में प्रवृत्त कर उन्हें आन्तरिक परितोष मिला। समस्या यह थी कि बुढ़िया के परिवार का पता कैसे लगे। यह शोध भी उन्होंने अपने पंडा मित्रों की सहायता से पूरी कर ली। मिथिला के ख्यात दार्शनिक उदयनाचार्य के वंशज विद्यानन्द आचार्य का नाम पंडों की बही में मिला और उन्हीं से पता लगा कि वह वृद्धा परिवार से अकेली ही आई थी। यात्री दल उसे इस दशा में छोड़कर चलता बना। विद्यानन्द आचार्य उन दिनों मिथिला के किसी संस्कृत हाई स्कूल में अध्यापक थे। तार और पत्र देने पर जब वे आए तो भाव विभोर होकर उन्होंने वैद्यनाथ को गोदी में उठा लिया। कहा कि आप ही हमारे सगे भाई हो। विद्यानन्द ने वहीं अपनी माँ का तर्पण किया और श्राद्ध

1. डॉ. प्रभाकर माचवे (सं.) : नागार्जुन, पृ. 4
2. डॉ. प्रकाश चन्द्र भट्ट : नागार्जुन, जीवन और साहित्य, पृ. 21

कर्म में उन्हीं ब्राह्मणों ने हुमच-हुमच कर खाया जो वैद्यनाथ को चांडाल कहते थे। तभी से एक अटूट आत्मविश्वास वैद्यनाथ के भीतर पैदा हो गया और पाखंडपूर्ण, हृदयहीन सामाजिकता के प्रति विरोध भाव भी। मानवीय धर्म समस्त धर्मों से ऊपर है—इसे स्वयं करके जाना।

बनारस में ही अब तक उनकी भेंट प्रेमचन्द से हो चुकी थी। पं. बलदेव मिश्र के सम्पर्क में गांधी विचार और साहित्य से भी परिचय हो चला था। कूप मंडूकों की दुनिया से निकल भागने और अपने आपको तौलने की इच्छा जोर मारने लगी थी। तभी एक दिन छात्रावास के तीन साथियों ने तय किया—सब अपना-अपना रुपया-पैसा अपने-अपने बक्से में बन्द करके ताली एक-दूसरे को दे देंगे और खाली हाथ पैदल निकल पड़ेंगे। वापसी भी पैदल होगी और सारी यात्रा इंडियन रोड से की जाएगी। तीनों में से एक तो तीसरे मील से ही हार कर लौट आया। दूसरा, जो ज्यादा हिम्मतवर था, दस-बारह कोस (यानी बीस-बाईस मील) जाकर लौटा। तीसरा छात्र वैद्यनाथ इलाहाबाद पहुँचकर ही लौटा जो उसके जीवन का रोमांचक और आनन्ददायी अनुभव रहा। यात्रा की कुछ झलकियाँ इस प्रकार हैं।

एक जगह काफी प्यास लगी थी तो वैद्यनाथ ने देखा कोई मोची भाई जूता गाँठ रहा है। मोची से ही जाकर पीने के लिए पानी माँगा। ब्राह्मण बटुक को काशी की ओर से आता देखकर मोची ने आँखें फाड़ दीं—'महाराज पानी हमारे यहाँ कैसे पिओगे?'

'कैसे पीते हैं पानी? जैसे पीते हैं वैसे पीयेंगे।' वैद्यनाथ का सामान्य सा उत्तर था। मोची की घरवाली भी वहाँ बैठी थी। दोनों ने आपस में समझा-बूझा कि अरे ये सुराजी बालक है। सब जगह खाता-पीता होगा। खादी तो पहने ही हुए है। तो उसने एक ढोंका गुड़ और लोटा भर पानी धो-माँजकर सामने रख दिया। उत्तर भारत में आज भी खाली पानी देने की आधुनिकता नहीं पैठ सकी है। वैद्यनाथ जब गुड़ खा कर मोची के लोटे से गटक-गटक कर पानी पी रहा था ऊँट वालों का एक काफिला क्षुब्ध आश्चर्य से इस दृश्य को अगले गाँवों तक फैलाता हुआ आगे बढ़ रहा था। उनको यह बात काफी नागवार गुजरी थी कि सफेद कपड़े पहने हुए कोई उच्च जाति बालक मोची के पास बैठकर उसके हाथ का छुआ पानी उसी के लोटे से पिए। कलियुग सचमुच इसी को कहते हैं। अच्छे भले घर का लड़का जात भ्रष्ट हो गया। वैद्यनाथ आगे के जिस किसी गाँव जाता लोग उसे शंकित निगाहों से देखते जैसे किसी अपराधी को पकड़ने की कोशिश कर रहे हों। दाना-पानी मिलना तो दूर, सहानुभूति के दो शब्द भी उस अपराध के कारण दूभर हो रहे थे। इलाहाबाद तो खैर पहुँचना ही था। और ऊँट वाले न जाने कितने कानों तक यह खबर बाँट गए होंगे। तो निर्णय लिया कि सड़क छोड़कर खेत-खेत चलेंगे और अनजान अपरिचित राह से प्रयागराज पहुँचेंगे। बीच में कोई किसान मिलता—पूछता तो उसे बताते कि काशी से आए हैं। प्रयाग जा रहे हैं। मालवीय जी का नाम और प्रभाव उस इलाके में काफी था। ऊपर से खादी का मान भी कुछ कम न था। लोग-बाग समझ लेते कि

काशी का बटुक ही होगा—क्योंकि खादी पहनता है और मालवीय जी को जानता है। उसी समय मालूम हुआ कि क्रान्तिकारी काम की इज्जत भी हमारे गाँवों में होती है बशर्ते वे सिर्फ दिखाने के खयाल से न किए जा रहे हों। वैद्यनाथ ने मोची के लोटे से पानी पिया था पर यह भी उस समय के लिए एक क्रान्तिकारी काम था। यह सब आर्य समाज ने शुरू किया था समाज सुधार के नाम पर, बाद में कांग्रेसियों ने भी इसे अपने लिए जरूरी माना। गांधी तो इस दिशा में क्रान्तिकारी कार्यक्रम अपना ही रहे थे। पर आज तो सारी क्रान्ति राजनीतिक चतुराई और धूर्तता की पेचीदी गलियों में जाकर दम तोड़ रही है। वोट लेने के लिए ब्राह्ण विधायक अपने क्षेत्र के चमार के घर भी पानी पी लेता है पर जब दहेज लेने-देने का मौका आता है तो दूसरा ही आचरण करता है। अभी भी अपने समाज में अन्तर्जातीय विवाहों का ढिंढोरा पिटता है कि क्रान्ति की जा रही है। नेताओं के लिए यह सब अब वोट कबाड़ने की तरकीबें भर रह गई हैं। उस जमाने में तब कितना विरोध रहा होगा मोची के हाथ पानी पीने पर। वैद्यनाथ ने इसे छिपाया नहीं। रास्ते भर बताते चले गए और उनको सहयोग देनेवाले भी मिलते गए। चौथे-पाँचवें दिन इलाहाबाद की चौहद्दी छू सके। कहाँ जाया जाए यह सवाल सामने था। पत्र-पत्रिकाओं में आर्य समाज मन्दिरों की चर्चा पढ़ रखी थी। पता था कि हर नगर में मन्दिर के साथ धर्मशाला भी होती है। वैद्यनाथ ढूँढ़ते-ढाँढ़ते वहीं पहुँचे। वहाँ के दरबान जी वैद्यनाथ को इलाहाबाद आर्य समाज के आचार्य पंडित गंगा प्रसाद उपाध्याय के पास ले गए। उपाध्याय जी कई ग्रन्थों के लेखक और सहृदय विद्वान थे। थे तो कान्यकुब्ज ब्राह्मण किन्तु आर्य समाज के लिए काफी काम किया। वैद्यनाथ को उन्होंने बड़ा स्नेह दिया।

नाश्ता कराने के बाद उपाध्याय जी ने पूछा—कहो कैसे आए? वैद्यनाथ ने तीन दोस्तों की प्रतिज्ञा और रास्ते का किस्सा बयान किया। उपाध्याय जी ने शाबाशी देते हुए कहा—'अभी तुम्हारी उम्र ही क्या है? कहाँ भटक गए?' फिर पत्नी को बुलाकर कहा—'इसे खाना खिलाओ। चार-पाँच दिन का भूखा होगा।' फिर कहा—'खाना खाकर आराम करो। कल बात करेंगे।' दूसरे दिन बुलाकर कहा—'देखो। पहले तो बनारस जाकर अपना कोर्स पूरा करो। शास्त्री करके आ जाओ तो हम तुम्हारी व्यवस्था करेंगे।' उपाध्याय जी ने मुनीम को बुलाकर वैद्यनाथ का टिकट कटवाने और स्टेशन तक छोड़ आने का भी निर्देश दिया। उन दिनों लोगों में काफी सहृदयता और आत्मीयता थी। आज की तरह आत्मकेन्द्रित और अजनबी तबीयतवाले लोग नहीं थे तब।

खुलकर मिलना, स्नेह बरसाना और मदद करना उन दिनों प्रायः लोगों का सहज स्वभाव था। इसी के चलते समाज में आदर और सम्मान का भाव भी काफी था। साहस और उत्साह की पीठ अकुंठित होकर ठोंकी जाती थी। पं. गंगाप्रसाद जैसे लोगों से मिलकर वैद्यनाथ का मनोबल ऊँचा उठा था और समाज के प्रति नए प्रकार की आदर भावना जन्म लेने लगी थी। सामाजिक जीवन के बारे में सोचना-समझना

तो पं. बलदेव मिश्र के सम्पर्क के बाद ही शुरू हो चुका था पर इस यात्रा ने अजीब आत्मबल पैदा किया। लगा कि 'समाज के लिए कुछ किया जा सकता है और हम कर सकते हैं।' जो मूल्यवान विरासत है उसकी रक्षा करते हुए नई मर्यादाएँ कायम की जा सकती हैं।

बनारस वापस लौटकर वैद्यनाथ ने शास्त्री की उपाधि अर्जित की। काव्य-लेखन तो साथ-साथ चल ही रहा था। अठारह वर्ष की उम्र में कवि का विवाह हरिपुर गाँव की बारह वर्षीया अपराजिता देवी से हुआ जो सम्पन्न माँ-बाप की बेटी थीं। गाँव पर काफी जमीन-जायदाद थी।

शास्त्री परीक्षा देने के बाद कुछ समय के लिए इधर-उधर रहकर वैद्यनाथ कलकत्ता चल पड़े। बिहार और उत्तरप्रदेश के नौजवानों के लिए कलकत्ता आज भी प्राण-सर्वस्व है। उन दिनों तो खैर था ही। आज भी लाखों की संख्या में बिहार और उत्तरप्रदेश के लोग पढ़ते-कमाते अपनी जिन्दगी गुजार देते हैं उसी कलकत्ता में। वैद्यनाथ की पढ़ने की लगन कम नहीं हुई थी। कलकत्ता के संस्कृत कॉलेज से वे प्राकृत का विशेष अध्ययन करना चाहते थे। पर उसमें एडमिशन पाना आसान न था। कॉलेज के प्राचार्य एस.एन. दास गुप्ता महोदय का बड़ा दबदबा था। बंगाल में लोग उन्हें बाघा (टाइगर) प्रिंसिपल कहते थे—संस्कृत, अंग्रेजी और बंगला के चूड़ान्त विद्वान थे वे। कलकत्ता में उसी कॉलेज में मिथिला के एक अध्यापक महामहोपाध्याय पंडित सकल नारायण पांडेय तक तो वैद्यनाथ की पहुँच थी, पर 'बाघा प्रिंसिपल' से कहने की हिम्मत उनमें भी न थी। इसी उधेड़बुन में इंटरव्यू का दिन आ गया। वैद्यनाथ को एक तरकीब सूझी—संस्कृत में दस श्लोक लिख डाले। कॉलेज गए और प्रिंसिपल के चपरासी को चार आने घूस देकर अपनी कविता उधर पहुँचा दी और खुद आकर क्लासरूम के एक कोने में बैठ गए। इंटरव्यू के समय प्रिंसिपल महोदय वह कागज हाथ में झुलाते हुए आए—

एइटा कार रचना? के लिखे चे? (किसकी रचना है यह? किसने लिखा है)

महामहोपाध्याय ने उनके हाथ से लेकर कागज देखते हुए कहा—'के? आमि देखि तो?' (अच्छा, कौन है? मैं भी तो देखूँ?) सुन्दर हस्तलिपि वैद्यनाथ मिश्र की ही थी और लिपि देवनागरी होने के कारण बंगाली छात्र की नहीं होगी यह वे ताड़ चुके थे। चोर पकड़ा गया के अन्दाज में उन्होंने कहा—'धरे गेलो सर! धरे गेलो।' (मैंने पकड़ लिया। पकड़ लिया) प्राचार्य महोदय कविता पढ़कर अत्यन्त पुलकित थे। घोषणा की—'आर तोमर परीक्खा होबे न। एइ होलो' (और तुम्हारी परीक्षा नहीं होगी। यही हो गई।) कविता यहाँ भी जबर्दस्त ढंग से काम आई। तब से कविता पर भरोसा बढ़ता चला गया। जीवन की जो बाजियाँ हारती दिखीं, वैद्यनाथ ने कविता को आगे करके उन्हें जीता। प्रिंसिपल महोदय इतने खुश हुए कि वैद्यनाथ को पचास रुपए मासिक पर बेल्जियम निवासी एक पादरी को संस्कृत पढ़ाने का निर्देश दिया। पर उनके लिए यह काम उबाऊ था—यद्यपि उन दिनों के लिहाज से काफी अर्थकारी

था जबकि होटल का माहवारी खर्च सिर्फ दो रुपए आता था। बंगाल—विशेषकर कलकत्ता काफी पसन्द आया। बंगला भी सीख ली।

सन् '33 में गौना हुआ तो अपराजिता देवी तरौनी आईं। पिता से मन-मुटाव भीतर ही भीतर बना ही रहता। इसलिए अपराजिता देवी के साथ दो-चार महीने मुश्किल से बीते। पिता को दंडित करने के खयाल से जो घर छोड़ा तो काठियावाड़, पंजाब, श्रीलंका और तिब्बत न जाने कहाँ-कहाँ भटकना हुआ। काठियावाड़ में कुछ काल तक तरुण जैन मुनियों को प्राकृत पढ़ाते रहे। कभी अबोहर (पंजाब) के साहित्य सदन से निकलने वाले मासिक पत्र दीपक का संपादन किया। पंजाब में ही उनकी भेंट स्वामी केशवानन्द जी से हुई जिन्होंने वैद्यनाथ को अध्यापन और अनुवाद कार्य के लिए अपना सहायक नियुक्त किया और काफी स्नेह दिया।

कवि का मन अभी भी स्थिर नहीं हो पाया था। जितना पढ़ा था उससे आगे की जानकारियों के प्रति तीव्र जिज्ञासा जाग उठी थी। बुद्ध वचन बहुत अच्छे लगते थे। कबीर वाणी की तरह उनमें भी एक अकृत्रिम आकर्षण था। किन्तु उन्हें पढ़ने की सुविधा वहाँ नहीं थी। बस सुनाई पड़ता रहता था—अमुक बग्गो, तमुक बग्गो। आखिरकार वैद्यनाथ ने कलकत्ता महाबोधि सोसाइटी को पत्र लिखा कि बुद्ध की प्रामाणिक वाणी देखने की तरकीब बताएँ। वहाँ से जो पत्र आया उसमें श्रीलंका का हवाला दिया गया था—अगर त्रिपिटक देखना हो तो श्रीलंका जाना होगा। पालि-प्राकृत भाषाओं का माहात्म्य रहस्य वैद्यनाथ से अब छिपा हुआ नहीं था। अतः श्रीलंका जाने की मंशा स्वामीजी के सामने रख दी। स्वामीजी ऐसे समर्पित और विद्या-व्यसनी अध्यापक को छोड़ना नहीं चाहते थे। काफी समझाने की कोशिश की। यह भी कहा—आदमी सिर्फ अपने लिए नहीं पढ़ता-लिखता। उसे अपने घर-समाज का भी खयाल रखना चाहिए। वैद्यनाथ जी का विनम्र उत्तर था—"आगे की पढ़ाई भी देश के ही काम आएगी। आप यही तो चाहते हैं कि आदमी पढ़-लिखकर देश के काम आए। और पढ़ लूँगा तो और काम आऊँगा।" स्वामीजी इस तर्क से चुप हो गए और चलते समय खर्चे के लिए दो हजार रुपए भी दिए जो मद्रास पहुँचते-पहुँचते एक गिरहकट के हवाले हो गए। रास्ते में उसने ताड़ लिया था कि पंडित की गाँठ मजबूत है। रात में सोते समय वही साथी थैली लेकर चम्पत हो गया। खाली हाथ वैद्यनाथ रामेश्वरम् के मठ में पहुँचे। वहाँ का रसोइया उत्तरी भारत का ही था। उससे आत्मीयता स्थापित की। श्रीलंका के मठ तक पहुँचने में उसी का सहयोग काम आया।

श्रीलंका में कोलम्बो के निकट केलानिया नामक स्थान पर 'विद्यालंकार परिवेण' नामक एक पुराना विद्यापीठ है जिसका आकर्षण ही वैद्यनाथ को वहाँ तक खींच लाया था। महापंडित राहुल सांकृत्यायन, भदन्त आनन्द कौसल्यायन आदि विद्वानों ने भी इसी मठ में बौद्ध धर्म की दीक्षा ग्रहण की। वैद्यनाथ वहाँ के बौद्ध भिक्षुओं को संस्कृत पढ़ाते थे और बदले में उनसे पालि भाषा के माध्यम से बौद्ध दर्शन का

अध्ययन करते थे। यों तो भिक्षु बिरादरी वैद्यनाथ जी को काफी सम्मान देती थी पर जब साथ बैठने-उठने का सवाल आता तो उसे नीचे आसन पर बिठाया जाता क्योंकि वह गैरिक वस्त्रधारी संन्यासी जो नहीं था। एक स्वाभिमानी भारतीय पंडित को यह बात अक्सर खलती रहती थी और उसे यह भी तो मालूम था कि बौद्ध भिक्षु बुद्धिबल और पांडित्य में उसकी बराबरी के नहीं हैं। आपस में यह चर्चा कभी-कभी हो भी जाती थी पर संन्यासी बेचारे वैद्यनाथ को बराबरी का आसन दे ही कैसे सकते थे जब तक कि वह खुद संन्यास ग्रहण न कर ले। आखिर एक दिन वैद्यनाथ ने तय किया कि जब तक 'विद्यालंकार परिवेण' में रहना है—संन्यास ले लेने में ही हीनताग्रन्थि से मुक्ति मिल सकेगी। आचार्य वैद्यनाथ को अपनी इच्छा का भिक्षुनाम जब चुन लेने की स्वतन्त्रता मिली तो उन्होंने विख्यात दार्शनिक 'नागार्जुन' का नाम अपने लिए चुना। तब से वैद्यनाथ मिश्र भिक्षु नागार्जुन हो गए। बौद्ध दर्शन के अध्ययन के साथ-साथ काम चलाऊ अंग्रेजी भी नागार्जुन ने यहीं सीखी।

केलानिया के मठ में रहते हुए नागार्जुन ने अपना काफी विकास किया। राहुल जी और भदन्त आनन्द कौसल्यायन पहले से ही इस दिशा में प्रगति कर चुके थे। उनके विचारों में क्रान्तिकारी परिवर्तन आ रहा था। वामपंथी चिन्तन और विचार अच्छे लगने लगे थे। सामाजिक जीवन में कूद पड़ने की इच्छा तो पहले ही से थी। श्रीलंका में रहते हुए भी तरुण संन्यासी नागार्जुन अपने देश की गतिविधियों के बारे में न केवल पढ़ा करते थे बल्कि देशवासियों के लिए कुछ कर गुजरने की तमन्ना भी पाल रहे थे। इन्हीं दिनों बिहार का किसान आन्दोलन स्वामी सहजानन्द के संचालन में शुरू हुआ। स्वामीजी जन्मना भूमिहार किन्तु आर्यसमाजी संस्कारों के संन्यासी थे। नागार्जुन से उनका पत्र-व्यवहार हुआ तो स्वामीजी का जवाब आया। 'वहाँ मुर्दों के चक्कर में क्या पड़े हो? आओ और जनता के लिए काम करो।' नागार्जुन केलानिया से आकर किसान आन्दोलन में कूद पड़े। यह सन् '38 का मध्य काल था। उनकी कविताएँ उन दिनों ज्यादातर 'यात्री' नाम से ही मैथिली और हिन्दी में प्रकाशित होती थीं। पर नागार्जुन की सक्रियता सर्वाधिक किसान आन्दोलन में थी।

इसी आन्दोलन के दौरान उनकी पहली गिरफ्तारी सिवान जिले के पचरुखी ब्लाक ऑफिस में हुई। डॉ. माचवे ने इसका वर्णन करते हुए लिखा है, नागार्जुन भारत लौटे, सन् '38 के मध्य में। अमबारी (बिहार) के अत्याचारी भूस्वामी के खिलाफ राहुल सांकृत्यायन ने नेतृत्व किया। उनके भिक्षु जैसे मुंडित सिर पर लाठी पड़ी। रामवृक्ष बेनीपुरी ने 'योगी' में सम्पादकीय लिखा। नागार्जुन को किसानों के नेतृत्व के लिए पकड़ लिया गया। छपरा और हजारीबाग जेल में दस महीने रहना पड़ा। इस किसान आन्दोलन में उनके जेल के साथियों में समाजवादी युवानेता श्यामनन्दन मिश्र और किसान सभा के प्रसिद्ध नेता पंडित कार्यानन्द शर्मा भी थे। इन्हीं दिनों दो-एक बार नागार्जुन का पत्र-व्यवहार सुभाष बोस जैसे नेताओं से भी हुआ।

जेल से छूटे तो द्वितीय विश्वयुद्ध सामने था। अंग्रेज सरकार की हालत खस्ता

थी किन्तु कांग्रेसी नेतृत्व साम्राज्यवादी सरकार की इस शर्त पर मदद करना चाहता था कि लड़ाई के बाद पूर्ण स्वतन्त्रता मिल जाएगी, साथ ही एक राष्ट्रीय सरकार की स्थापना भी सम्भव हो सकेगी। आचार्य कृपलानी ने इस प्रकरण का उल्लेख करते हुए लिखा है—"कार्य समिति की 18 जून को वर्धा में बैठक हुई और एक कदम और आगे बढ़ने का निश्चय किया गया। इसने अंग्रेज और उसके मित्र देशों के युद्ध लक्ष्यों की व्याख्या की माँग छोड़ दी। इसने लड़ाई के बाद पूर्ण स्वतन्त्रता और फौरन एक राष्ट्रीय सरकार की स्थापना की माँग स्वीकार किए जाने के आधार पर पूर्ण सहयोग का एक बिल्कुल नया प्रस्ताव किया।"[1] स्वभावतः कांग्रेस में भीतर ही भीतर दरार पड़ने लगी थी। दूसरी ओर समाजवादी और साम्यवादी दल थे जो हिन्दुस्तानी जनता को युद्ध की इस आग से बचाना चाहते थे। उन्होंने जगह-जगह युद्ध-विरोधी आन्दोलन छेड़ रखा था। बिहार में इसका संचालन पटना स्थित फार्वर्ड ब्लाक कार्यालय से हो रहा था, उन दिनों वे रह भी वहीं रहे थे। नागार्जुन इसमें प्रमुख भूमिका निभा रहे थे। भिक्षु नागार्जुन ने एक पैम्फलेट निकाला जिसका मजमून था—'न एक पाई न एक भाई।' यानि इस लड़ाई में न एक आदमी की मदद की जाए न एक पाई की। बिहार कान्फ्रेंस की अध्यक्षता भी कई बार नागार्जुन कर चुके थे। देहातों में जाकर किसानों से चावल वगैरह वसूलते थे और कार्यकर्ताओं को लाकर खिलाते थे। पर किसी को यह नहीं बताते थे कि वे दरभंगा के मधुबनी अंचल के तरौनी गाँव के रहनेवाले हैं। यह एहतियात इसलिए जरूरी था कि पिता गोकुल मिश्र अगर जान गए तो पकड़कर जरूर ले जाएँगे। नागार्जुन ने घर छोड़ा ही इसलिए था कि वे पिता से अलग रहकर उन्हें दंडित कर सकें क्योंकि भीतर ही भीतर वे पिता की जीवन शैली से न केवल असहमत थे—वरन उसे लेकर भयानक रूप से क्षुब्ध भी थे।

'न एक पाई न एक भाई' वाला परचा छपाकर बाँटने के बाद भिक्षु नागार्जुन भूमिगत हो गए। किन्तु अंग्रेज सरकार की निगाहों से बचकर निकल पाना इतना आसान न था। पकड़े गए बिहार शरीफ के उसी इलाके में जहाँ पहले गिरफ्तार हुए थे। इस बार उन्हें आठ महीने तक भागलपुर जेल में रहना पड़ा। वहीं पिता गोकुल मिश्र ने किसी तरह खोज-खाज कर उनसे मुलाकात की। लौटते हुए जेलर से रो-रो कर कहते गए "यह लड़का बरसों से भागा हुआ है। बुढ़ापे में हमें तो सता ही रहा है पर एक 'बछिया' की पीठ में छुरा घोंप कर बाबाजी बना घूमता है। इस कसाई को जब आप जेल से रिहा करनेवाले हों तब तार देकर मुझे बुलवा लेंगे। हम चार जने मिलकर आएँगे और इसे पकड़कर घर ले जाएँगे।" डॉ. प्रकाश चन्द्र भट्ट ने लिखा है कि "सचमुच ही दुबारा जेल के फाटक पर हाजिर होकर पिता ने नागार्जुन

1. जीवतराम भगवानदास कृपलानी : महात्मा गांधी—जीवन और चिन्तन, पृ. 189

को अपनी हिरासत में ले लिया।"[1] जेल से छूट कर नागार्जुन ने अपना चीवर और कमंडल सीताराम आश्रम के हवाले किया–जो आज भी वहाँ सुरक्षित रखा है।

वैद्यनाथ के गृहस्थाश्रम वापसी का पुरानी पीढ़ी के पंडितों ने काफी विरोध किया किन्तु उसी टक्कर का समर्थन मिथिला की तरुण पीढ़ी ने उनका किया। ससुराल के लोगों के लिए तो यह हारी हुई बाजी को जीतने जैसा था। नागार्जुन को महीने भर पहुनाई के लिए हरिपुर आमन्त्रित किया गया। मिथिला का आतिथ्य सत्कार यों भी विख्यात है। फिर संन्यासी से गृहस्थ बने दामाद की सेवा में कोर कसर क्या होती। महीने भर तक यह सत्कार धूमधाम से चलता रहा।

यह उत्सव समागम जल्दी ही निपट गया और जीवन-संघर्ष की दूसरी चुनौतियाँ सिर उठाने लगीं। दो-दो बार जेल यात्रा के बाद सरकारी नौकरी मिलने का सवाल रह ही नहीं गया था। बूढ़े बाप के माथे पर अभावों की चिन्ताएँ घिरती देख नागार्जुन ने एक बार फिर अपनी कविता को पुकारा। पिता का सोचना था–'बेटा अब कहीं का न रहा। बुढ़ौती ऐसे ही बिना पूत की कमाई का सुख भोगे गुजर जाएगी।' इसी चिन्ता का मुँहतोड़ जवाब देते हुए नागार्जुन ने आठ-आठ पेज की दो कितबिया 'बुढ़वर विलाप' नाम से लिखकर छपवा लीं। कविता मैथिली में थी। नागार्जुन इन पुस्तिकाओं को झोले में भरकर शहर और रेलगाड़ी के मुसाफिरों के बीच बेचते। जो पैसा मिलता, लाकर पिता के हाथ में दे देते। गँवई-बाप को जल्दी ही यह भान होने लगा–बेटे में तो अच्छी काव्य-शक्ति है। इससे किताब बिकवाने से बेहतर है मैं ही क्यों न हाट-बाजार जाकर इसे बेचूँ। नोन-तेल जर्दा-सुर्ती का खर्चा इस बिक्री से चल निकला था। पिता ने कुछेक दिनों में अभयदान शैली में अनुरोध किया कि नागार्जुन अब बाहर कहीं जाकर नौकरी करना चाहें तो मजे से जाएँ। हाथ खर्च चलने ही लगा था। घर में सब्जी तरकारी भी उसी आमदनी से आने लगी थी। गरीब ब्राह्मण परिवार की कोई बहुत बड़ी आकांक्षा भी क्या होती। तब भी खेती-बारी का ठौर-ठिकाना जमाने की इच्छा तो थी ही। कुछ आम के शामिल हाल पेड़ थे। दो-तीन कट्‌टे जमीन थी जो आज की तरह उस समय भी बटाई पर दी गई थी। घर से सटी हुई बाँस-कोठी थी। जो आज भी जैसी की तैसी है। बिहार में पिछली राजनीतिक पृष्ठभूमि के कारण हमेशा वारंट कटा ही रहता था। रोज कोई न कोई उत्पात मच जाने की आशंका बनी ही रहती। इसलिए नागार्जुन चुपचाप पंजाब के हैदराबाद सिन्ध शहर में आकर जैन मुनि उपाध्याय आत्माराम जी महाराज के निर्देशन में सौ रुपए मासिक पर प्राकृत भाषा के ग्रन्थों का संस्कृत में अनुवाद करने लगे। यहीं कुछ दिनों के लिए प्रधानाध्यापक भी रहे। सन् '41 का जमाना था। दूसरा महायुद्ध छिड़ा ही हुआ था। तब भी आज जितनी महँगाई न थी। तैंतीस-चौंतीस में कलकत्ता में होटल का कुल खर्चा दो रुपए लगता था। अब भी सन् '41 में एक

---

1. डॉ. प्रकाश चन्द्र भट्‌ट : नागार्जुन, जीवन और साहित्य, पृ. 25

रुपए में तेईस सेर आटा मिलता था। हैदराबाद (सिन्ध) में मकान मिल गया तो घर जाकर अपराजिता जी को भी ले आए। बूढ़े बाप की सेवा के लिए एक दासी का इन्तजाम कर दिया। पैसा भेजते ही रहते थे। यहीं उन्होंने 'जया' और 'प्रेयसी' शीर्षक रचनाएँ लिखीं। यहीं हैदराबाद (सिन्ध) से निकलनेवाले मासिक 'कौमी बोली' और लाहौर से निकलने वाले 'साप्ताहिक विश्व बन्धु' का संपादन किया। 'जया' कविता अपने मित्र पंडित मुरलीधर शर्मा की गूँगी लड़की पर लिखी गई है। नागार्जुन का कवि हृदय पहले से ही ऐसे चरित्रों को लेकर व्यस्त रहा है। दुःख अभाव या पीड़ा की छाया जहाँ है, वहाँ उनकी कविता बिना बुलाए पहुँच जाती है। 'जया' के बारे में वे लिखते हैं–

वह बोल नहीं सकती
लेकिन उसकी भी अपनी भाषा है
काफी है सूझ-बूझ उसमें, सुख है, दुःख है, अभिलाषा है

× × × ×

बन सकती है वह चित्रकार
ले सकती है वह नाच सीख
जिससे न किसी पर पड़े-भार
जिससे न माँगनी पड़े भीख
लेकिन यह तो बस सपना है
चलता भी कुछ बस अपना है।

इस कविता में दो पंक्तियाँ इस प्रकार भी हैं–

कैसा असह्य, कितना जर्जर
यह मध्यवर्ग का निचला स्तर।
स्कूली जीवन के साधारण मास्टर का हो किसमें लेखा

जिन दिनों यह कविता लिखी गई हिन्दी का प्रगतिवादी आन्दोलन उठान पर था और प्रयोगवाद का सूत्रपाती काव्य संकलन तार-सप्तक कुछ मित्र-कवियों के बीच इस प्रेस से उस प्रेस तक की हवा खा रहा था। उन दिनों छायावादी सुमित्रानन्दन पंत, परवर्ती कवियों में अंचल, नरेन्द्र शर्मा, सुमन, भगवती चरण वर्मा, शील, न जाने और कितने प्रगतिशील कविता की मर्यादाएँ स्थापित कर रहे थे। पर नागार्जुन का नाम उस पहले उफान में कहीं नहीं था। श्रीलंका के केलानिया मठ में ही बुद्ध-दर्शन के साथ-साथ मार्क्सवादी विचारों की गहरी छाप उन पर पड़ चुकी थी। इसका लाभ यह हुआ कि नागार्जुन के भीतर जो सहज सामाजिकता, सेवा भावना, त्याग और संघर्ष करने की लगन थी–उसे एक पुष्ट वैचारिक अवलम्ब भीतर ही भीतर मिल गया था। प्रगतिशील आन्दोलन न भी आता तब भी नागार्जुन 'जया' जैसी कविताएँ निराला-पैटर्न पर लिखते आगे बढ़ते। हाँ तब यह कहना मुश्किल है कि–"कैसा असह्य, कितना जर्जर/यह मध्यवर्ग का निचला स्तर", जैसी पंतशैली

उनकी कविताओं में आ पाती या नहीं। नागार्जुन की प्रगतिशीलता अकस्मात नहीं फूट पड़ी थी। वह राष्ट्रीय आन्दोलनों, आर्य समाजी प्रभावों, समाजवादी नेतृत्ववाले जनान्दोलनों से एक सहज पके के रूप में फूटी थी। इसलिए वे चुने-चुनाए विषयों पर न लिखकर अपने अनुभूत-दायरे में ही काम कर रहे थे। जो कवि जल में कमल की तरह गाँवों में रहा उसने तो 'ग्राम्या' लिख मारा किन्तु जो गाँव में ही पैदा हुआ, पला-बढ़ा उसने इस प्रकार का कोई ढिंढोरा पीटे बगैर ही उन समस्याओं को सामने रखने की कोशिश की—जिनसे हमारा ग्रामीण समाज ही नहीं समूचा मध्य और निम्नवर्ग त्रस्त है। जिस समाज के पास न कोई बहुत बढ़िया और बड़ा सपना है, न ही कोई अपना सगा चिन्तक। नागार्जुन इसी समाज के प्रतिनिधि कवि के रूप में अपना दायित्व ग्रहण कर रहे थे।

अपराजिता देवी के साथ ज्यादा दिन रहना हो नहीं पाया। शहर की आबोहवा उन्हें कम रास आती थी। सुखभोग के लिहाज से वे अपने देहात को कम महत्त्व नहीं देतीं आज भी। देहात में अब भी पास-पड़ोस की अपनी सहज और खुली दुनिया मिल जाती है। नकली ढंग की आधुनिकता और शहर दिखावा न तो नागार्जुन को कभी पसन्द आया न ही अपराजिता देवी को। हाँ! लुधियाना की कुछ मजेदार यादें अब भी हैं।

लुधियाना में जहाँ कवि का डेरा था वहीं पड़ोस में एक हाई स्कूल भी था। नागार्जुन ठीक स्कूल के टाइम पर अपने कमरे की रेलिंग पर खड़े हो जाते और स्कूल जाती तरुणियों को देखा करते। मन में सोचते—अगर ये तरुणियाँ हमारी आँखों को अच्छी लगती हैं तो इसकी आँखों को तरुण क्यों नहीं भाएँगे। तो हम उनको भी रेलिंग पर लाकर खड़ा कर लेते और कहते—'देखो तुम भी।' एकाध रोज तो मन रखने के खयाल से अपराजिता देवी साथ देती रहीं पर जल्दी ही उन्होंने इसमें अपनी अरुचि प्रदर्शित कर दी—'जितनी देर में हम इन्हें देखेंगे उतने में तो चावल चुन लेंगे।' तो हमने कहा—'हम कहीं जाते हैं तो आँखों को यह सब अच्छा लगता है। तुमको भी अच्छा लगना चाहिए। समुच्छल सौन्दर्य किसे नहीं अच्छा लगता। और नहीं लगता तो सीखना चाहिए भई!' वो बहुत डरी इस बात पर और तीन-चार दिन काफी चकित रही। मैंने जब तहकीकात की तो कहा—'तुमको अब हो क्या गया है। शादी हुई-हुई थी और मैं नदी में नहाने गई थी तो सौतेली सास की झूठी चुगली पर तुमने मुझे दो तमाचा मारा था कि वहाँ कुछ नौजवान सीटी बजा-बजाकर चक्कर काट रहे थे और मैं छाती मलमल कर नहा रही थी। उस समय तुम्हारा पतित्व फुंकार रहा था। वो ही तुम हो न? और अब तुमको क्या हो गया है कि कह रहे हो—देखो इन सुन्दर लड़कों को अपनी आँखों।' तो मुझे लगा कि यही हमारी कमाई है इतने बरसों बाद भी अपराजिता देवी को ग्राम कन्या के रूप में पाकर। पर यह विचार तब भी मन को कुरेदता कि मैं तो अपनी आँखों की भूख मिटा लेता हूँ, यह कैसे रह जाती है। यही सोचकर अपने छात्रों में से जो तीन-चार सुडौल किस्म के

थे उन्हें घर पर बुलाता। बिठाता। चाय पिलाता और उससे कहता कि इनके लिए पकौड़ा बनाओ। और उनके साथ छोड़ देता घंटा दो घंटा यह सोचते हुए कि इनके साथ बात करेगी तो मन थोड़ा हल्का होगा। मेरे अन्दर यह भावना हुई कि सामाजिक सम्पर्क से जो घुलावट मिलावट मुझे सुख पहुँचाती है, उस तक ये भी पहुँच सके। आखिर मिलने-जुलने, देखने-सुनने से भी तो आदमी में एक परिष्कृत और उदार सौन्दर्य बोध पनपता है। पर चूँकि वह बहुत पढ़ी-लिखी नहीं थी तो उसे लगता था कि पता नहीं ये क्या कर रहे हैं? कहाँ दरभंगा और कहाँ यह दूर लुधियाना। कहीं यहाँ इनका दिमाग फिर तो नहीं सनक गया व मुझे किसी के हवाले कर चलते बनना चाहते हैं। दस-पाँच दिनों बाद ही उसने रट लगानी शुरू की—'भई तुम तो घर चलो।' लुधियाना की जिन्दगी उसे बहुत भारी पड़ रही थी। इसलिए वह जल्दी से जल्दी अपने गाँव लौट जाना चाहती थी। हम तो खैर गरीब परिवार के थे पर इसके पिता तो भूस्वामी थे। इसलिए वह जमीन-जायदाद का महत्त्व ज्यादा समझती थी। उसे लगा कि अगर गाँव छोड़ देती है तो सब चला जाएगा। इसलिए तय हुआ कि अपराजिता गाँव रहकर घर-बार देखेंगी। बच्चों का पालन-पोषण करेंगी और मैं चाहे जहाँ आऊँ-जाऊँ-भटकूँ। मैंने भी देखा कि हमारे लिए भी यह सुविधाजनक रहेगा। बाहर से कमाकर पैसे भेज दूँगा और जब इच्छा होगी गाँव जाकर रह भी आऊँगा। नागार्जुन अपराजिता देवी के इस विचार से सहमत होकर उन्हें पिता के पास गाँव छोड़ आए और दो साल तक लुधियाना में ही अध्यापन और अनुवाद का काम करते रहे। बीच-बीच में घर आना-जाना भी होता रहा। यहीं रहते हुए उन्होंने 'सिन्दूर तिलकित भाल' जैसी अविस्मरणीय कविता लिखी। इसके पीछे भी कवि के जीवन की एक मार्मिक घटना काम कर रही थी जो उसी के शब्दों में इस प्रकार है—एक बार हमने अपनी पत्नी से घर से निकलने के बाद कहा कि सिन्दूर पोंछ लो। इसमें क्या रखा है। जैसे राख वैसे सिन्दूर। तो वो इस बात पर दिन भर रोती रही और हमको लगा कि कहीं कोई गलती हो गई। तो हमने इस क्षतिपूर्ति के लिए वह कविता लिखी। आज आधुनिकता भी संस्कार रूप में आ रही है। अगर आप उसे छेड़ेंगे तो किसी न किसी को चोट लगेगी। भारतीय महिला के जीवन में आज भी सिन्दूर का सांस्कारिक महत्त्व है। अब हम अपनी प्रगतिशीलता के चलते अगर इन संस्कारों पर चोट करते हैं तो संस्कारों की जड़ता नहीं खत्म होती, एक दूसरे प्रकार की दिखावटी या छद्म प्रगतिशीलता जड़ पकड़ने लगती है। संस्कारों के बनने में समय लगता है। उनके टूटने में भी धैर्य रखना पड़ता है। कभी-कभी सारी लड़ाई दूसरे ढंग से लड़नी पड़ती है। लेकिन तब यह विश्लेषण-बुद्धि काम नहीं आ सकी थी और नागार्जुन व्यक्तिगत धरातल पर भी आचरण और व्यवहार को बदलने की कोशिश कर रहे थे। उदाहरण को उन्होंने हमेशा उपदेश से बढ़कर महत्त्व दिया। इसीलिए खुद के जीवन को भी उन्होंने उदाहरण के रूप में ढालने की कोशिश शुरू कर दी थी। आवश्यकताएँ तो यों भी कम थीं। जो कमाते ज्यादातर घर भेज देते।

घर भी ऐसा कि दो हजार पहुँचता तो चार हजार की लिस्ट तैयार रहती। इसी तरह लस्टम पस्टम चलता रहा। सन् '42 में अपराजिता जी ने पहले पुत्र शोभाकान्त को जन्म दिया। 'दन्तुरित मुस्कान' शीर्षक कविता (सतरंगे पंखोंवाली) शोभाकान्त पर ही लिखी जब लुधियाना से लौटकर उसे पहली बार देखा।

अपराजिता जी ने कई-कई रूपों में भिक्षु नागार्जुन को बाँधना और मुक्त करना शुरू किया। कवि का गहरा वात्सल्य इस कविता में दर्शनीय है—

तुम्हारी यह दन्तुरित मुस्कान
मृतक में भी डाल देगी जान
धूलि-धूसर तुम्हारे ये गात...
छोड़कर तालाब, मेरी झोंपड़ी में खिल रहे जलजात

... ...

यदि तुम्हारी माँ न माध्यम बनी होती आज
मैं न सकता देख
मैं न पाता जान
तुम्हारी यह दन्तुरित मुस्कान
धन्य तुम, माँ भी तुम्हारी धन्य!
चिर प्रवासी मैं इतर, मैं अन्य।
इस अतिथि से प्रिय तुम्हारा क्या रहा सम्पर्क
उँगलियाँ माँ की कराती रही हैं मधुपर्क
देखते तुम इधर कनखी मार
और होतीं जबकि आँखें चार
तब तुम्हारी दन्तुरित मुस्कान
मुझे लगती बड़ी ही छबिमान।

ऐसी नेह-छोह की कविताएँ उन दिनों अकेले नागार्जुन ही लिख रहे हों ऐसा भी नहीं। पर भारतीय ग्रामजीवन के बीच पैदा होने वाले सुख और रोजगार की तलाश में भटकनेवाली अकेली जिन्दगी का खेद केवल नागार्जुन ही पैदा कर सके हैं। प्रवासी पिता अपने ही घर में जिस अतिथिबोध से पीड़ित है, उसमें जमीन से बिछुड़ने का दुख और परिवार के आत्मीय सम्बन्धों को काट देनेवाली दूरियाँ भी शामिल हैं। उत्तर प्रदेश, बिहार, उड़ीसा के दरिद्र अंचलों से न जाने कितने नवजवान नौकरी की तलाश में बम्बई-कलकत्ता-लाहौर-लुधियाना-दिल्ली आज भी भटकते रहते हैं। कहीं दूर गाँव में उनके बच्चे आज भी राह अगोरा करते हैं। गरीब किसान परिवारों की तो यह नियति ही बन गई है। आर्थिक अभावों के चलते पारिवारिक सम्बन्धों का यह विखंडन तब भी था और आज भी है। तब भी ग्रामीण वधुएँ अपने संइयाँ (स्वामी) को विदेश जाने देने को तैयार नहीं थीं, आज भी अगर गाँवों में ही रोजगार मिले तो तैयार नहीं हैं। डॉ. कृष्ण बिहारी मिश्र का यह सवाल नागार्जुन

की कविता के संदर्भ से कितना मेल खाता है—"मेरे गाँव के जो लोग अन्यत्र जाकर बस गए, उसके पीछे क्या केवल शहरी सुविधा का आकर्षण ही था या कि कोई दूसरी प्रभाव-पीड़ा थी?"[1]

नागार्जुन चाहे केलानियां में रहे चाहे लुधियाना में। गाँव उनकी आँखों के आगे हमेशा रहा। कलकत्ता जैसे महानगरों में भी वे गँवई स्वभाव वालों को खोज लेते हैं और दिल्ली के जिस इकलौते कमरे में वे रहते हैं वहाँ भी उत्तर प्रदेश और बिहार के गाँवों के पड़ोसी साथ हैं।

लुधियाना रहकर पैसा तो कमाया जा सकता था पर प्रवासीपन के तीखे बोध ने वहाँ कवि को अधिक दिनों तक न रह सकने को मजबूर-सा कर दिया था। उसे बार-बार अपनी धरती की याद सताती थी—उसे अपने हित-मित्र, घर-परिवार, कुल-खानदान, गाँव-देश के लोग बराबर याद आते थे। यह विचार भी घेर कर खड़ा हो जाता था—

यहाँ भी हैं व्यक्ति औ' समुदाय
किन्तु जीवन भर रहूँ फिर भी प्रवासी ही कहेंगे हाय!
मरूँगा तो चिता पर दो फूल देंगे डाल
समय चलता जाएगा निर्बाध अपनी चाल

इसी उधेड़बुन में नागार्जुन पंजाब से उत्तर प्रदेश के इलाहाबाद शहर आ गए जो उन दिनों साहित्य की राजधानी कहा जाता था। निराला, पंत, महादेवी, रामकुमार वर्मा, रघुपति सहाय फ़िराक़ और बच्चन इसी शहर में थे। अमृतराय, प्रकाशचन्द्र गुप्त, उपेन्द्रनाथ अश्क यानी साहित्यिकों की एक पूरी दुनिया वहाँ विद्यमान थी। राजनीतिक गतिविधि का केंद्र भी आनन्द भवन था ही। तीसरे, इलाहाबाद पहुँचकर नागार्जुन अपने प्रवासीपन के बोध से भी मुक्त हो सकते थे। इस बीच नागार्जुन के पिताश्री का भी स्वर्गवास हो चुका था। सभी दृष्टियों से इलाहाबाद को ठीक पाकर वे लुधियाना को अन्तिम नमस्कार कर आए और इलाहाबाद में पाँव जमाने की कोशिश करने लगे किन्तु स्थिरता आती नहीं दिखी। अब तक नागार्जुन की कुछेक कविताएँ, कहानियाँ और लेख हिन्दी तथा मैथिली के पाठकों के समक्ष आ चुकी थीं। पहली हिन्दी कविता 'राम के प्रति' लाहौर से प्रकाशित 'विश्वबन्धु' में सन् '35 में ही छप चुकी थी। मैथिली कविता सन् '30 में विशाल भारत में एक कहानी 'असमर्थदाता' सन् '40 में छपी जबकि सरस्वती में एकाध कविताएँ भी छपकर प्रतिष्ठा पा चुकी थीं। 'निर्वासित' कविता विशाल भारत के जून '36 अंक में छपी जिसकी कुछ पंक्तियाँ इस प्रकार हैं—

1. डॉ. कृष्ण बिहारी मिश्र : गाँव तब और अब (धर्मयुग, 6 जनवरी, '80, पृ. 50)

इस आजीवन दंडित सुत के निर्वासन की याद
माँ तिल-तिल करके मत जलना आनख शिख-आपाद
गुरुजन का वह हृदय-द्रावक अश्रुपूर्ण अनुरोध
मुँह लटकाए उन मित्रों का वह अस्फुट सा क्रोध

विशाल भार के मई '39 अंक में 'प्रणाम' शीर्षक कविता छपी जिसमें उन चरित्रों के प्रति अशेष स्नेह और आदर का भाव व्यक्त किया गया था जो तमाम ईमानदार कोशिशों और कठोर जीवन संघर्षों के बाद भी असफल और अनजाने रह जाते हैं। कविता को पढ़ते हुए उन दिनों की निराशा और रोमानी व्यथा कथा की याद भी आती है–

थी उग्र साधना पर जिनका
जीवन नाटक दुखान्त हुआ
था जन्मकाल में सिंह लग्न
पर कुसमय ही देहान्त हुआ
उनको प्रणाम।

इसके पूर्व सहारनपुर से प्रकाशित होने वाली मासिक 'विकास' में कन्हैयालाल मिश्र प्रभाकर के सम्पादन में छपे।

'यात्री' नाम से ही नागार्जुन ने सन् '40 की सरस्वती में अपनी सुप्रसिद्ध कविता 'बादल को घिरते देखा है' छपवाई। जिसमें तत्कालीन सम्पादक की यह टिप्पणी भी चस्पां थी कि 'यात्री जी शिनयांग निवासी (तिब्बती) सज्जन हैं और इनका हिन्दी और संस्कृत प्रेम सराहनीय है।' तब तक नागार्जुन हिमालय दर्शन कर चुके थे और संस्कृत काव्यों में वर्णित हिमालय से अपनी आँखों देखे हुए हिमालय की तुलना भी करने लगे थे–

कहाँ गया धनपति कुबेर वह
कहाँ गयी उसकी वह अलका
नहीं ठिकाना कालिदास के
व्योम-प्रवाही गंगाजल का
ढूँढ़ा बहुत परन्तु लगा क्या
मेघदूत का पता कहीं पर,
कौन बताए वह छायामय
बरस पड़ा होगा न यहीं पर
जाने दो, वह कवि कल्पित था
मैंने तो भीषण जाड़ों में
नभचुम्बी कैलास शीर्ष पर
महामेघ को झंझानिल से
गरज-गरज भिड़ते देखा है।

स्पष्ट ही नागार्जुन धीरे-धीरे अपने समय के यथार्थ के प्रति चौकस होने तथा कवि कल्पना के निराले सौन्दर्य बोध से जीवन के प्रत्यक्ष सौन्दर्य को ज्यादा महत्त्व देने लगे थे। राष्ट्रीय आन्दोलन में उस समय तीन धाराएँ काम कर रही थीं। मुहम्मद अली जिन्ना के विचार एक तरफ थे तो क्रान्तिकारी शक्तियों के दूसरी तरफ। गांधी सबसे प्रबल नेता के रूप में सामने थे। उन दिनों गांधी को लक्ष्य मानकर भी कवि ने लिखा।

धन्य अनुशासन तुम्हारा तर्जनी का
हो गया मालूम जीने का तरीका

'प्रत्यावर्तन' शीर्षक यह कविता '42 के नवम्बर अंक में सरस्वती में छपी। ज्यादातर कविताएँ उन दिनों छन्द में लिखी गईं। इसी बीच सन् '44 में पंजाब छोड़कर इलाहाबाद आ गए। मन में कहीं यह बात थी ही कि कलम की घिसाई करने पर रोजी रोटी चल ही जाएगी। कविता ने पहले भी हिम्मत बढ़ाई थी, अब भी उनका भरोसा बना हुआ था। पर इलाहाबाद आठ महीने रहकर बनारस चले गए और भारतीय ज्ञानपीठ के दफ्तर में काम करने लगे।

नागार्जुन की संस्कृत रचनाएँ दक्षिण सीलोन की पत्रिका 'करगम' और जोधपुर की 'कौमुदी' में प्रकाशित होती रहीं। पैंतालीस-पचास तक हिन्दी, मैथिली और संस्कृत में काफी छप चुके थे फिर भी उनकी ओर लोगों का कोई खास ध्यान नहीं गया था। अपनी रचनाओं को लेकर उन दिनों बहुत सीरियस नहीं थे। लिखकर रख देना—भूल जाना तब भी उनकी आदत थी। आज भी इस प्रकार का कोई सिलसिला बन नहीं पाया है। कापी में कुछ रचनाएँ अधूरी लिखी पड़ी हैं तो पड़ी ही हैं। साहित्य कैरियर बनाने की दुनियादारी भी नागाबाबा को अब तक रास नहीं आयी। लगभग तभी से नागार्जुन एक शहर से दूसरे शहर की यात्रा करते रहे। कभी इलाहाबाद, कभी पटना, कभी कलकत्ता, कभी दिल्ली। और जब यहाँ से भी मन ऊबा तो सुदूर छत्तीसगढ़ के अंचलों में रायपुर, गुजरात के बड़ौदा, अहमदाबाद, मध्यप्रदेश के सागर, भोपाल, जबलपुर, विदिशा, उज्जैन, बुन्देलखंड के अपने मित्र केदारनाथ अग्रवाल के यहाँ। नागार्जुन को इस निमित्त बुलाना नहीं पड़ता। वे खुद-ब-खुद एक-न-एक दिन एकाध वाक्य की चिट्ठी के बाद आ धमकते हैं। यात्रा उन्हें स्वस्थ करती है ऐसा उनका पक्का विश्वास है। इसलिए बीमारी की हालत में उठकर चल देना उनकी आदत है। आप रोकिए तो कहेंगे—'मैं रास्ते में ही ठीक हो जाऊँगा।' और निकल पड़ेंगे। उनके यात्री नाम की यही सार्थकता है।

ज्ञानपीठ में भी नागार्जुन अधिक दिन नहीं टिके। उनकी यात्राएँ उन्हें बुला रही थीं। इन्हीं दिनों उन्होंने हंस में 'आज का गुजराती कवि' शीर्षक निबन्ध लिखा। परिजात पटना से निकलता था, उसमें 'टिहरी से निलंग' शीर्षकों से यात्रा वृत्तान्त लिखे।—'थोलिंग महावीर' नाम से दो परिचयात्मक लेख सरस्वती '44 के अंकों में छप चुके थे। मार्च '46 के परिजात (पटना) में एक शोधपरक निबन्ध 'ब्राह्मण

बौद्ध युग में' छपा। हुंकार (पटना) के दीपावली '45 अंक में 'तिब्बत में आतिथ्य सत्कार' निबन्ध प्रकाशित हुआ। हुंकार में ही नागार्जुन ने 'सिन्ध में सत्रह महीने' शीर्षक निबन्ध लिखा। गद्य की ओर यह प्रयाण इसलिए भी जरूरी था कि हिन्दी की पत्रिकाएँ पन्ना देख कर रचना की कीमत तय करती हैं। वह भी कितनी। कविता को आज भी पन्द्रह-पचास रुपए मिल जाएँ तो बहुत समझिए। जो पत्रिकाएँ लाखों के विज्ञापन कबाड़कर लाखों में बिकती हैं वे भी अपने कवियों को कितना देती हैं। यह हिन्दी शोधकर्ताओं के लिए महत्त्वपूर्ण विषय हो सकता है। फर्ज कीजिए अगर 'जुही की कली' सरस्वती में छपती या आज धर्मयुग में, तो निराला को कितना दिया जाता। निश्चय ही उसकी कीमत किसी कहानी या लेख से कम आँकी जाती क्योंकि उसने जगह उतनी नहीं घेरी। जगह ज्यादा घेरने वाली रचना ज्यादा बिकाऊ होती है। यह बात उन दिनों के लेखकों की समझ में आने लगी थी और वे अपनी प्रधान अभिव्यक्ति को स्वतन्त्र रूप से बचाए रखने के लिए यात्रा वृत्तान्त, परिचयात्मक निबन्ध, शोध-लेख लिखते थे। पत्र-पत्रिकाओं की जरूरत के मुताबिक उनके पास सूचनाओं और पांडित्य की कोई कमी न तब थी न आज। आज भी वे बंगला, अंग्रेजी, गुजराती, हिन्दी, मैथिली की पत्रिकाएँ अपने झोले में रखते हैं। दो-चार किस्म के अखबार भी मिल जाएँगे उसमें। यह आदत उनकी शुरू से ही रही है।

बनारस छोड़कर वे दुबारा इलाहाबाद आ गए और फिर से यहीं रहने की तैयारी करने लगे। इसी बीच तीसरी सन्तान के रूप में बेटे सुकान्त का जन्म हुआ जो आजकल मैथिली के उभरते हुए कथाकारों में से एक हैं। यात्री जी की मैथिली कविताएँ भी साथ-साथ लिखी जा रही थीं। पर अभी संकलनवत प्रकाशन नहीं हो पाया था। देश आजाद हो गया था और गांधी की हत्या भी। नागार्जुन 'बापू' के हत्यारों को लेकर काफी क्षुब्ध थे। पर कांग्रेसियों पर कम गुस्सा नहीं था उनका। गांधीवाद को केन्द्र में रखते हुए उन्होंने चार कविताओं का एक पैम्फलेट '48 में ही प्रकाशित करवाया। गांधी को लेकर आज भी उनकी कविता बेचैन हो उठती है। गांधी के प्रति कवि की दृष्टि क्या थी इसे उनकी कविताओं में झाँककर देखा जा सकता है किन्तु जिन्हें फिर भी दिखाई न दे उनके लिए बाबा बटेसरनाथ की ये पंक्तियाँ काम दे देंगी—"आजादी के लिए समझदारी पहले थोड़े-से पढ़े-लिखे लोगों तक सीमित थी, उसे गांधीजी आम पब्लिक तक ले आए। यही उनकी सबसे बड़ी खूबी मैं मानता हूँ।" पृ. 97

इसके अलावा नागार्जुन की दृष्टि गांधी के बारे में काफी साफ थी। पहले के पृष्ठों पर उनका यह कथन महत्त्वपूर्ण है—

"उन्हीं दिनों गोरखपुर जिले में 'चौरी चौरा' कांड हो गया, जिसमें जनता की उत्तेजित भीड़ ने थाना जला दिया था।

"गांधीजी बड़े दुःखी हुए और उन्होंने सत्याग्रह तथा असहयोग की उस व्यापक लड़ाई को बिल्कुल स्थगित कर दिया। स्वयं सेवकों के जुलूस, सरकार विरोधी सभाएँ,

दमन-कानूनों के खिलाफ संघर्ष...सब बन्द!

"आन्दोलन एकदम ठप्प हो गया।

"जन-संग्राम के प्रति महात्माजी का यह खिलवाड़ देश के लिए बहुत बड़ी दुर्घटना थी। गांधीजी के खास साथी जेल के अन्दर बन्द थे। यह समाचार पाकर क्रोध और दुःख के मारे वे पागल हो उठे।

"कोई भी समूचा आन्दोलन जब एक व्यक्ति के मातहत होता है तो इस तरह के नतीजे बाहर आते हैं।" पृ. 96

गांधीजी का व्यक्तित्व चमत्कारी था। उसने हिन्दुस्तान में नई राजनीतिक चेतना पैदा की लेकिन उनके चेलों ने क्या किया—जब यह ध्यान में आता है नागार्जुन आज भी खिन्न और क्षुब्ध हो उठते हैं। गांधी हत्या के बाद अपनी 'शपथ' कविताओं के लिए वे फिर जेल में डाल दिए गए। 1949 में इलाहाबाद आकर मैथिली कविताओं को 'चित्रा' नाम से संकलित करके प्रकाशित कराया। विद्यापति 'देसिल बयना—सब जन भिट्ठा' का सन्देश बहुत पहले ही अपने नाती-पोतों के लिए रख गए थे। यात्रीजी ने लिखा—

जाहि भाखा में बजइ छी, सत्त थिक से बोल
आन बाणी थीक दूरक ढोल

(जिस भाषा में बोल रहा हूँ, वही सत्य है। दूसरी भाषाएँ दूर के ढोल हैं) इसी में कवि ने लिखा—

अन ने छैं कैंचा ने छै कौड़ी छै
गरीबक नेना कोना पढ़ तैक रे?
उठह कवि, तों दहक ललकारा कने
गिरि-शिखर पर पथिक-दल चढ़ तैक रे।

(कविक स्वप्न-चित्रा : पृ. 8-9)

(अन्न नहीं है, पैसे नहीं हैं, फूटी कौड़ी भी नहीं है। गरीबों की सन्तानें कैसे पढ़ें? उठो कवि, तुम जरा चुनौती दो। गिरि-शिखर पर पथिक दल को चढ़ना है।)

मैथिली में भी कवि की कविताओं का टोन वही था जो हिन्दी में। उन दिनों देश आजाद हो चुका था और नेताओं के चरित्र भी खुलने लगे थे। सेठ-साहूकारों-महाजनों की बन आई थी। बड़े-बड़े देशी उद्योगपति और धन्नासेठ दोनों हाथों अपना घर भरने में लग गए थे। रामराज कविता में कवि ने लिखा—

रामराज में अबकी रावण नंगा होकर नाचा है
सूरत शक्ल वही है भैया बदला केवल ढाँचा है
नेताओं की नीयत बदली फिर तो अपने ही हाथों
धरती माता के गालों पर कस कर पड़ा तमाचा है

(हंस, जून '48)

सन् '51 में कुछ दिनों के लिए कवि ने वर्धा की राष्ट्रभाषा प्रचार समिति में भी

काम किया और अपनी आदत के मुताबिक जल्दी ही वापस लौट आया। इलाहाबाद में रहकर स्वतन्त्र रूप से अनुवाद और लेखन कार्य की कोशिश की। इस बीच नागार्जुन उपन्यासों पर हाथ आजमाने लगे थे। 'बलचनमा' पहले मैथिली में लिख डाला था पर वहाँ उसका कोई मार्केट नहीं था। सो बरसों तक धरा रहा। धीरे-धीरे कवि ने खुद उसे हिन्दी में लिखा यह सोचते हुए कि मैथिली माँ है, मगर उससे पेट नहीं भरता। हिन्दी से पेट भरता है, इसीलिए उसे अपना कलेजा नोचकर चढ़ा देता हूँ।[1] इन्हीं दिनों नागार्जुन ने काफी बाल साहित्य लिखा और गुजराती-बंगला उपन्यासों के अनुवाद की ओर बढ़े। संस्कृत के मेघदूत का अनुवाद मुक्तवृत्त में किया जो धारावाहिक रूप से साप्ताहिक हिन्दुस्तान में छपा। गीत-गोविन्द का अनुवाद किया। शरत के उपन्यासों में ब्राह्मण की बेटी, देहाती दुनिया और अन्य कई कृतियों का अनुवाद कार्य किया। बाद में संशोधन के नाम पर संशोधनकर्ता ठाकुर दत्त मिश्र ने अनुवादक में अपना नाम भी जोड़ दिया। उन दिनों नागार्जुन इसका प्रतिवाद करने की स्थिति में नहीं थे। 1954 में कन्हैयालाल माणिकलाल मुंशी के उपन्यास 'पृथ्वी-वल्लभ' का अनुवाद किया। इसके पहले नागार्जुन पहले चुनाव में 'चना जोर गरम' पैम्फलेट छपवा चुके थे जो आम जनता को कांग्रेसी नेताओं की करनी से परिचित करने के लिए लिखा गया था—

चना है बना मसालेदार
खाइये भी तो यह सरकार
मिलेगा परमिट बार-बार
मिलेंगे सौदे सभी उधार
नया हो जायेगा घर-बार
कि लद-लद कर आवेगी कार

इन्हीं कविताओं के जरिये नागार्जुन धीरे-धीरे हिन्दुस्तान की साधारण जनता तक पहुँच रहे थे और प्रगतिशील कवि सम्मेलनों में भी जाने लगे थे। कविता के माध्यम से आम जनता को पकड़ने और आम जनता के बीच टहल-घूम कर कविता की शैली और खुशबू खींचने का सहयोगी कार्यक्रम तभी से शुरू हो चुका था। धीरे-धीरे मैथिली हिन्दी का साहित्य भंडार भी बढ़ रहा था। शिवपूजन सहाय, रामवृक्ष बेनीपुरी आदि साहित्यिकों से अपनापा बढ़ने लगा था। बेनीपुरी जी के ही सुझाव पर नागार्जुन ने 'यात्री' नाम केवल मैथिली के लिए रिजर्व कर दिया और हिन्दी में अकेले नागार्जुन बने रहे।

हिंदी में पहला उपन्यास 'रतिनाथ की चाची' सन् '49 में प्रकाशित हुआ, यद्यपि लिखा '47 में ही जा चुका था। बलचनमा '52 में। बाबा बटेसरनाथ '54 में। 1954-55 के दौरान नागार्जुन ने योगी, बालसखा, बालक, चुन्नू-मुन्नू आदि पत्रिकाओं में सैकड़ों

---

1. जीवकांत—लहर, नागार्जुन विशेषांक, नवम्बर 1970, पृ. 36।

की संख्या में बाल साहित्य की रचना की जिनमें से अधिकांश कहानियाँ थीं। बच्चों को भरपूर उत्साह और साहस दिलानेवाला साहित्य लिखते हुए नागार्जुन ने इन्हीं दिनों पटना से प्रकाशित जोगी में बच्चों के लिए 'बुझावन काका' नाम से 'होनहारों की दुनिया' स्तम्भ सम्हाला। बच्चों से पत्र-व्यवहार करना, उनके प्रश्नों के उत्तर देना इस स्तम्भ की विशेषता थी। बीच-बीच में प्रत्यक्ष सम्पर्क भी बुझावन काका करते रहते थे। इसी स्तम्भ के द्वारा बच्चों में काव्य लेखन कविता की प्रेरणा के खयाल से 'बुझावन काका' ने 'तुकों का खेल' शुरू किया। छोटी उम्र के लोगों के बीच कविता की शिक्षा शुरू करने का यह अद्भुत प्रयोग था। स्तम्भ लेखक के रूप में नागार्जुन ने कई अन्य पत्रों में भी काम किया। लहरिया सराय से प्रकाशित होने वाले 'पंचायती राज' में ग्रामीणों के लिए जो स्तम्भ शुरू किया उसे 'चतुरी चाचा की चिट्ठी' नाम दिया। किन्तु ज्योत्स्ना (पटना) में 'मुखड़ा क्या देखे दर्पण में' और जनयुग (दिल्ली) में 'यत्किंचित' स्तम्भ भी नागार्जुन नाम से ही शुरू किया। स्वतन्त्र लेखन के सिलसिले इसी तरह चलते रहे। सन् '52 में 'युगधारा' और '59 में 'सतरंगे पंखोंवाली' तथा '62 में 'प्यासी पथरायी आँखें' का प्रकाशन हुआ। इस बीच कुछ लम्बी कविताएँ भी नागार्जुन लिखते रहे जो आज भी ज्ञानोदय जैसी पत्रिकाओं में ही पड़ी हैं और पुस्तकाकार रूप ग्रहण नहीं कर सकी हैं। 'खून और शोले' बुकलेट '56 में पटना छात्र गोली कांड के ही अवसर पर लिख कर छाप लिया गया था। जन-आन्दोलनों से सम्पर्क आज भी कवि का टूटा नहीं है। बल्कि अब तो वह इन्हीं पर निगाह टिकाए हुए भारत के भविष्य को देख पा रहा है। पार्टियों के प्रति उसका मोह अब पूरी तरह टूट चुका है। चीन द्वारा भारत पर आक्रमण के दौरान कम्युनिस्ट पार्टी से जो अनबन हुई वह कमोबेश आज भी बनी हुई है। पार्टी के चौधरी लोग तो ऊपर के आदेशों का इन्तजार कर सकते हैं, लेकिन नागार्जुन क्यों करें? इसलिए चाओ-माओ पर उन्होंने काफी तीखी और गुस्सैल कविताएँ लिखीं। इससे उन्होंने पार्टी साहित्य और पार्टी लेखक जैसी धारणा को सिरे से विच्छिन्न किया। कवि की पहली वफादारी अपने देश की जनता के प्रति होती है न कि पार्टी के प्रति। फलतः नागार्जुन को कम्युनिस्ट पार्टी से अलग होना पड़ा जिसके लिए वे आज भी चिन्तित नहीं हैं। 1970 में उन्होंने इन्दिरा गांधी के कारनामों से तंग आकर ऐन चुनाव के वक्त, फिर एक परचा छपवाया 'अब तो बन्द करो हे देवी यह चुनाव का चक्कर'। इसके पहले भारत की साहित्य अकादमी उन्हें '67 के मैथिली काव्य-संकलन 'पत्रहीन नग्न गाछ' पर पुरस्कृत कर चुकी थी '69 में। 1971 में इसी के चलते रूस भी हो आए थे। तब भी तत्कालीन सरकार की जनविरोधी नीतियों की आलोचना करने से नहीं चूके। यह भी मजेदार है कि जब कांग्रेसी सरकार को नागार्जुन आड़े हाथों लेने लगते हैं तो वामपंथ और दक्षिणपंथ दोनों की बाँछें खिल जाती हैं किन्तु यही कवि जब उनकी दबी-ढँकी सीवन उधेड़ने लगता है तो उन्हें काफी उद्दंड और खतरनाक जान पड़ने लगता है। अफसोस है कि यह आदमी आज तक पालतू नहीं बन पाया। इसीलिए कोई भी इससे खुश

नहीं है न वामपंथ न दक्षिण पंथ। यह किसी का है ही नहीं। कवि भी इस तथ्य से परिचित है। बस इसे ठीक जगह पकड़ना हो तो जनता के बीच जाना होगा। चाहे कोई किसान आन्दोलन हो या बिहार का जयप्रकाश के नेतृत्व वाला विराट टाँय-टाँय फिस्स वाला सम्पूर्ण क्रान्ति (भ्रान्ति) आन्दोलन। नागार्जुन पार्टी-महंथों का मोहभंग करते रहे हैं तो खुद भी कम मोह-खंडित नहीं हुए हैं। बिहार का जनान्दोलन ऐसा ही था। जेल से निकल कर कवि को कहना पड़ा कि "मैं रंडियों और भड़ुओं के कोठे पर पहुँच गया था।" जे.पी. ने जब यह टेपित वाक्य सुना तो प्रतिक्रिया व्यक्त करते हुए कहा था "नागार्जुन से हमारे मतभेद हो सकते हैं किन्तु मुझे विश्वास नहीं होता कि यह भाषा उनकी ही होगी।" इसी आन्दोलन के चलते उन्होंने बिहार सरकार से मिलने वाली तीन सौ रुपयों की मासिक वृत्ति भी ठुकरा दी। आज भी सरकारी आग्रह उसे लेने के लिए बना हुआ है और नागा बाबा हैं कि पटना से होकर कई बार चुपचाप गुजर जाते हैं। जिसने कभी द्रव्य को भरी जवानी के दिनों में प्रधानता नहीं दी, वह भला अब क्या देगा?

जिसने अपना सारा जीवन देशी जनता के हित संरक्षण और उनकी भाषा के विकास में लगा दिया उसे भला ये प्रलोभन कहाँ तक झुका पाएँगे? नागार्जुन की किताबें अब तो काफी संख्या में छपने और बिकने लगी हैं। बेटे कमाने लगे हैं। विश्वविद्यालयों के पाठ्यक्रम बिना नागा बाबा के पूरे नहीं होते। तब भी उनकी चाल नहीं बदली है। वही एक अदद झोला, वही देशी चाल-ढाल, वैसी ही आग और वैसी ही तड़प। कमलेश्वर के ये वाक्य मेरे आशय को ज्यादा अच्छी तरह व्यक्त कर पाएँगे—"नागार्जुन से मिलना तो भीतर की आग माँगना। बहुतों के पास नहीं होती यह। खुद वह नहीं देगा। किसी शाम या सुबह उसके साथ लग जाना, तब वह जलता हुआ शहर तुम्हें दिखाएगा। और गौर से देखना, उस शहर के बीचों-बीच वह खुद भी जल रहा होगा। ×××यही वह व्यक्तित्व है जिसने शिव पूजन सहाय की परम्परा को आत्मसात किया है और हर तरह के प्रभामंडलों को नोच-नोंच कर फेंकता रहा है।" (लहर—नागार्जुन-विशेषांक, पृ. 26)

दस बरस होने को आए इस लिखे हुए को। सत्तर में लिखी गईं ये पंक्तियाँ आज '80 में भी ज्यों की त्यों बरकरार हैं। यद्यपि नागार्जुन अड़सठवें को भी आँख मारते हुए आगे बढ़ रहे हैं। वही फक्कड़ाना अन्दाज। वही गुस्सा फटकार। वही नेह-छोह। वही सादगी। वही विकलता। जैसे जीवन में वैसे ही कविता में भी। फिर भी भाई लोग अभी भी अपने-अपने 'टावर' में बैठकर नागार्जुन को शुद्ध साहित्य में तलाशने की कोशिश कर रहे हैं। शुद्ध साहित्य क्या होता है इसे तो वे ही जानें पर पार्टी साहित्य क्या होता है इसका भी जवाब हमारे पास नहीं है। हाँ! अगर आप रामविलास जी की बात पर भरोसा कर सकें तो उन्हें ही आगे करके कहना चाहता हूँ—"यह सही है कि आज नई कविता के सन्दर्भों में नागार्जुन की चर्चा नहीं के बराबर है लेकिन कल जब समाजवादी दलों का बिखराव दूर होगा, जब हिन्दी

प्रदेश की श्रमिक जनता एकजुट होकर नई समाज व्यवस्था के निर्माण की ओर बढ़ेगी, तब नई कविता का अस्तित्ववादी सैलाब सूख चुका होगा, तब निम्न मध्य वर्ग और किसानों और मजदूरों में भी जन्म लेने वाले कवि दृढ़ता से अपना सम्बन्ध जन आन्दोलनों से कायम करेंगे, तब उनके सामने लोकप्रिय साहित्य और कलात्मक सौन्दर्य के सन्तुलन की समस्या फिर दरपेश होगी और तब साहित्य और राजनीति में उनका सही मार्ग दर्शन करने वाले अपनी रचनाओं के प्रत्यक्ष उदाहरण से उन्हें शिक्षित करनेवाले, उनके प्रेरक और गुरु होंगे कवि नागार्जुन।" (नयी कविता और अस्तित्ववाद, पृ. 14)

कविता : चन्द बुद्धिजीवियों की महफिल के बाहर

ऐसा लेखक जो कभी मार्क्स और लेनिन, माओ और हो-ची मिन्ह का नाम न जपता हो; डाँगे, राजेश्वर और नाम्बूदरीपाद की खिदमतदारी में न लगा हो, फिर भी भारत की गरीब और संघर्षरत जनता से प्रेम करता हो व चालाक, गैर-ईमानदार, भ्रष्ट, अराष्ट्रीय राजनेताओं से झगड़ता, उन्हें नंगा करता हो, उसे क्या कहेंगे आप? व्यक्ति के रूप में भी आदमी की एक राजनीतिक समझ होती है। लेखक के रूप में भी हम उस समझ से उसे वंचित नहीं कर सकते। हम या तो उसे अस्वीकार करेंगे या स्वीकार। पार्टी लेखक के रूप में हम चाहें तो उस पर दया कर सकते हैं। तब भी यह सारा व्यवहार हमें उसके लेखन के सन्दर्भ में तय करना पड़ेगा। हमारे लिए सबसे महत्त्वपूर्ण है एक लेखक का व्यक्तित्व। जब हम मान लेते हैं कि वह हमारा लेखक है, तब हम उसकी कही को सुनना चाहते हैं। उसके विचारों से परिचित होते हैं। और अन्त में उससे सहमत या असहमत भी हो सकते हैं। पर यह असहमति उसकी वैचारिक दृष्टि के प्रति ही सम्भव है। अनुभव-सम्पदा के प्रति नहीं। नागार्जुन जैसे लेखकों पर विचार करते हुए इन मुद्दों पर बहस सम्भावित है। एक ओर वे लोग हैं जो फिराक गोरखपुरी के शब्दों में, 'साफ कायल भी नहीं साफ मुकरता भी नहीं', तो दूसरी ओर वे जो 'बाबा' की धूनी और चिमटे के चारों ओर बारूद की चिलम सुलगा रहे हैं और तीसरी ओर कुछ निहायत शालीन अतः अभिजात रुचियों वाले आलोचक-पाठक हैं, जिन्हें पंडित नागार्जुन के सुधरने और वापस होने का इन्तजार है।

नागार्जुन को देखकर यह सवाल उठता है कि मुक्तिबोध पर लिख-लिखकर तो आलोचक गंगा नहा आया, पर नागार्जुन अभी इतनी बड़ी भगीरथी क्यों नहीं हो सके। उनकी कविता भी क्या मरणोपरान्त वीरता पुरस्कार प्राप्त करेगी? या हम उसे यूँ ही जाने देंगे? खेमेबाज आलोचकों और निष्क्रिय पाठकों के बीच हमारे समय की जो कविता इस कवि के द्वारा लिखी जा रही है वह बेजोड़ है, छन्द के हरिजन-युग में वह छन्दोल्लास में मस्त है, जटिलता की तमाम मुश्किलों के बीच वह बेहद सम्प्रेष्य और कारगर है, आधुनिक शहरी काइयाँपन और चतुराई के बीच खूब-खूब सरल और दबंग है। साहित्यिक मौसमों और फहराते हुए झंडों के प्रति बेखबर न होते हुए भी जो इनके शोर-शराबे से आतंकित या त्रस्त नहीं हैं, बल्कि इनकी बचकानी हरकतों के प्रति काफी उदार हैं। जिसे अपने भरे बुढ़ापे में भी नई पीढ़ी के भटकाव

को ललकारने की चाव है और सही रास्तों की पीठ थपथपाने की हिम्मत है, वही नागार्जुन है। नागार्जुन जिनके लिए लिख रहे हैं उन लोगों को अभी सामाजिक मंच पर आना है। हमारी राजनीति का करिश्मा ऐसा है कि वे और पीछे होते जा रहे हैं। प्रगतिशील राजनीति अपने आचरणों में उतनी ही दकियानूस, भयभीत और खस्ताहाल है जितनी कि 'गैर-प्रगतिशील' राजनीति। इसे नागार्जुन से बढ़कर कौन जान सकता है। प्रगतिशीलता की इस रेल पर नागार्जुन बाकायदा टिकट कटा कर बैठे भी हैं, पर वह कहाँ ले जा रही है, इसका भान होते ही बोरिया-बिस्तर सहित बिना स्टेशन के भी उतर पड़े हैं और उन्हें इसके एवज में गार्ड की गालियाँ सुननी पड़ी हैं। उन्हें डाँटा-फटकारा गया है। झिंझोड़ा गया है। पर नागार्जुन इससे पस्त नहीं हुए। अपना सामान कन्धों पर उठाकर अकेले ही चल पड़े हैं रवीन्द्रनाथ के उस यात्री की तरह जो बिना किसी साथी का इन्तजार किए हुए अकेले ही निकल पड़ता है। त्रिलोचन और नागार्जुन दोनों को एक साथ पाकर मैंने यह प्रसंग छेड़ा था। त्रिलोचन विहँस कर बोल उठे थे, "मैं तो कभी कम्युनिस्ट पार्टी का सदस्य नहीं रहा। बाबा नागार्जुन जरूर थे। मैं कभी उन लोगों के निकट भी नहीं गया, क्योंकि मैं न गाली दे सकता था इसलिए सुनना भी पसन्द नहीं किया। बाबा ने उन्हें गालियाँ दी हैं तो गालियाँ सुनी भी हैं। मैंने दिया ही नहीं तो सुनूँगा कैसे?"

बाबा एक साथ सब कुछ चाहते हैं। कविता लिखना और कविता जीना भी। यही तो निराला भी चाहते थे। पर ऐसा चाहनेवालों को अकेले ही मैदान में उतरना पड़ता है। अकेले ही जिन्दा रहने की, अकेले दिखने की झंझटें उठानी पड़ती हैं। नागार्जुन तो खैर अब इतने अकेले भी नहीं। कलकत्ता, पटना, दिल्ली, इलाहाबाद, भोपाल-विदिशा में उनके यात्रा-शिविर लगते हैं और नागार्जुन अलीगढ़ी पायजामा, गले में ठेठ भोजपुरिया स्टाइल का गमछा लपेटे, कोट पहने, कनटोप लगाए इस-उस समारोह को गुलजार करते रहते हैं। यह बेहद सच है कि शिविरों में सभी सम्प्रदायों की भीड़ रहती है और नागार्जुन की कविता की झाड़-फटकार में सभी रस लेते रहते हैं। वे भी जो उनसे असहमत हैं, वे भी जो सिर्फ श्रोता हैं। यद्यपि सिर्फ श्रोता जैसी कोई संज्ञा आज हो नहीं सकती। 'कविता की सुबह' में पाठ करते हुए नागार्जुन ने जब 'मन्त्र' कविता सुनाई थी तब सम्पूर्णानन्दी चेहरों पर भी विस्मय की एक आभा चमक उठी थी। सुना है बनारस में कुछ संस्कृति-प्रेमी लोग इस कविता के खिलाफ अभियान छेड़नेवाले थे और त्रिलोचन शास्त्री जैसे लोगों से दस्तखत लेना चाहते थे। नागार्जुन हिन्दुस्तानी रोगों के लिए विदेशी नश्तरों का उपयोग नहीं करते। वे शुद्ध भारतीय औजारों को नए सिरे से इस्तेमाल कर सकने में पूर्णतः दक्ष हैं क्योंकि वे पुराने प्रामाणिक पंडित हैं—ठेठ बनारसी शैली के। संस्कृत, पालि, प्राकृत के ज्ञाता। हिन्दू, बौद्ध, जैन विचारधाराओं के समीपी अध्येता। लोक में प्रचलित झाड़-फूँक, टोने-टोटके के प्रत्यक्ष दर्शी। बौद्ध भिक्षु नागार्जुन ने खूब दुनिया देखी है। गरीब ब्राह्मण कुलनन्दन हैं। वे तुलसीदास की तरह भले ही 'भंगन कुल' में न जन्मे

हों पर दरिद्रता का आलीशान ठाठ-बाट उन्होंने देखा है और प्रचंड पंडिताई उनके चारों ओर हर क्षण रही है। कभी विद्यापति की तरह कभी महापंडित राहुल की तरह। इसलिए वे आधुनिक पंडितों से अपराभूत हैं और पुरानों से अनभिभूत। अभिभूत होना वे जानते ही न हों, ऐसा भी नहीं। पर ऐसे लोगों से जो कोरे पंडित नहीं हैं। अपने ज्ञान और विचार को जो जनजीवन में उतार सकने की क्षमता रखें। मनुष्यता जिससे नई चमक पा सके, वही पांडित्य उन्हें प्रिय है। पंडित होना और बात है। पंडित दिखना और बात। वे इस मायने में पुराने हैं। दिखते नहीं। पर हैं। शब्द उनकी वेश-भूषा है तो अर्थ उनकी आत्मा। दूर से पहचानने में उन्हें काफी दिक्कत आती है। घनानन्द की तरह ज्यों-ज्यों नजदीक से निहारा जाए, वे अधिकाधिक खूबसूरत लगते जाते हैं। जब हमें पता लगता है कि शब्दों का यह दुस्साहसिक प्रयोक्ता उनके तर्कों की सीढ़ी भी चढ़ना जानता है, तब हमें यह रहस्य भी मालूम होता है कि शब्द गढ़ना कोई हँसी खेल नहीं है। शब्द गढ़ना एक पूरा आदमी तैयार करना है। सिर्फ पट्ठे लड़ाना नहीं। उस्तादी दिखानेवाले के बूते के बाहर की बात है यह। ऋषिवत आचरण करना पड़ता है। घनघोर आत्म विश्वास जगाना पड़ता है—तब कोर्सगन्धी, साडम्बर आरती या चितकबरा विकास जैसे आविष्कार हो पाते हैं। सोच-सोचकर मरना पड़ता है तब कहीं एक शब्द जन्म लेता है, जो सीधे कविता बनता है। दंडी ने शायद यही अनुभव करते हुए शब्द को काव्य कह दिया था। नागार्जुन दंडी की धारणा को बल देते हैं। पर उसे आगे भी ले जाते हैं कि शब्द अपने-आप में क्या है, अगर वह हमें किसी निश्चित विचार तक नहीं पहुँचाता। नागार्जुन अपने शिविरों में यह यात्रा तय करते हैं। वे हमें उन विचारों तक पहुँचाते हैं, जो हमारे सगे तो हैं पर भय या संकोच या अज्ञान के मारे हम जिन्हें अपना कहने से कतराते रहे हैं। हम समझते रहे हैं कि या तो हमीं उसके योग्य नहीं हैं या फिर वही स्पृहणीय नहीं। ऐसे कवि ही हमारे भय के अँधेरे में उजाले की हिम्मत पैदा करते हैं। हमारी सिली हुई जुबानों के टाँके टूट जाते हैं, हमारा गूँगापन धीरे-धीरे खत्म होने लगता है। हम महसूस करने लगते हैं कि चीजों और घटनाओं पर जो बहस चल रही है, उसमें हमारी शिरकत भी सहज-सम्भव है। वह हमारी ही बहस है और हमारी अपनी भाषा में है। पिछले दिनों हिन्दी कविता के सामने एक टेढ़ी समस्या आ खड़ी हुई थी और उसका नाम था—संवादहीनता। आज भी कुछ कवियों के साथ यह कोढ़ लगा हुआ है। वे पढ़े जा रहे हों या खुद बाँच रहे हों—उनकी कविता अपने मकसद ही प्रकट नहीं कर पाती। बेचारा पाठक अपने कवि पर इतना भरोसा किए रहता है कि खुद के भेजे को ही लानत देता है। पाठकीय अन्धश्रद्धा के चलते लेखक अपनी सारी अक्षमताओं के बावजूद बच निकलता है, अपने पाठक को दयनीय और विवश करार करता हुआ। नागार्जुन की कविताएँ कभी इस उद्दंडता पर उतरती ही नहीं। साहित्यिक अशिष्टता का यह उपक्रम उनके लिए अपने परिवेश के प्रति गद्दारी जैसा है। कविता जब भी लिखी जाती है, उसके समय के श्रोता

उपस्थित रहते हैं। वह उन्हें ही सम्बोधित रहती है। अगर आज की कविता अपने समय के प्रति बेहद चौकस है तो उसे इस पर भी विचार करना चाहिए कि वह किनके लिए लिखी जा रही है। अगर क्रान्ति के सूत्र के रूप में उसका प्रयोग हमारे समय में होना है, तो चन्द बुद्धिजीवियों की महफिल से उसे उठकर उन चौराहों पर आना होगा, जहाँ कुछ लटकेबाज कविता के नाम पर कमाई कर रहे हैं। हिन्दी कविता के विचारशील, मर्यादित, गम्भीर श्रोता को अपनी भड़ैंती शैली में रिझाकर चौपट कर रहे हैं। कविता को उठकर बह जाना ही होगा, अपनी अभिजात शैली का परित्याग कर जन-शैली अपनानी होगी, अगर उसे जनता को कवि-सम्मेलन षड्यन्त्र से बचाना हो तो। इसकी कोई छूट आज मिलना मुश्किल है। परायी संस्कृतियों के आक्रमण बहुत तेजी से हो रहे हैं। मुहावरे, विचार-शैलियाँ बिना किसी कस्टमी रोक-थाम के चले आ रहे हैं। विदेशी सामानों से हमारे देश को उतना खतरा नहीं है, जितना पराये विचारों से। कौन नहीं जानता कि विचार का भी एक परिवेश होता है। उसकी अपनी प्रासंगिकता होती है। कविता ही नहीं, समूचे लेखन के सन्दर्भ में यह प्रासंगिकता चुनौती की तरह बराबर ललकारती है। कलाओं का जनोन्मुख होना इस ललकार का सही उत्तर है। भारतेन्दु ने पहली बार यह महसूस किया था कि साहित्य का प्रधान रिश्ता जनता से है। इसलिए उन्होंने जनता की बोली-बानी को अपने लिए चुना। द्विवेदी युग के जमाने में रत्नाकर जैसे लोग भी रहे पर मैथिलीशरण गुप्त ही हमें अपने समय के लगते हैं। क्या कारण है कि रत्नाकर को पढ़ने के बाद हम इस निर्णय पर पहुँचते हैं कि भले ही यह कविता बीसवीं शती में लिखी गई हो, पर इसका निवास काल और भी पीछे है। रत्नाकर कला चतुर और भाषा-समृद्ध व्यक्ति थे। पर वे बुढ़ा गई सभ्यता के चेहरे की पुरातन रौनक की ओर हमारा ध्यान खींचना चाहते थे। लेकिन हमारे पाँवों और आँखों की स्थिति-संरचना ही कुछ ऐसी है कि हम चाहकर भी पीछे नहीं लौट सकते। हमें या तो अपने समय के साथ रहना होगा, या फिर उससे आगे। नागार्जुन साथ-साथ भी हैं और आगे-आगे भी। उनका ध्यान समकालीनता पर भी है और तत्कालीनता पर भी। बहिर्मुखी कवि होने के नाते उनकी कविता देशकाल से निरपेक्ष नहीं हो पाती। कवि स्वयं को एक सजग प्रहरी के रूप में हर क्षण कविता के मोर्चे पर सन्नद्ध किए रहता है। समस्याएँ, चरित्र, घटनाएँ, मौसम कुछ भी उसकी दृष्टि से बच नहीं सकता। सबको वह अपनी गिरफ्त में लाना चाहता है। तात्कालिकता भी कई प्रकार की हो सकती है। ऐसी तात्कालिकता जो सबको उलझाए हुए हो, क्या उसे सिर्फ तात्कालिकता के नाम पर टाला जा सकता है? नागार्जुन जब अपने समय के राजनीतिक आचरणों पर कविता लिखते हैं या किसी गोलीकांड पर, उनकी कविता हमारा ध्यान अपने समय की उन घटनाओं के प्रति खींचती है, जो सिर्फ घटनाएँ नहीं हैं। बल्कि भारतीय आबादी की प्रधान चिन्ताएँ हैं। यह तात्कालिकता खतरनाक भी है और पक्ष-विपक्ष के बीच बँट जाने वाली भी। तब भी कवि की निर्द्वन्द्वता विलक्षण है। कल इन कविताओं का

क्या होगा—यह सवाल अक्सर टकराता है। हम यह भी जानते हैं कि पीढ़ियाँ अपने योग्य कविता का चयन स्वयं करती हैं। संस्कृति का अंग बन जाने वाली कविता तो उँगलियों पर गिनी जाती हैं। किन्तु ऐसी कविताएँ प्रचुर हैं जो अपने समय में लोक आकर्षण का केन्द्र रही हैं। पर यह भी तय है कि जब भी राजनीतिक अन्याय, भ्रष्टाचार, दिवालियापन, शोषण, अराष्ट्रीयता का वातावरण होगा, नागार्जुन की कविताएँ अगली पीढ़ियों के काम आती रहेंगी। उन्हें स्वत्व की रक्षा और उसके लिए संघर्ष करने को उकसाती रहेंगी। कविता इसलिए कभी महत्त्वपूर्ण नहीं हुई कि उसमें कुछ महत्त्वपूर्ण घटनाओं और व्यक्तियों का उल्लेख किया जाता रहा है। उसकी महत्ता उसके मानवीय सरोकारों के संदर्भ में है। हमारे युग में ये सरोकार बहुविध हैं। हम किन्हें चुनते हैं और अपनी कविता के लिए महत्त्वपूर्ण मानते हैं, यही सवाल सर्वप्रमुख है। नागार्जुन जैसे कवियों की चिन्ता आखिर है क्या? क्या वे सचमुच किसी नितान्त व्यक्तिगत सवाल को अनावश्यक महत्त्व देने की कोशिश कर रहे हैं? क्या उनकी काव्य-चिन्ता व्यक्तिगत कही जा सकती है? उत्तर नकारात्मक होगा। नागार्जुन अपने लेखन में भी जागरूक भारतीय नागरिक की चिन्ता का प्रतिनिधित्व करते हैं। आम आदमी के दुःखों-अनुभवों को अपनी कविता का प्रधान स्वत्व स्वीकार करते हैं। वे उन छद्‌म बुद्धिजीवियों में से नहीं हैं जो भय के मारे भीगी बिल्ली बने हुए हैं या जटिल गम्भीरता का ताना-बाना बुनते हुए रेशमी कीड़ों की तरह अपने ही खोल में कैद हैं। उनकी कविता जनता से निरन्तर संवादरत है। उसका कोई सुख एकान्तिक नहीं, अकेलापन उसकी नियति नहीं, इसलिए उसकी तात्कालिकता भी सिर्फ तात्कालिकता नहीं है। वह अपने समय से सीधी टक्कर है। ताल ठोंकना न भी हो तो भी गोरिल्ला अन्दाज की लड़ाई है। वस्तुतः यह कवि किसी को भी नहीं बख्शता है। खुद को भी नहीं। सर्वोपरि है जनता और कला-साहित्य सब उसके प्रति गहरे रूप से जिम्मेदार हैं। जनता से कटकर जनता की बात करने वाले लोगों की संख्या हमारे जमाने में काफी है। नागार्जुन उन विरल लेखकों में से हैं जो जनता को ही अपना स्रोत मानते हैं। इसीलिए उनका लेखन जनभावना का सही प्रतिनिधित्व करता है। उसकी नाराजी, राजी-खुशी, विचार-मंथन सब उनकी कविता में हैं। किन्तु कविता का चेहरा इतना सपाट नहीं है, जितना कि हम समझते हैं। जो सपाट है, वह कविता हो कैसे सकती है? कविता या तो सहज होगी या फिर जटिल। कहीं शरद-सरिता की तरह अतल पारदर्शी तो कभी वर्षा काल की नदी की तरह विचार आकुल, भावविह्वल। दोनों ही स्थितियाँ सपाटता की नहीं हैं। हाँ! स्पष्टता और दो-टूकपन की अवश्य हैं। नागार्जुन स्पष्ट और दो-टूक कथन-भंगिमा वाले कवि हैं। उनके आशय तक पहुँचने के लिए पाठक या श्रोता को द्रविड़ प्राणायाम की मुद्रा नहीं अपनानी पड़ती। आर्य शैली में ही वह हमें बार-बार सम्बोधित करते हैं।

जबकि ढेर सारे तथाकथित बड़े कवि निरन्तर नए होने की कोशिश में हैं,

नागार्जुन की चिन्ता अपने समय की कविता को सन्तुलित और कालातीत आधारभूमि देना है। कविता और छन्द, संगीत और कविता, कविता में लय आदि प्रश्नों पर वे निरन्तर सोचते रहते हैं और इसी सोच के आधार पर उनकी यह धारणा टिकी हुई है कि आधुनिक कविता को छन्द के करीब जाना चाहिए। उन्होंने ढेरों कविताएँ मुक्त छन्द में लिखी हैं पर उनकी अधिकांश कविताएँ छन्दोमय हैं। तुक और लय से समन्वित। छन्द एक प्रकार की सीमेण्टिंग है, साथ ही साफ-सुथरी सड़क भी। पाठक उसे जल्दी ग्रहण कर लेता है। कविता के अस्तित्व की रक्षा की चिन्ता जिन्हें होगी और जो आज भी कविता को संस्कृति-केन्द्र के रूप में प्रतिष्ठा दिलाना चाह रहे हैं, उन्हें छन्द की यह वास्तविकता स्वीकार करनी होगी। मुक्त छन्द के आविष्कारक निराला ने भी यह समझ लिया था कि गेयता और छन्दमयता का असर क्या हो सकता है। 'वर दे वीणा वादिनि' जैसा गीत कदापि हमारी आधुनिक संस्कृति का अंग न बनता अगर वह एक सुललित छन्द-परिधान में न होता। नागार्जुन यहाँ आज की कविता की उस एकांगिता पर प्रहार करना चाहते हैं जो सारे काव्य-परिवेश को एकरस और उबाऊ बनाए दे रही है। ऐसे घटिया कवियों को अनेक गुंजाइशें दे रही है जिनमें काव्य-प्रतिभा का नितान्त अभाव है। कविता जिनके लिए सिर्फ पंक्तियों का ऊल-जलूल सिलसिला बनकर रह गई है। नागार्जुन की यह मान्यता है कि ठीक मुक्त छन्द वही लिख सकता है, जिसे छन्द शास्त्र की गहरी पहचान हो। तुकों और लयों का निष्णात प्रयोक्ता ही मुक्त छन्द के मैदान में सफल हो सकता है। दूसरी ओर वे उन तुक्काड़ लोगों को भी खतरनाक मानते हैं जो मंच की कविता के नाम पर दाढ़ी फटकार कविताएँ सुनाते हुए भोंड़ी, अश्लील तुकों का अम्बार लगा रहे हैं। तुक मात्र ध्वनि नहीं है। वह अर्थ की एक खूबसूरत इकाई भी है। कविता की समूची पंक्ति वहाँ कुछ देर के लिए विराम लेती है। तुक इस प्रकार एक हाल्टिंग स्टेशन है। अगर वह काफी साफ-सुथरा और तरोताजा न हुआ तो सारी यात्रा को प्रभावहीन, अनाकर्षक और वितृष्णामय बना देगा। मंच पर गला फाड़ अन्दाज में कविता पाठ करनेवालों की तुकें इसका नमूना हैं। हिन्दी कविता को इससे भी खतरा है। इस प्रकार की कविता श्रेष्ठ श्रोता की रुचि को नष्ट करती है और कोरे श्रोता को गलत संस्कार देती है। उसका काम जातीय रुचि का उन्नयन और परिष्कार है। मंच पर इन दिनों कविता जो कुछ कर रही है, नागार्जुन जैसे कवि उससे सन्तुष्ट नहीं हैं, बल्कि चिन्तित हैं। लोक के बीच कविता का स्वरूप निखरा हुआ होना चाहिए, फूहड़ मजाक और भड़ैंती नहीं। गरीब देश की श्रमिक जनता की कविता काफी जिम्मेदार किस्म की होगी, जो अपने श्रोताओं का न केवल उत्साहवर्धन करेगी बल्कि उसे अधिकाधिक जागरूक भी बनाए, उसके सहिष्णु संस्कारों को बदलेगी न कि भद्दे संवादों से उसका मनोरंजन करेगी। इसीलिए नागार्जुन अपने समकालीनों की कविता को जनता के बीच ले जाने का आग्रह करते हैं। अगर जनता अकेली छोड़ दी गई और गम्भीरता के नाम पर सारी कलाएँ शासकीय कला-परिषदों और

अभिजात-गोष्ठियों तक सीमित हो गईं तो कविता अपने युगीन दायित्वों की पूर्ति नहीं कर पाएगी। अखबारों, पत्रिकाओं, आकाशवाणी-प्रसारणों तथा कवि-सम्मेलन के मंचों पर उसे एक साथ अपनी जगह बनानी होगी। जनता के अलग-अलग सामाजिक स्तरों तक पहुँचने के लिए शैली-वैविध्य की खोज करनी होगी। वर्ग-विशेष की रुचियों में कैद होकर रह जाना कविता के लिए आत्महत्या जैसा प्रयास है। नागार्जुन इसीलिए गोष्ठियों से कहीं अधिक महत्त्व कवि-सम्मेलनों को देते हैं। मंच पर वे चुटकी बजाकर नाच भी लेते हैं तो केवल इसीलिए कि उनकी जनता को उनका यह नाच भी काफी पसन्द है। अगर हिप्पी कवि अपनी कविता गिटार पर सुना सकता है तो क्या हम मंच पर छन्द तुक के माध्यम से दकियानूस कहे जाएँगे? उसका अपना आदमी बनने के लिए उसकी मस्ती और मनोरंजन के बिन्दुओं को पहचानना होगा। अलगाववादी बुद्धि जीविता को अपना लिहाज और अहं त्याग कर जनजीवन से एकीकृत होना पड़ेगा। तब कहीं मंच पर सही कविता प्रतिष्ठा पाएगी। मंच को अछूत मान कर जनवादी ही क्यों किसी भी कविता का कार्य नहीं चलेगा। लोक की चित्त वृत्ति में जो कविता पैठने का साहस रखती है, वही कालान्तर में लोक की शक्ति भी बन जाती है। भक्तों और सन्तों की कविता इसीलिए आज भी लोक आस्था का केन्द्र बनी हुई है।

कविता का संसार–1

नागार्जुन की कविता उस तीन-चौथाई हिन्दुस्तान से सम्बन्धित है जो राष्ट्रीय उत्पादन और विकास की रीढ़ कहा जा सकता है। पर इस देश में कुछ लोग ऐसे हैं जो पूँजी के बल पर सारे राष्ट्र के भविष्य और वर्तमान पर कुण्डली मारकर बैठ गए हैं। 'धन कुबेरों' की यह जमात भी नागार्जुन की कविताओं में अक्सर दिखाई दे जाती है। इन्हीं की बदौलत समाज में तिकड़म, शोषण, भ्रष्टाचार और प्रदर्शन का नंगा नाच होता है। धर्म और राजनीति इन्हीं के घर दूल्हा-दुल्हन की तरह ब्याहे जाते हैं। विदिशा लायंस क्लब में उदास मन से कविता-पाठ के लिए जाते हुए रास्ते में बाबा ने कहा था–जानते हो ये लायंस, रोटरी क्लबें क्या हैं? समाज-सेवा तो सिर्फ बहाना मात्र है। वस्तुतः ये धनपतियों और सरकारी अफसरों के विवाह मंडप हैं। विदेशों की चमक-दमक दिखाने के झरोखे हैं। नागार्जुन की कविता जहाँ भी इन धनकुबेरों को देखती है, फट पड़ती है। वह उन पर फब्तियाँ कसती है, उनका उपहास करती है, उनके सामाजिक तौर-तरीकों की अश्लीलता निरूपित करती है। 'यह उन्मत्त प्रदर्शन', 'पैसा चक रहा है', 'बोला ढाकुरिया का पानी', 'प्लीज एक्सक्यूज मी' और 'कसने आए हैं चहल-कदमी' जैसी कविताएँ इसी वैभव-संसार के रंग-ढंग, रीति-नीति और जीवन शैली का उद्घाटन करती हैं–'प्लीज एक्सक्यूज मी' में कवि ऐसे ही एक परिवार के ड्राइंग रूम में बैठा हुआ है–जहाँ महान पुरुषों की भी बिरादरी अलगा दी गई है–

चाँदी के बापू...
गजदन्त के तथागत...
चन्दन के विनोबा
ताम्बे के लेनिन

हैसियत और बाजार भाव के अनुसार यह धातुपरक वर्ग भेद केवल महान् पुरुषों के प्रति हो, ऐसा नहीं। मनुष्य और मनुष्य में भेद करने के परिणामस्वरूप ही यह भेद एक सर्वातिशायी जीवन दृष्टि के रूप में जन्मा है। इस भेद के चलते ही मानव मूल्यों में वैषम्य उत्पन्न होता है। ऊँच-नीच के सामन्ती भेदभाव इसी जमीन पर पनपते हैं। परिणामतः सारा समाज इसकी चपेट में आ जाता है। निराला की एक बड़ी प्रसिद्ध कविता है 'वन बेला' जिसमें वे लिखते हैं–

फिर लगा सोचने यथा सूत्र—मैं भी होता
यदि राजपुत्र—मैं क्यों न सदा कलंक ढोता,
ये होते—जितने विद्याधर—मेरे अनुचर
मेरे प्रसाद के लिए विनत-सा उद्यत-कर
मैं देता कुछ, रख अधिक, किन्तु जितने पेपर,
सम्मिलित कंठ से गाते मेरी कीर्ति अमर,
जीवन-चरित्र
लिख अग्रलेख अथवा छापते विशाल चित्र।
इतना भी नहीं, लक्षपति का भी यदि कुमार
होता मैं, शिक्षा पाता अरब समुद्र-पार
देश की नीति के मेरे पिता परम पंडित
एकाधिकार रखते भी धन पर, अविचल-चित
× × × ×

निराला ने सामन्तवाद और पूँजीवाद के जिस एकाधिकार की चर्चा अत्यन्त दुख के साथ की है उसका असर भी सामाजिक जीवन में दिखाया है—

भाव में हरा मैं, देख मन्द हँस दी बेला,
बोली अस्फुट स्वर से—यह जीवन का मेला
चमकता सुघर बाहरी वस्तुओं को लेकर,
त्यों-त्यों आत्मा की निधि पावन, बनती पत्थर।

कवि की चिन्ता का यह सामाजिक धरातल ही उससे यह माँग करवाता है कि मनुष्य की भिन्नता के धरातल खत्म किए जाएँ और एक ऐसे समान धरातल की रचना हो, जहाँ चेतना पत्थर बनने से बच सके। वैभव का उन्मत्त प्रदर्शन कितना क्रूर और अमानवीय हो सकता है इसकी मिसाल नागार्जुन की यह कविता है—

अन्दर प्रीतिभोज के टेबुल, बाहर घिरीं कनातें
धन-पिशाच मुस्काते हैं घुल के करते हैं बातें
रसगुल्ले पर कैनेडी हैं, बर्फी पर ख्रुश्चेव
चाऊ पर है बरफमलाई नेहरू पर है सेब
चाट रहे हैं कुछ प्राणी बाहर जूठन के दोने
चहक रहे हैं अन्दर ये लक्ष्मी के पुत्र सलोने
कला गुलाम हुई इनके, कविता पानी भरती है
सौ सौ की मेहनत इनकी मुस्कानों पर मरती है

निराला और नागार्जुन अपने अनुभवों में कितने निकट हैं और अपनी चिन्ताओं में कितने आस-पास, बताने की जरूरत नहीं रह जाती। निराला नागार्जुन की तरह पार्टी के सदस्य नहीं हैं किन्तु उनकी पीड़ा का कारण राजनीतिक और आर्थिक है।

कवि अगर सचमुच कवि है तो उसकी सहानुभूति समाज के उस हिस्से के प्रति होगी जो अल्प विकसित और अभावग्रस्त है। जिसकी सामाजिक दशा दयनीय और चिन्ताकारक है। नागार्जुन जब धन-कुबेरों को 'धन-पिशाच' या 'कुबेर के छौने' कहकर बिम्ब रचते हैं तब उनकी भावना का पता लगता है। निराला प्रहार की गाली की भाषा का इस्तेमाल बहुत कम करते हैं, लगभग नहीं के बराबर। नागार्जुन इसमें सिद्धहस्त हैं। उनकी कविता अपनी गालियों का निर्माण भी कर लेती है। ऊपर के दोनों शब्द इसी आशय का संकेत करते हैं।

नागार्जुन इस वर्ग का मजाक उड़ाने में भी रुचि लेते हैं–

चुल्लू में लेकर झाँका तो बोली ढाकुरिया का पानी
देखो, बड़ी कार से उतरी, बैठ गई मोटी सेठानी
चलने को दस-बीस कदम, बस थक जाएगी
जहाँ बेंच है मुश्किल से वापस आयेगी
पूछो जाकर किस चक्की का रानीजी खाती हैं आटा
यह लो जमुहाई लेकर वह खींच गई कैसा सन्नाटा!

प्रतीक रूप में देखने से कविता के अर्थ की अनेकानेक परतें खुलती हैं। कामायनी में प्रसाद ने लिखा–

सुख, केवल सुख का वह संग्रह
केन्द्रीभूत हुआ इतना
छायापथ में नव तुषार का
सघन मिलन होता जितना

संग्रह-धर्म की यह परिणति अवश्यंभावी है। इसी कारण इसमें जड़ता, चेतना लुप्ति और गतिशून्यता आती है। 'चलने दो दस बीस कदम बस थक जाएगी' के निहितार्थों के पीछे यही अनुभव काम कर रहा है। पूँजीवादी जीवन शैली धीरे-धीरे इसी थकान की ओर बढ़ रही है और नागार्जुन जैसे दूरदर्शी कवि इसे देख पा रहे हैं।

इसका यह अर्थ कदापि नहीं कि पैसे का कोई महत्त्व ही नहीं है और यह कवि राष्ट्रीय समृद्धि के बदले हम सबको वैराग्य और तपस्या की ओर ढकेलना चाहता है। यह भी नहीं कि कवि औद्योगिक विकास या उत्पादन का विरोधी है। किन्तु वह जिस 'लक्ष्मी' की कल्पना करता है वह 'जनलक्ष्मी' है–जिसके यहाँ सबका भोग-भाग बराबर है। चन्द लोगों के पास टिककर उनकी चेरी हो जाने वाली लक्ष्मी बिकाऊ है और राष्ट्रीय जीवन के लिए सांघातिक भी। वह उनके लिए भी अनिष्टकारी है जिनके पास है क्योंकि उसकी उपस्थिति भय और चिन्ता का कारण ही पैदा नहीं करती बल्कि सारी जीवन दृष्टि पर चौबीसों घंटे हावी हो जाती है। कवि उन्हें भी मुक्ति दिलाना चाहता है। उनके जीवन में खुली हवा, चहलकदमी और सामंजस्य की अभिलाषा करता है–

बस, बस, बस
रहने दीजिए
जरा सा सब्र तो करें
बरतें तो जरा-सा परहेज
उठाएँ नहीं शेयरों की बातों के सवाल
उठाएँ नहीं नफा-नुकसान के सवाल
अभी तो आप हवा खाने आए हैं
करने आए हैं चहलकदमी
देखिए भी तो, झुकी हैं दूब की नोकें
कितना दमदार है ओस की बूँदों का मोतिया नूर

कविता पूर्ण मनुष्य की तलाश है। किन्तु यह मानवीय पूर्णता पूँजीवादी संस्कृति में सम्भव ही नहीं है। इसकी सम्भवनीयता उदार और उदात्त, उन्मुक्त और निर्भय मनुष्यता के बीच ही सम्भव है, जो कि इस व्यवस्था में दुर्लभ है। यह व्यवस्था व्यक्तिभेद और वर्णभेद पर टिकी हुई है। नाना प्रकार के आडम्बरों और प्रदर्शनों पर आधारित है। देवी-देवता तक पक्षपात युक्त और सामाजिक न्याय से रहित हैं। निराला के 'राम की शक्ति पूजा' की एक पंक्ति है–

'अन्याय जिधर, हैं उधर शक्ति'

नागार्जुन ने इस प्रासंगिक अनुभव को प्रधान अनुभव बनाकर 'काली माई' शीर्षक कविता लिखी है–

मुंडमाला के लिए गरीबों पर निगाह है
धनपतियों के लिए दया की खुली राह है

× × ×

माता तुमको प्रिय होगी हिंसा की भाषा
ऐसा है विश्वास और ऐसी है आशा

× × ×

हमको क्या हम तो यों ही पिसते आए हैं
भारी कल के पुर्जे हैं घिसते आए हैं
धनपतियों की खुशियों में खुश तुम भी रहना
उनके ही हित हुगली में तुम भी बहना
अस्सी प्रतिशत जनता की खातिर कृपाण है
बाकी लोगों की खातिर बस पुष्प बाण है

नागार्जुन की कविता में भारतीय समाज का यह हिस्सा कवि के क्रोध, व्यंग्य और आक्रमण का लक्ष्य बना है। कवि यहाँ तीखे आवेश में है। धन और धर्म का यह समीकरण राजनीतिक शक्तियों से गठबन्धन करके अस्सी प्रतिशत लोगों पर शासन करता है जिसकी पहचान इस दोहे में मिलती है–

खड़ी हो गई चाँप कर कंकालों की हूक
नभ में विपुल विराट्-सी शासन की बन्दूक

कवि ने शासन की इस बन्दूक को अनेक रूपों में अपनी कविता में प्रस्तुत किया है। कहीं वह हिटलरी तेवर के साथ है तो कहीं सारे प्रजातान्त्रिक गुमान और ठसके के साथ। क्या जवाहरलाल नेहरू और क्या इन्दिरा गांधी—सबके शासन काल में सड़कों पर अपनी रोटी और आजादी की माँग करने वाले हमेशा इस बन्दूक के शिकार हुए और सत्ता का गजराज झूमता हुआ चलता रहा। 'क्या हुआ आपको' कविता में इन पंक्तियों का सन्दर्भ इसी प्रसंग में समझा जा सकता है—

रानी-महारानी आप
नवाबों की नानी आप
नफाखोर सेठों की अपनी सगी माई आप
काले बाजारों की कीचड़ आप, काई आप
गिन रहीं, सुन रहीं
सुन रहीं, गिन रहीं
हिटलर के घोड़ों की एक-एक टाप को
क्या हुआ आपको, क्या हुआ आपको?
इन्दुजी, इन्दुजी...

राजनीति, धर्म और वैभव वाली शक्तियों के इस गठजोड़ को देखना और उससे अपनी जनता को आगाह करना इस कविता की प्रधान प्रतिज्ञा है। इस कविता को पूरी करने के लिए कभी-कभी कवि को बिल्कुल अखबारी स्तर तक उतरना पड़ता है किन्तु इस उतार को जानते-बूझते हुए भी वह स्वीकार करता है। वह जानता है कि कविता का मुख्य लक्ष्य जन-जागरण है। कलाएँ अरसे से धनपतियों और राजाओं की गुलामी करती आ रही हैं किन्तु आज उनका धर्म इस गुलामी को छोड़कर जनजीवन के प्रति समर्पण भाव प्रकट करना है। कवि की कविताएँ इसी समर्पण मुद्रा के चलते कभी-कभार अखबारी शैली भी अपना लेती हैं। किन्तु यह सब उसकी अज्ञता के कारण नहीं बल्कि उद्वेग-अतिरेक के कारण है। कविता को इतने धड़ल्ले से जनान्दोलनों के बीच ठेल देना कोई मामूली हिम्मत का काम नहीं। ज्यादातर कवि तो अपनी छवि को सुधारने में ही ढेर सारी महत्त्वपूर्ण घटनाओं को नजरअन्दाज करते चलते हैं। उन्हें यह भय भी सताता रहता है कि शासन की त्यौरी जाने क्या कर बैठे। नागार्जुन अकेले ऐसे कवि हैं जिन्हें न तो शासन की त्यौरी का भय त्रस्त करता है न ही कला-सरस्वती का आगन्तुक कोप ही। वे अपनी विद्या के स्वामी हैं और कबीर की तरह 'वाणी के डिक्टेटर'। भय और संकोच नागार्जुन की दुनिया के बाहर तो हो सकते हैं पर भीतर नहीं।

उनकी कविता का वास्तविक संसार वस्तुतः पारिभाषिक अर्थों में सर्वहाराओं का संसार कहा जा सकता है। पिछली दुनिया वह है जिसे वे नष्ट करना चाहते

हैं, यह दुनिया वह है जिसे वे नए सिरे से संगठित और विकसित करना चाहते हैं। बचपन से ही गरीबी की मार खाने और जीवन भर संघर्ष और असुविधा का जीवन जीनेवाले इस कवि की सहानुभूति उस कवि की सहानुभूति से कई कदम आगे है जो ग्रामीण विश्व को बौद्धिक दृष्टि से देखता चला आ रहा है। यह कवि सिर्फ गाँव में पैदा भर नहीं हुआ है, गाँव से जुड़ा हुआ भी है। गाँव की सरल और अकुंठित बिरादरी का प्रेमी है। वे लोग जो गाँव छोड़कर नगरों, महानगरों और उपनगरों की ओर चले गए हैं इस कवि की निगाह उनका पीछा भी निरन्तर करती रहती है। यह वहाँ भी जाता है, उनके साथ रहता है। उनके जीवन-संघर्ष को देखता है और उनके भविष्य के लिए कविता को जुटाता है। जरूरी नहीं कि जिसे गाँवों की, वहाँ के लोगों की, कल-कारखाने में काम करनेवालों की तथ्यगत जानकारी हो वह कविता लिखते समय उसका लाभ ले ही सकता हो। इसके लिए जरूरी है वह लोक संवेदना, सहृदयता और जुड़ाव जो कविता को प्रामाणिक बनाते हैं। नागार्जुन की कविता इस रूप में बतौर फैशन नहीं, जरूरत के तहत पैदा हुई है। सिद्धान्तवादी आग्रहों के फलस्वरूप भी वह नहीं जन्मी है। कवि की भीतरी पीड़ा और अनुभव-प्रबलता के बलबूते पर उसका स्रोत फूटा है।

यही वह अस्सी प्रतिशत आबादी है जिसकी चर्चा कवि ने बार-बार की है। खेतों में काम करनेवाले खेतिहर मजदूर, किसान, महानगरों में रिक्शा-ठेला खींचनेवाले, बोझा ढोनेवाले, बस-ट्राम के ड्राइवर, फैक्टरियों के चटकल मजदूर, धान कूटती किशोरियाँ, फुटपाथों पर पड़े हुए भिखारी, गूँगे-बहरे लोग, असहाय बुढ़ापा काटते वृद्धजन, हिमालय की बर्फीली घाटियों में देशाभिमानी व्रती सैनिक, विज्ञापन सुन्दरियाँ, सामाजिक बर्बरता का बोझ ढोती युवतियाँ, कूड़े-कचरे के ढेर से भोजन की तलाश करते हुए भूखे-नंगे भिखारी, सब नागार्जुन की कविता-यात्रा के महत्त्वपूर्ण सहचर हैं। अगर ये लोग न होते तो शायद नागार्जुन की कविता की दुनिया ही अधूरी रह जाती। यों तो इस कवि ने तेलंगाना और जयप्रकाश के नेतृत्व वाले आन्दोलनों में भी अपनी कविता को झोंक दिया है किन्तु वह तो एक अस्थायी घटना है। कवि का लगाव इसी जनता से है और वह अपने इसी लगाव को कई-कई रूपों में पेश करता है।

इन कविताओं को पढ़ते हुए ऐसा लगता है जैसे हम किसी बड़े परिवार के मुखिया की डायरी पढ़ रहे हों। और संयोग से वह मुखिया चित्रकार भी है। नागार्जुन अपने इस परिवार के सुख-दुख, राजी-खुशी, संघर्ष-प्रयत्न और सुबह-शाम तक की दिनचर्या से न केवल परिचित हैं बल्कि उसके भागीदार भी हैं। परिवार का जीवन ही उनका अपना जीवन है। इसीलिए इस सारे प्रसंग में उनकी आत्मीयता अद्‌भुत ढंग से प्रकट हुई है। विज्ञापन सुन्दरी की कुछ पंक्तियाँ इस प्रकार हैं—

आओ, बेटी, आ जाओ पास बैठो
तफसील में बतलाओ...
कहाँ कहाँ जाना पड़ा? कै कै बार?

विज्ञापन-सुन्दरी से तफसील में पूछना सिर्फ पूछना भर नहीं है। सामाजिक जीवन के उस यथार्थ का उद्घाटन करके तथाकथित भद्र लोगों के उस चरित्र की ओर इशारा करना भी है जिनका हिम हृदय विज्ञापन सुन्दरी की मुस्कान की मृदु मद्धिम आँच में गलने लगता है—

ओ, हे युग नन्दिनी विज्ञापन सुन्दरी,
गलाती है तुम्हारी मुस्कान की मृदु मद्धिम आँच
धन-कुलिश हिम-हिम कुबेर के छौनों का
क्या खूब!
क्या खूब!

कवि के मन में इसके लिए कोई पछतावा या ग्लानि नहीं। सामाजिक विकास की यात्रा में शिकार और शिकारी का परम्परागत सामन्तीभाव भी काम करता आ रहा है। वर्गों की आपसी पेशकश भी चल रही है। इस पेशकश में अस्तित्व रक्षा बेहद जरूरी है। विज्ञापन-सुन्दरी की खूबी यही है। नागार्जुन ने कविता शुरू करते हुए लिखा था—'तुम्हारी चाची को यह गुर कहाँ था मालूम।' ऐतिहासिक सन्दर्भ में कविता नारी के स्वतन्त्र व्यक्तित्व और आत्मनिर्भरता को भी प्रमाणित करती है।

वे नारी की आर्थिक और सामाजिक स्वतन्त्रता के कल्पक हैं। यह स्वतन्त्रता नारी जाति अपने बलबूते पर ही प्राप्त करेगी। दी गई स्वतन्त्रता कभी भी सार्थक और मूल्यवान नहीं होती। 'रतिनाथ की चाची' में उन्होंने नारी की सामाजिक विवशता और उसकी अन्तःशक्ति का निरूपण किया है। 'कुम्भीपाक' में यही लेखक नारी को सुविधा और विलास के शोषण के मुक्त कर उसे स्वावलम्बी बनाना चाहता है। 'चम्पा' के द्वारा शिल्पकुटीर की स्थापना और टाइप मशीन लेकर बैठना इसी आर्थिक आत्मनिर्भरता की प्रस्तावना है। रतिनाथ की चाची भी आजीवन चरखा कात कर अपने को आत्मनिर्भर बनाती है। नागार्जुन ही क्यों, आज तो ज्यादातर लेखक और विचारक स्वतन्त्रता के सन्दर्भ में आर्थिक आत्मनिर्भरता को मूलभूत आधार मानने लगे हैं। 'विज्ञापन सुन्दरी' जैसी कविताएँ इसी पृष्ठभूमि की देन हैं।

एक और कविता है—'घिन तो नहीं आती है?' जिसमें कुली-मजदूरों, बोझा ढोने वालों, ठेला खींचने वालों का चित्रण है जिनका साबका दिन भर धूल-धुआँ और भाप से पड़ता है और मेहनत जिन्हें शाम तक थकाकर चूर कर जाती है।

अपने 'वासों' की ओर लौटते हुए शाम को इनकी भेंट ट्राम में या बस में आपस में होती है। कभी-कभी कुछ अभिजात मानसिकता वाले लोग भी ट्राम गाड़ी के पिछले डिब्बे में बैठ जाते हैं, पर उन्हें अपनी सफेदपोशी के चलते इन कुली-मजदूरों के ठहाकों, कत्थई दाँतों की मोटी मुस्कानों, बेतरतीब मूँछों की थिरकनों, और सुरती फँकौव्वल से सख्त परहेज है। कवि उनकी इस श्रेष्ठता ग्रन्थि को भाँपता है।

सच सच बतलाओ
अखरती तो नहीं इनकी सोहबत?

जी तो नहीं कुढ़ता है?
घिन तो नहीं आती है?

बड़े नगरों में कुली-मजदूरों की अपनी अलग जिन्दगी है। दिन भर जी-तोड़ मेहनत करने के बाद देस-कोस की बातें करना, एक-दूसरे के सुख-दुख में हाथ बँटाना, एक की चिट्ठी से पूरे गाँव का हालचाल लेना–यानी कि अकुंठित सामाजिकता और उल्लास के वातावरण को निरन्तर ताजा किए रहना इनकी विशेषता है। महानगरों की आत्म केन्द्रीयता और वैयक्तिक कुंठा इन्हें दबोच नहीं पाती। धरती से जुड़े हुए ये लोग सपनों में भी उसकी धड़कन सुनते रहते हैं। यह एक ऐसी मूल्यवान दुनिया है जिसे आधुनिक सभ्यता ने आउट ऑफ डेट करार करके निरस्त कर दिया है। तभी सामाजिकता के नाम पर अनगढ़ता और खुलेपन की, सरल और निश्छल स्वभाव की, ग्रामीण चरित्रात्मकता की जीवनदायी परम्पराओं को छाँट-छाँट कर नष्ट किया जा रहा है। किन्तु यह कवि चुन-चुन कर इन्हें ही फिर से स्थापित कर रहा है–

ये तो बस इसी तरह
लगाएँगे ठहाके, सुरती फाँकेंगे
भरे मुँह बातें करेंगे अपने देस-कोस की

नागार्जुन सर्वहारा की संस्कृति को जानते हैं। उसकी आधारभूत विशेषता है–सामाजिक जीवन-शैली। कुंठाहीन जीवन। पारस्परिक हित-लाभ। पूँजीवादी जीवन-शैली जहाँ शोषण और दमन पर आधारित है वहीं सर्वहारा की सामाजिकता का रहस्य है उसकी श्रम-परायणता। कवि इसी श्रम-परायण जीवन का चित्र हमारे सामने खींचता है और इसी दुनिया में रमता है। अनगढ़ किन्तु बेबाक चरित्रों का प्रशंसक है। आधुनिक दुनिया की कूट-बदमाशियों और चतुराइयों से उसे बेहद चिढ़ है। पर इसका इस्तेमाल इसी दुनिया के खिलाफ अगर कोई करे तो हमारे इस कवि का आशीष पा सकता है। यही दुनिया है जो कवि के अपने घर जैसी है। चारों ओर चक्कर लगा आने के बाद वह यहीं आकर दम लेता है। अपनी थकान मिटाता है। भविष्य के सुखद सपने देखता है। नेह-छोह की बातें करता है। बहू-बेटियों की परेशानियों से स्वयं को वाकिफ करता है और उनकी पीठ पर हाथ फेरते हुए उन्हें जीवन के संघर्षों में योद्धा की तरह जूझते जाने का गुर बताता है।

यह भी स्पष्ट कर देना जरूरी है कि नागार्जुन अपने कवि को सामाजिक रिश्तों के सन्दर्भ में सक्रिय किए रहते हैं। इस दुनिया के वे बुजुर्ग हैं। बूढ़ों और जवानों के झगड़ों में न पड़कर वे युवाओं की पीठ थपथपाते हैं। अपने किए-कराए, आधे तिहाये काम को इन्हीं जवानों पर छोड़ते हैं। उन्हें नई पीढ़ी पर कितना भरोसा है इसका प्रमाण उनकी यह बंगला कविता है–

सोरे दाड़ालुम छेड़े दिलन पथ। आहा निजेइ ओर चलाच्छेरथ
ओट तो सुपात्र सन्तति आमार। दिब्बि तो सामने निलोखेत खलिहान

(रास्ते से अलग हटकर खड़ा हूँ, अब तो वे अपना रथ खुद हाँक रहे हैं। वे हमारी योग्य सन्तानें हैं, जभी तो खेत खलिहान सम्हाल लिया है)

कामकाजी, मेहनतकश लोगों की इस दुनिया से ही नए संसार का भविष्य बन सकता है। और वह नया संसार भावनाहीन तो कदापि न होगा। मनुष्य की सर्वोपरिता देर-सबेर तो प्रतिष्ठित होगी ही। विज्ञान की अन्धी दौड़ में आज भले ही नेह-छोह को दो कौड़ी मान लिया जाए और मानव-विवेक को हृदय शून्य हम मान लें, किन्तु आधुनिक संस्कृति यदि अपने मूल तत्त्वों से विरत हो जाएगी तो उसे हम मानव-संस्कृति कहेंगे कैसे? 'गुलाबी चूड़ियाँ' कविता में एक ड्राइवर पिता ने अपनी सात-साला बच्ची की काँचवाली चार चूड़ियाँ बस में गीयर के ऊपर लटका रखी हैं जो रफ्तार के मुताबिक निरन्तर हिलती रहती हैं। यह एक पिता का सुख है जो पुत्री की ओर से सौगात में मिला है। कवि झुककर इसके बारे में पूछता है और जो उत्तर पाया है वह प्रत्याक्रमण जैसा लगता है—

मैं भी सोचता हूँ
क्या बिगाड़ती हैं चूड़ियाँ
किस जुर्म पे हटा दूँ इनको यहाँ से?

मशीन और मनुष्य में भावोच्छल एका भी सम्भव है। आपाधापी पूर्ण जीवन में तरल भावुकता की जरूरत कहीं ज्यादा महसूस होती है। मरुस्थल में हरियाली जैसा महत्त्व होता है इस भावनामयता का। हमारी नई कविता समय के एक हल्के से झटके में अचानक प्रज्ञा-प्रखर हो उठी है और भावुकता को छिछली कहकर अपनी दुनिया से निष्कासित कर रही है। नागार्जुन इस गलत निष्कासन के विरोधी हैं। दूधिया वत्सलता का मूल्य कितना है इसे उनसे अधिक कौन जानता है तभी तो ड्राइवर से झुककर अपना स्पष्टीकरण देते हैं—

हाँ भाई, मैं भी पिता हूँ
वो तो बस यूँ ही पूछ लिया आपसे
वर्ना ये किसको नहीं भायेंगी?
नन्ही कलाइयों की गुलाबी चूड़ियाँ!

उनकी दुनिया की खूबसूरती इसी दूधिया वत्सलता के चलते है। यही है जो साधारण रिक्शा चालक के फटी बिवाइयोंवाले पैरों को वामन के पाँव के रूप में देखती है। यही है जो दिल का दर्द कभी न बतलानेवाले, कभी उसांस न भरनेवाली, हमेशा जहर पीनेवाली लड़की की व्यथा-कथा तक भी पहुँच कर आत्मीयता स्थापित कर लेती है।

नागार्जुन की भावुकता और उल्लास के ये तरंगित प्रसंग हैं जहाँ वे समाज की प्रत्येक पीड़ा को माँ की तरह गोद ले लेते हैं और व्यापक सामाजिक सहानुभूति का वातावरण रचते हैं। **कविता माँ की गोद की तरह ही है इसे उन जैसे कवियों को पढ़कर ही समझा जा सकता है।** वह एक निश्छल और प्रकृत मन की प्रतीति है।

कोरे विवेक के बल पर उसका वितान नहीं ताना जा सकता। हृदय की भावुकता और कोमलता ही वह धरती है जहाँ कविता के विरवे उगते और पनपते हैं। विवेक तो माली की तरह बस उसे तराशता भर है। सामाजिक सन्दर्भों में रूप-आकार और रंग देता है। किन्तु वह उसे पैदा नहीं कर सकता। नागार्जुन इसी कोमल और भावुक हृदय के स्वामी हैं। उनकी यह भावुकता न तो किसी सिद्धान्त से प्रतिबन्धित है न ही किसी अवान्तर दबाव से दबती है। यह वह भावुकता है जिसके मूल में करुणा और प्रेम की मनोवृत्ति का निवास है। जिसमें व्यापक सामाजिक सहानुभूति है। निश्चय ही नागार्जुन केवल अभावग्रस्त समाज के कवि नहीं हैं, वे समाज की विडम्बनाओं के कवि भी हैं। वे स्नेह-सागर की तरह लहराते रहते हैं। इतनी तरलता और उदारता है उनमें।

नागार्जुन की कविता का प्रथम संसार यही है। गाँव-देश की धरती, वातावरण, पेड़-पौधे, रीति-रिवाज, बोल-चाल सबसे उनका निकट का रिश्ता है। यात्री होने के बावजूद वे सबको याद रखते हैं। बाहर से जितने बौने और क्षीण वे दिखते हैं भीतर से उतने ही ऊँचे और भाव-सम्पन्न हैं। उनकी ऊँचाइयाँ देखनी हों तो उन्हें कविता के बीच पाना होगा। कविता ऊर्ध्वगामी है। उसे साधारण चित्त की यात्रा नहीं कहा जा सकता। इस उदारता में सारी धरती समा जाती है। छायावादी कविता अपनी ऊँचाइयों पर पहुँचते ही दिव्य हो जाती है। नागार्जुन की कविता फिर भी पार्थिव बनी रहती है। वह घनघोर लोकधर्मी है। लोक के प्रति उसकी निष्ठा इतनी प्रखर है कि कला और कलागत सौन्दर्य की दुनिया भी कभी-कभी पीछे छूट जाती है। हम उसे महान और असाधारण नहीं कहना चाहते। ये शब्द अब हमारे लोक की योग्यता और प्रामाणिकता से काफी आगे निकल चुके हैं। चुस्त-चालाक दुनिया उन्हें गला-पचा कर अपने ड्राइंग रूम में सजा चुकी है। नागार्जुन इस प्रकार की अभिलाषा से मुक्त हैं। इन्हीं अर्थों में वे असाधारण और महान नहीं हैं, बल्कि नितान्त साधारण और सामान्य। सच्चे अर्थों में जनोन्मुख। निम्न मध्यवित्त और वंचित-भूखे लोगों के बीच से गुजरती हुई वह जिनकी पीठ थपथपा रही है, वे इसी समाज के हैं किन्तु व्यवस्थाओं के क्रूर शिकंजों ने उन्हें रौंद डालने का कुचक्र छेड़ दिया है। कवि इस कुचक्र को पहचानता है। आर्थिक संरचनावाले चक्रव्यूहों और उनके महारथियों की मंशाओं से खूब-खूब वह परिचित है। इसीलिए इनके बीच वह औघड़ के रूप में प्रवेश करता है। सामन्ती संस्कृति की अध्यात्म विद्या का निकृष्ट और भयानक स्वरूप औघड़ में ही मिलता है। सामन्तों की कूट चालें जिस पर असर नहीं कर पातीं। जिसकी आवभगत करके उसे अपनी जीवन शैली का अंग नहीं बनाया जा सकता। नागार्जुन ऐसे ही व्यक्ति हैं। जिसके एक हाथ में अभिशाप-विष्ठा और मुर्दा संस्कृति की हड्डी है तो दूसरे में संगीत और उल्लास का भावाकूल प्रतीक डमरू है। वे कविता के अवढर-पुरुष हैं। उनका गुस्सा और उनका प्रेम दोनों ही विरल है।

कविता का संसार–2 : प्रतिबद्ध कविता

सामान्य और प्रचलित अर्थों में जनकवि होना बहुत आसान है। लोगों, पेड़-पौधों, ऋतुओं, वनस्पतियों पर लिखते जाइए। होली-दिवाली, दुर्गोत्सव-दशहरे को टाँकते जाइए, जनकवि का खिताब देनेवाले मिल जाएँगे। जमींदार की जय बोलिए, सेठ-साहूकार की भी। गद्दीनसीन की भी और कारखानेदार की भी। बड़ा रसीला कवि धर्म है यह—जहाँ शहद ही शहद टपकता रहता है। मजे से चाटते जाइए और जय-जयकार करते रहिए। अगर इतना लम्बा-चौड़ा शामियाना आपसे तानते न बने तो किसी वामपंथी दल की धरोहर बन लीजिए। पार्टी के अखबारों में विरोधी दलों के नेताओं की गलाजतों का पर्दाफाश कीजिए, इतना कि कहते-कहते भाषा एकदम नंगी हो जाए, अर्थ चुक जाए। और पार्टी के महन्थों की शाबाशी पाते हुए कोर्निश बजाइए। जनकवि का कालम लिखिए, बच्चों को दूध-भात खिलाइए। आराम से दिन गुजारिए और तोंद या दाढ़ी पर हाथ फेरिए। सारे खतरों से दूर रहकर पालतू खतरनाक शब्द-शेर कहलाइए। जनकवि बनने के लिए ये दवाएँ काफी मुफीद हैं। शार्टकट की इस सभ्यता में सफलता तय है। सुविधा तय है। अखबारी प्रतिष्ठा तय है। प्रचार तय है। पुरस्कार तय है।

ऐसे भी जनकवि होते हैं जिनको ये लुभावनी चीजें मार नहीं पातीं, पार्टी महन्थों की थपकियाँ सुला नहीं सकतीं, सामन्ती ठाठ-बाट रिझा नहीं पाते, स्वागत-सत्कार, पुरस्कार-पदवियाँ, समारोह दिग्भ्रमित नहीं कर पाते। जिनका जीवन अपने लोगों के प्रति पूर्णतः समर्पित होता है, जिनका शब्द कभी खरीदा-बेचा नहीं जा सकता। जो अपने समाज की समस्याओं को लेकर रात-दिन बेचैन रहते हैं और जिनके सपनों का मतलब गरीब, भूखे-नंगे लोगों की खुशहाली हुआ करता है, वह भी जनकवि हैं और मैं ऐसे ही एक 'तरल आवेग सम्पन्न, अतिभावुक, हृदयधर्मी' जनकवि के बारे में आपसे चर्चा करना चाहता हूँ।

कविता जबकि फूहड़ तुक्काड़ों और गलेबाजों की महफिल में ता-ता-थय्या नाच रही है, उघड़ रही है, नंगी हो रही है, जनकवि के सामने ढेर सारी चुनौतियाँ हैं। एक चुनौती तो उस परम्परा की ओर से है जिसने उसे गम्भीर और पवित्र कविता के संस्कार दिए हैं। यह चुनौती उसे बार-बार अपनी ओर खींचती है। दूसरी ओर वे सहयात्री हैं जो कविता-गोष्ठियों में नए सामन्ती ठाठ-बाट का आलम बना रहे हैं। सहृदय जनों का

'नागरक-समाज' वाले भावबोध को पुनः स्थापित करने में लगे हैं। जनता के लिए कविता-गोष्ठियों की कोर्ट-कचहरियों में शब्दों की टीपें तैयार कर रहे हैं और अपना चरित्र चमकाने की तजबीन भिड़ा रहे हैं। तीसरी ओर वह जनता है जो आजाद होकर भी आजादी का अर्थ और आशय अभी तक नहीं समझ सकी है। जिसके चारों ओर राजनीतिक पंडे और संस्कृति के नाम पर उछल-कूद, नाच तमाशे हैं या फिर अध्यात्म के कारखाने से निकलनेवाली संस्कारी मादक गोलियाँ। तब हमारा जनकवि क्या करे? क्या वह उठे और सट्टेबाजों की महफिल में जाकर नाचने लगे? या जनता की बिगड़ी हुई आदतों के आगे गर्दन डाल दे? जनकवित्व का सच्चा युगधर्म क्या है? कौन हैं वे लोग जिन्हें अपने देशवासियों के दुःख-दर्द सता रहे हैं? क्या वे वामपंथी लोग हैं? क्या वे कांग्रेसी या जनताई राजनेता हैं? क्या वे दिल्ली में बैठे हुए हैं? क्या वे पवनार में हैं या कदमकुआँ में? आखिर कहाँ हैं वे लोग जिनके भरोसे यह कवि अपनी कविता का नक्शा तैयार करे? सबने ही तो निराश किया है। सब धीरे-धीरे अपनी पोलों में खुल चुके हैं। इसलिए जनता की बात करने वाले इन तथाकथित सेवकों को आज हमारा यह कवि खूब-खूब पहचानता है और सेवकों के सेवकों को भी, जो 'हुकूमत की नर्सरी' बने फल-फूल रहे हैं। राजनीति प्रधान वातावरण में राज-बिरादरी की यह पहचान सबसे ज्यादा जरूरी है। इससे जनवादी लेखन के ज्ञान दायरे में वृद्धि तो होती है, उसे अपने गुरुतर दायित्व का बोध भी होता रहता है।

नागार्जुन जैसे लेखक, जिन्हें लेकर साहित्यिक और राजनीतिक विवादों का बाजार अक्सर गर्म रहता है, अपनी प्रतिबद्धता का बयान करते हुए एक कविता में लिखते हैं–

प्रतिबद्ध हूँ, जी हाँ प्रतिबद्ध हूँ
बहुजन समाज की अनुपल प्रगति के निमित्त
संकुचित 'स्व' की आपाधापी के निषेधार्थ
अविवेकी भीड़ की 'भेड़िया-धसान' के खिलाफ
अन्ध-बधिर व्यक्तियों को सही राह बतलाने के लिए
अपने आपको भी 'व्यामोह' से बारंबार उबारने की खातिर
प्रतिबद्ध हूँ, जी हाँ शतधा प्रतिबद्ध हूँ

... ...

आबद्ध हूँ, जी हाँ आबद्ध हूँ–
स्वजन-परिजन के प्यार की डोर में
प्रियजन के पलकों की कोर में
सपनीली रातों के भोर में
बहुरूपा कल्पना रानी के आलिंगन-पाश में
तीसरी-चौथी पीढ़ियों के दन्तुरित शिशु सुलभ हास में

लाख-लाख मुखड़ों के तरुण हुलास में
आबद्ध हूँ, जी हाँ, शतधा आबद्ध हूँ।

इस कविता में कवि अपने भावुक लगावों और कठिन जिम्मेदारियों का वर्णन साथ-साथ करता है। केवल प्रगति, केवल आँकड़े, केवल प्रहार और पक्षधरता एक ऐसे निर्जीव और संकीर्ण जनवाद को जन्म देते हैं जहाँ देर-सबेर 'जन' तो गायब हो जाता है, 'वाद' ही 'वाद' बचता है। नागार्जुन का जनवाद इतना निखालिस बौद्धिक नहीं है। वह विचार मात्र भी नहीं है। वह हाड़-मांस की एक जीती-जागती, उठती-गिरती संस्कृति की गोद से उभरता हुआ दिखाई देता है। अपने उपन्यासों में उन्होंने मिथिला के ग्राम-जीवन की एक अत्यन्त प्रामाणिक तस्वीर पेश करनी चाही है। वहाँ के कुलीन किन्तु दरिद्र ब्राह्मण, भारी-भरकम जमींदार-तालुकेदार, कमकर मजदूर, मछुआरे, विधवाएँ, सौराठ का विवाह मेला, गंवई संस्कृत पाठशालाएँ, स्थानीय कांग्रेसी नेता, उभरते हुए नवजवान कामरेड, छोटी-मंझोली जातियाँ, उनके अपने सुख-दुःख, तीज-त्योहार, गान-नाच सब उनके उपन्यासों में मिल जाएँगे। इतना ही नहीं, मिथिलांचल की हरियाली, आम-लीची के बगीचे, ताल-मखाने वाले ताल, किसिम-किसिम की मछलियाँ, चिउड़ा-दही, छोटे-बड़े, पुराने-नए महाभोज, क्या नहीं हैं वहाँ। वे अपनी धरती के रग-रग और रेशे-रेशे को पहचानते हैं। उनके लेखन की रुचिरता और सम्पन्नता का बहुत बड़ा भाग इसी पहचान पर टिका हुआ है। जनता और वामपंथ की बात करनेवाले लेखकों और राजनेताओं की कमी तो हमारे यहाँ आज भी नहीं है किन्तु उस जनता को ठीक-ठीक जानने-पहचानने वाले लोग राजनीति और साहित्य में कितने हैं? कितने हैं जो प्रेमचन्द के घीसू-माधव को देख पा रहे हैं। कहाँ हैं वे लोग जो यह समझ पा रहे हैं कि उनकी जनता आज कितने क्रूर षड्यन्त्रकारियों की गिरफ्त में है? कितने ऐसे लेखक हैं जिनमें उसके लिए तड़प और छटपटाहट है और कितने ऐसे शब्दकर्मी हैं जो राजनेताओं की तरह जनता और जनवाद का इस्तेमाल करते हुए सुख-सुविधा-अहंकार के चौड़े और तंग राजमार्गों पर टहल-बूल रहे हैं। 'वाम दिशा' और 'साम्यवादी समय' की सैद्धान्तिक बहस में उलझनेवालों की एक पूरी की पूरी जमात हमारे चारों ओर फैली हुई है किन्तु साधारण जनता को मूल मुद्दे तक लाने की उसे कोई परवाह नहीं है। अगर परवाह है भी तो उसकी सक्रिय योजनाएँ इस परवाह का कोई भरोसा नहीं दिलातीं। नागार्जुन न केवल उपन्यासों में बल्कि कविताओं में जिन चिन्ताओं से परेशान हैं वे हैं बाढ़, अकाल, भूख, महामारी। शायद ही कोई उपन्यास ऐसा हो जो इन दृश्यों से अछूता हो। आजादी के इतने बरसों बाद भी जन-समर्पित सेवकों की पलटन हमारा यह समाज नहीं तैयार कर सका है। दुःखमोचन और जीवू (जीवनाथ—बाबा बटेसरनाथ) जैसे युवकों की हमारे इस पिछड़े और समस्याग्रस्त समाज को कितनी जरूरत है, इसे वे युवक मंडलियाँ क्या समझ पाएँगी जो नव राजकुमारों की कदमबोशी करके धन्य भाग मना रही हैं। नागार्जुन की आँखों में एक हरा-भरा सपना है—

यों ही गुजरेंगे हमेशा नहीं दिन
बेबसी में, खीझ में, घुटन में, ऊबों में
आएँगी वापस जरूर हरियालियाँ
घिसी पिटी झुलसी हुई दूबों में
अभी तो करुणामय हमदर्द बादल
दूर, बहुत दूर, छिपे हैं ऊपर आड़ में
... ...
होते रहेंगे बहरे ये कान जाने कब तक
तामझाम वाले नकली मेघों की दहाड़ में।

तामझाम वाली यह नकली क्रांति सेना धीरे-धीरे अपनी लपेट में भोले-भाले गाँवों को भी लेने लग गई है। न जाने कितने प्रकार के छद्मवेशी क्रान्तिधर हमारे गणतन्त्र के आकाश में गरज-गुर्रा रहे हैं और कवि इनके मुखौटे छीनकर बड़ी चतुराई से इन्हें नंगा कर रहा है। 'खिचड़ी विप्लव', 'क्रान्ति सुगबुगाई है', 'अगले पचास वर्ष' जैसी कविताएँ वह इसीलिए लिख रहा है जिसमें क्रान्ति के अनेकानेक रूप कीड़ों की तरह किलबिला रहे हैं—

ऊपर ऊपर मूक क्रान्ति, विचार क्रान्ति, सम्पूर्ण क्रान्ति
कंचन क्रान्ति, मंचन क्रान्ति, वंचन क्रान्ति, किंचन क्रान्ति
फल्गु-सी प्रवाहित रहेगी भीतर-भीतर तरल मदिर भ्रान्ति

इसलिए लेखक हिन्दुस्तानी राजनेताओं से अब कोई उम्मीद नहीं रखता। चाहे वे वामपंथी हों चाहे लोकतान्त्रिक। हाँ, उसकी आशा का एक हल्का झीना सूत्र नक्सली नवयुवकों से जरूर जुड़ा हुआ है—और वह अपने भावी संसार की रचना इन्हीं के आधार पर कर रहा है—

इनकी उर-ऊष्मा में अब ये
जेल-सेल सब गल जाएँगे
प्रवंचितों के कोपानल में
सौ कुबेर भी जल जायेंगे
... ...
इनका मुक्ति पर्व कब होगा
कब होगी इनकी दीवाली
चमकेगी इनके ललाट पर
कब ताजे कुंकुम की लाली

प्रवंचित, हरिजन, गिरिजन-आदिवासी मजदूर और भूखे-नंगे लोग जिस दिन अपनी ताकत जान जाएँगे हिन्दुस्तान की धरती पर सच्ची क्रान्ति तो उसी दिन आ सकेगी। कोई जरूरी नहीं कि यह संघटन सिर्फ पिछड़ी हुई जातियों का हो और ऊँचे वर्णों के ईमानदार, साहसी नवयुवक इससे अलग खड़े रहें। यह एक ऐसा समवाय

होगा जिसमें सारी परिवर्तनकामी शक्तियाँ एक साथ जुटेंगी। जातियों, उपजातियों, धर्मों-सम्प्रदायों की रूढ़ बाधाएँ जब इस संघटना को रोक पाने में नाकामयाब हो जाएँगी तभी यह सच्ची क्रान्ति आ सकेगी।

हमारा यह कवि उसी की प्रारम्भिक तैयारियों में लगा हुआ है। उसकी शब्द-सेना अलग-अलग मोर्चों और मोड़ों पर अपनी तैयारियों में जुटी हुई है। समाज के पुराने दकियानूस मानदंडों को तोड़ गिराने और नई साहसिक मर्यादाएँ स्थापित करनेवाले उसके चरित्र धीरे-धीरे अपने पाठकों के दिमाग में घर बना रहे हैं। और पाठक अगली कार्रवाइयों के सोच-विचार में लगा हुआ है।

क्रान्ति के सपने सजा देना भी जनवादी लेखक के बहुत बड़े दायित्व की पूर्ति कहा जा सकता है किन्तु हमारा यह लेखक कोरे सपनों में विश्वास करके बैठ जाने का कायल नहीं। शब्द और कर्म की सहयात्रा ही किसी सपने को वास्तविकता में बदल सकती है। इसलिए वह किसान आन्दोलन में किसानों का नेतृत्व करता हुआ जेल जाता है। आपातकाल का विरोध करते हुए भी उसे यही राह नापनी पड़ती है। सत्ता की खूँखार और हिंसक कारगुजारियों से वह निरन्तर जूझ रहा है। चाहे जिस किसी तरह, चाहे जिस किसी शैली में। कविता के रूपों और आकारों की उधेड़बुन में पड़ना सौन्दर्यवादी कवि की प्रधान समस्या है। जनवादी कवि तो मुख्यतः अपनी मंशाओं के प्रति सावधान रहता है। तब भी यह कवि अपने 'फार्म' की एकरूपता को तोड़ता-बदलता रहता है। कभी सीधी सपाट छन्द मुक्तता, कभी तुकलय वाली सजी-सँवरी शैली, कभी बेखटक भाषण-शैली तो कभी गुरुगम्भीर पद्य रचना सब उसकी इस जययात्रा में शामिल हैं।

आधुनिक जन कवि की असली पहचान उसकी अपनी राजनीतिक और सामाजिक कविताओं से होगी—यह कहने में मुझे कोई संकोच नहीं। जनता के जीवन और उसके भूत-वर्तमान-भविष्य का निर्णय राजनीति कर रही है। अर्थनीति और समाजनीति कोई स्वतन्त्र अस्तित्व नहीं रखते। इसलिए वह कवि समाज और राष्ट्र के प्रति अपने धर्म का निर्वाह क्या कर पाएगा, जो समकालीन राजनीति से आँखें चार नहीं करता। नागार्जुन के काव्य का बहुत बड़ा हिस्सा राजनीतिक कविताओं से अँटा पड़ा है। उनकी प्रारम्भिक कविताओं में नेहरू युग, गांधी युग की पहचान मिलती है तो इधर की कविताओं में इन्दिरा युग, जनता शासन काल, लोकतान्त्रिक उथल-पुथल, राजनीतिक हिंसा, भ्रष्टाचार, अन्ध सत्तावाद तथा राजनीति की जनविरोधी नीतियों का हाल-चाल अंकित है। 'खिचड़ी विप्लव देखा हमने' संकलन विगत दस-पन्द्रह बरसों की राजनीतिक कारगुजारियों का ज्वलन्त दस्तावेज है। इसमें जयप्रकाश, मोरारजी भाई, चरण सिंह, देवरस और संजय गांधी जैसे राजकर्मियों के अलावा इन्दिरा गांधी पर ढेरों कविताएँ हैं जो कवि के गुस्से का केन्द्रीय निशाना बन सकी हैं। इन कविताओं को पढ़ते हुए लगता है भारतीय राजनीति में पतन और अमानवीयता का चरम उदाहरण हमारा नेता वर्ग रहा है। जिसे सन् '67 से '77 तक

नागार्जुन ने अभूतपूर्व विशेषणों के साथ याद किया है।

आज जब यह पुस्तक लिखी जा रही है जनता फिर से इन्दिरा गांधी की ओर भाग रही है। नागार्जुन अपने प्रकाशक अशोक अग्रवाल को मजाक में कह रहे हैं—'देखो वह फिर दिल्ली की गद्दी पर आ रही है और तुम ये कविताएँ छाप रहे हो—इस बार क्या तुम्हें मेरे साथ ही जेल जाना है।' किन्तु नागार्जुन को जो जानते हैं उन्हें पता है अगर ये कविताएँ न भी छापी जाएँ तब भी उनका यह लेखन रुकेगा नहीं। इन्दिरा गांधी हों, चाहे राजेश्वर राव, नागार्जुन किसी को माफ करनेवाले नहीं। वे खुद तो यह जान ही चुके हैं कि चोर-चोर सभी मौसेरे भाई हैं और अब वे नुक्कड़ पर खड़े होकर यह रहस्य जनता को भी बता रहे हैं—

ओफ्फोह! जाने कैसे आज
आपस में वे एक प्राण एक दिल हो गए हैं।
ओफ्फोह! जाने कैसे वे आज
एक-दूसरे का गुह्य अंग सूँघ रहे हैं।
ओफ्फोह! जाने कैसे वे आज
परितृप्ति की गहरी साँस ले रहे हैं
चलो, अच्छा है
मैं अलग ही खड़ा रहूँगा
चौराहे का यह नुक्कड़ जिन्दाबाद।

यही नागार्जुन की नुक्कड़ कविता है जो लाग-लपेट की भाषा की मुलायमियत नहीं अपनाती। उसकी विशेषता है उघड़ापन और नाटकीय व्यंग्य। तीखी से तीखी मार। नागार्जुन यहाँ कितने कला-विहीन कलाकार हो गए हैं किन्तु कितने विचार-व्याकुल, यह देखते ही बनता है। उनकी अधिकांश कविताएँ देशकाल के इसी क्षोभपूर्ण वातावरण में जन्म लेती हैं। तभी तो वे कभी अभिशाप लगती हैं, कभी ठेठ गाली, और कभी-कभी हल्के-फुल्के बम जैसा धमाका करती हुई राजनीतिक मंचों पर फट पड़ती हैं। ऐसे कवि को आसानी से बर्दाश्त कर लेना राजनीतिज्ञों के लिए सम्भव नहीं हो पाता और तानाशाही शक्तियों को बार-बार उन्हें कृष्ण-मन्दिर भेजना पड़ता है। ऐसा जन कवित्व शौकिया नहीं होता। वह बार-बार कठिन परीक्षा के मोर्चों पर आ डटता है और बार-बार अपनी जनता के लिए जी-जान से जुट जाता है। सवाल यह है कि अगर नागार्जुन ये कविताएँ न लिखें तो व्यक्तिशः उनका क्या अहित होगा? क्या इनसे उनका कवित्व पुष्ट और प्रमाणित हो रहा है? क्या सचमुच ये कविताएँ कल भी जिन्दा रहेंगी? और क्या इन कविताओं से हिन्दी काव्य की कोई श्रीवृद्धि हो रही है? इसके अनेकानेक उत्तर हमारे इस कवि के पास हैं। वह जानता है कि सारा लिखा हुआ वाङ्मय दीर्घजीवी और शाश्वत नहीं होता। वह यह भी जानता है कि कवि की प्रत्येक पंक्ति या रचना कालान्तरगामी नहीं हो सकती। इस शर्त पर बिरली ही कृतियाँ खरी उतर पाती हैं। वह इस मुगालते में भी नहीं है कि उसकी

ये कविताएँ तत्काल ही क्रान्ति और विद्रोह करनेवालों की सेना तैयार कर देंगी। किन्तु थोड़ा-बहुत यह सब भी होगा ही। और वह इन्हें लेकर इतना हीन भी नहीं है। अगर स्थितियाँ यही रहीं तो कल भी ये कविताएँ 'अँधेर नगरी चौपट राजा' नाटक की तरह प्रासंगिक बनी रहेंगी। 'का सखि साजन ना सखि पुलिस' जैसी पंक्तियाँ भारतेन्दु द्वारा लिखी जाकर आज कितनी प्राणवान हैं। अकबर इलाहाबादी के शेर उस वक्त उतने अर्थसम्पन्न नहीं लगते थे जितने कि वे हमारे लिए आज हो गए हैं। हम यह भी जानते हैं ये रचनाएँ अपने मूल स्वरूप में प्रचारधर्मी हैं और जनता को प्रशिक्षित करने के खयाल से लिखी गई हैं। हर युग में ऐसी कविताएँ लिखी जाती रही हैं और युग की स्थिति के अनुसार उनके रूप और आकार में रद्दोबदल भी देखने को मिलता है। नागार्जुन की ये कविताएँ भी एक खास प्रकार के राजनीतिक वातावरण की देन हैं। अगर ये कविताएँ न लिखी गई होतीं तो हम इस सवाल का ठीक जवाब भी शायद न दे पाते कि हमारी हिन्दी कविता राजनीति, बौद्धिकता और आम जनता के बीच कौन सा रिश्ता कायम रखना चाहती है।

इन्हीं राजनीतिक कविताओं का एक हिस्सा व्यंग्य शैली में लिखा गया है जहाँ कवि की शब्द-कारीगरी के अद्भुत नमूने देखने को मिलते हैं। कहाँ कवि का प्रेम उमड़ता है और कहाँ उसका गुस्सा यह तो हमें पहले से पता लग जाता है पर उसके व्यंग्य के दाँव-पेंच पहले से मालूम नहीं रहते। जब इष्ट व्यक्ति चारों खाने चित हो जाता है या हमारे सामने उसके सारे कपड़े उतर जाते हैं तब हम कविता के असली मकसद तक पहुँच पाते हैं।

नागार्जुन उघड़ा व्यंग्य भी करते हैं और सजा-सँवरा भी। यह बहुत कुछ उनके आवेग और विषयानुभूति पर निर्भर करता है। उनके राजनीतिक व्यंग्य तो अक्सर उघड़े ही रहते हैं किन्तु सामाजिक प्रसंगों में यही शैली काफी गुरु-गम्भीर और विडम्बनात्मक पद्धति अख्तियार कर लेती है। 'तो फिर क्या हुआ', 'सौन्दर्य प्रतियोगिता' और 'जयति नखरंजनी' जैसी कविताएँ दूसरी कोटि में आती हैं तो 'अगले पचास वर्ष', 'तकली मेरे साथ रहेगी' जैसी कविताएँ पहली कोटि में। कुछे नमूने द्रष्टव्य हैं—

1. **दया उमड़ी गुल खिले शर-चाप के**
लाइये मैं चरण चूमूँ आपके
किए पूरे सभी सपने बाप के
लाइए मैं चरण चूमूँ आपके

2. **राशि राशि किशलय गुच्छित**
कुसुमास्तीर्ण प्लास्टिक शर शय्या पर
लेटे रहें युगावतार पितामह भीष्म
प्रवचनरत हृदय परिवर्तनकारी
अगले पचास वर्ष और
अगले पचास वर्ष और

बहती रहे प्रवचन की अनाविल धारा
गुफाओं से निकलें मुनि गण, वरण करें कारा
तरुण रहें संयत
चढ़े नहीं क्रोध का पारा
सुनहली लिखावट हो, चमके नारे पर नारा

जनवादी लेखन की यह राष्ट्रधर्मिता ही उसे महिमामंडित और मूल्यवान बनाती है। सामाजिक चिन्ताओं से ग्रस्त और उन्हीं के कारण सक्रिय नागार्जुन का यह लेखन दूसरे भाषा रूपों में भी इतने ही ठाठ और गौरव के साथ सामाजिक परिवर्तन के लिए कृत संकल्प है।

सामाजिक परितर्वन की इस जमीन पर सभी इकाइयों का पारस्परिक सहयोग जरूरी है, कुछ लोग मर-मर कर कमाएँ और शेष बैठे-बैठे खाएँ यह एक अशुभ दृश्य होगा। समाज की खुशहाली सारी सामाजिक इकाइयों की मिली-जुली देन है। कवि एक कविता में पूछता हैं—“पैटन टैंक उन्होंने तोड़े, महँगाई के टैंक कौन तोड़ेगा?” एक हिस्सा पूरी मुस्तैदी से सीमाओं की सुरक्षा में जी-जान से लगा है किन्तु दूसरे हिस्से अपने-अपने स्वार्थों की दुनिया में कैद हैं। देश की गरीबी, भुखमरी, महँगाई की फिक्र करनेवाले लोग नहीं हैं। हमारा बुद्धिजीवी समाज भी देश की प्रधान चिन्ताओं के प्रति विमुख है। देश के भविष्य के बदले उसे अपने साहित्यिक भविष्य (कैरियर) की चिन्ता है—

उनको दुख है
मंजरियों को पाला मार गया है
तुम को दुख है
काव्य-संकलन दीमक चाट गए हैं
... ...
वे लोहा पीट रहे हैं
तुम माथा पीट रहे हो

सामाजिक जीवन का यह विलगाव और बिखराव ही उसे धीरे-धीरे कंकाल में परिणत कर देता है जिसका बयान नागार्जुन की यह मैथिली कविता करती है—

शिशु कंकाल
तरुण कंकाल
वृद्ध कंकाल कंकाल बृद्धाक
कंकाल तरुणीक
कंकाल ननकिरबीक
फड़िच्छ चमड़ी बला कंकाल

पांडुश्याम चमड़ीबला कंकाल
टहलैत-बुलैत कंकाल
चलैत-फिरत कंकाल
पड़ल कंकाल
ठाढ़ कंकाल
सूतल कंकाल
जागल कंकाल
सुखाएल थनबला कंकाल
चोकड़ गर्भबला कंकाल
मालगाड़ी बला साइडिंग दिश
लाइन करे दो बगली
भरि-भरि आँजुर, भरि-भरि मुट्ठी
दानामिश्रित घूरा उठबैत कंकाल

क्या कहा जाए इस पर। मैथिली की अद्भुत कविता कहकर इसकी वाहवाही की जाए या फिर सिर पकड़ कर बैठ जाएँ। चारों ओर फैले हुए कंकालों के इस लोक में किसे कहते हैं आजादी, किसे कहते हैं समाजवाद। लोकतंत्र का मतलब क्या है? जनता और उसका स्वाधीनता दिवस कब आएगा? कब उसके पास घास-फूस का एक घर होगा, कब दोनों जून रोटी होगी? कौन सोचेगा इस बारे में? क्या हमेशा यों ही दिल्ली-बम्बई के नाज-नखरेवाले चेहरों पर क्रीम-पाउडर की पुताई चलती रहेगी और पीठ पीछे कंकालों की मृत्यु यात्रा जारी रहेगी? कला और संस्कृति कोई मायने नहीं रखते अगर वे भारी भरकम मुहावरों से आत्मदीप्त होकर सिर्फ अपनी झूठी जगमगाहट पैदा करते हैं। कोई भी जन समर्पित लेखक ऐसी कलाकारी को कैसे ढोएगा? इसलिए वह निकल पड़ता है उन लोगों का हाल-चाल लेने, उनसे बोलेन-बतियाने जो औरों के सामने गूँगे हुए बैठे हैं। साहित्य के द्विज-दरवाजे जिनके लिए बन्द हैं। नागार्जुन साहित्य और उसके बाहर के ऐसे सभी द्विज-दरवाजों के खिलाफ हैं। वे उन्हें लोक चौपालों के प्रति समर्पित करना चाहते हैं। कविता, कलाएँ, राजनीति, धर्म, समाज सेवा सभी को अपना सामन्ती ठाठ-बाट छोड़कर लोकशैली अपनानी होगी। तब कहीं जाकर नई समाज-रचना का कार्य शुरू हो पाएगा। लेखन के धरातल पर यह काम जनकवि नागार्जुन शुरू कर चुके हैं।

वस्तुतः जनकवि के लिए मार्क्सवादी सिद्धान्तों में आस्था जरूरी नहीं किन्तु हर हाल में वह जनता और राष्ट्रीय जीवन की उन्नयनकारी शक्तियों का पक्षधर होगा। नागार्जुन की स्थिति वामपंथी उन्मुख जनकवि के बीच की है। आवश्यकता पड़ने पर वे उन जनान्दोलनों के साथ भी खड़े हो जाते हैं जो मार्क्सवादियों की

दृष्टि में प्रतिक्रियावाद के गर्भ से जन्मे हैं। किन्तु जल्दी ही वे उन सर्वहाराओं की तलाश भी करने लगते हैं जिनके कि वे सतत पक्षधर हैं। कई राजनेताओं के प्रति तीखी आलोचनात्मक कविताएँ लिखते हैं तो उन्हीं में से एक-दो की भूरि-भूरि प्रशंसा भी करते हैं। सामन्ती युगों की नैतिकता भी उन्हें कभी-कभी अपनी ओर आकृष्ट कर लेती है। यही कारण है कि व्यक्तिगत ईमानदारी और नैतिकता को आज भी महत्त्व देते हैं। किन्तु जब वे राष्ट्रीय और सामाजिक परिवर्तन की चर्चा शुरू करते हैं, मार्क्सवादी जीवन दृष्टि, श्रम और सामूहिक संघर्ष का ही समर्थन करते हैं। इस आस्था के चलते ही उन्हें वामपंथी कवि भी कहा जाता है।

कविता का संसार–3

कविता की परम्परागत महफिल में मेघों की मृदंग

नागार्जुन परम्परागत अर्थों में विशुद्ध कवि हैं या नहीं इसका प्रमाण उनका प्रकृति-काव्य है। प्रकृति आदि मानव से लेकर आधुनिक मानव तक उसकी सहयात्री रही है। सौन्दर्य और भावुकता की सबसे पहली शिक्षा उसी ने मनुष्य को दी है। नियम, रंग, विधान और उल्लास के साथ-साथ चक्राकार कालगति और सुख-दुःख की सबसे सहज और सार्थक अभिव्यंजना प्रकृति ही करती है। वह केवल वर्ण्य विषय नहीं है। कविता को प्रेरणा भी देती है। मनुष्य में राग और आकर्षण के भाव वही भरती है। वह मनुष्य की सबसे पुरातन किन्तु सबसे जीवन्त सहचरी है। इस युग का मनुष्य भी उसे भूल नहीं पाया है। भले ही वैज्ञानिक सभ्यता और महानगरीय जीवन शैली ने आज के आदमी का प्रकृति सुख छीन-सा लिया हो—तब भी वह इस आदमी के साथ भीड़ भरी आबादियों के बीच पार्क, उद्यान, हरी दूबों के कृत्रिम मैदान, गमले में उगे हुए फूल-पौधों के रूप में अब भी लगी हुई है। आज का थका-हारा, कुंठित और क्षुब्ध मन भी प्रकृति के इस वातावरण को पाकर तनावहीन और चिन्ता-शिथिल हो जाता है। जीवन में कृत्रिमता जितनी बढ़ रही है, आदमी की भीतरी दुनिया प्रकृति के उन्मुक्त और खुले वातावरण के प्रति उतनी ही लालायित हो उठी है क्योंकि प्रकृति सहज और नैसर्गिक है। आत्मनिष्ठ किन्तु आनन्द-संचारी है। स्वांतः सुखाय है तब भी लोक सुख के स्रोत का विलक्षण रहस्य छिपाए हुए है। मनुष्य और प्रकृति दोनों एक-दूसरे के पूरक हैं। संस्कृति की आदिम वेला के बाल सखा हैं। पंडित नागार्जुन इस सूक्ष्म तथ्य से परिचित ही नहीं हैं बल्कि इसके घोषित प्रस्तावक एवं समर्थक भी हैं। 'मेरी भी आभा है इसमें' कविता में वे लिखते हैं—

भीनी भीनी खुशबू वाले
रंग बिरंगे
यह जो इतने फूल खिले हैं
कल इनको मेरे प्राणों ने नहलाया था
कल इनको मेरे सपनों ने सहलाया था

पकी सुनहली फसलों से जो
अबकी यह खलिहान भर गया
मेरी रग-रग के शोणित की बूँदें इसमें मुस्काती हैं

प्रकृति के सन्दर्भ में यह अनुभव अकेले इसी कवि का है—ऐसा नहीं। समस्त आधुनिक कवि इस अनुभव-बिरादरी में शामिल हैं। पंत तो निर्विवाद रूप से प्रकृति को अपनी माँ और बाल-सहचरी मानते हैं। अज्ञेय की असाध्य वीणा सिद्ध ही तब होती है जब वादक प्रकृति के व्यापक लोक में अपने को लीन कर देता है—नीरव एकालाप का यह प्रसंग उद्धृत है—

"ओ विशाल तरु!
शत-सहस्र पल्लवन-पतझरों ने जिसका नित रूप सँवारा,
कितनी बरसातों कितने खद्योतों ने आरती उतारी,
दिन भौंरे कर गए गुंजरित,
रातों में झिल्ली ने
अनथक मंगल-गान सुनाये।
साँझ-सबेरे अनगिन
अनचीन्हे खग-कुल की मोद-भरी क्रीड़ा-काकलि
डाली-डाली को कँपा गई—
ओ दीर्घ काम!
ओ पूरे झारखंड के अग्रज,
तात, सखा, गुरु, आश्रय
ताता महच्छाय,
ओ व्याकुल मुखरित वन-ध्वनियों के
वृन्दगान के मूर्त्त रूप,
मैं तुझे सुनूँ
देखूँ, ध्याऊँ
अनिमेष, स्तब्ध, संयत, संयुत, निर्वाक् :

(आँगन के पार द्वार, पृ. 79)

गा तू!
यह वीणा रक्खी है : तेरा अंग-अपंग!
किन्तु अंगी, तू अक्षत, आत्म-भरित
रस-विद्,
तू गा
मेरे अँधियारे अन्तस् में आलोक जगा
स्मृति का

श्रुति का–
तू गा, तू गा, तू गा!

(पृ. 80)

प्रकृति और मनुष्य का यह चिर सहचरत्व हमारे इसी युग के संवेदन की उपज है, बौनी आधुनिकता भी जिसमें भेद-बुद्धि का प्रवेश नहीं करा सकी। आज भी प्रकृति सबसे अधिक विश्वसनीय, तर्क युक्त और नैतिक है। आज भी वह हमारी अनुभव-नाभि है। मनुष्य को ठीक-ठीक पहचानने में आज भी वही हमारा सहयोग कर रही है।

आधुनिक कवि प्रकृति को न तो विशिष्ट मानता है न अविशिष्ट। वह एक समानान्तर दुनिया है। बल्कि हमारी आधी दुनिया है। उसके बिना हम अधूरे हैं। अपंग एवं अपूर्ण हैं। वह हमें पूर्णता देती है–इसे यह कवि भी जानता है। अन्यथा यह हुवास व्यक्त करने की जरूरत नहीं थी–

अब के इस मौसम में
कोयल आज बोली है पहली बार।
टूसों को उमगे कई दिन हो गए
टेसू को सुलगे कई दिन हो गए
अलसी को फूले कई दिन हो गए
बौरों को महके कई दिन हो गए।

इतने अन्तराल में पछुआ चलने लगी, केले के पात दरक गए, सूरज-किरणें तेजाब की फुहार बन गईं, कलियों ने मुँह बा दिया। कितना कुछ नहीं घट गया इस बीच और यह कलमुँही चुप की चुप रही। आखिरकार जब इस अन्याय से जी भर उठा तो 'जोरों से कूक उठी' इस मौसम में। प्रकृति के यहाँ भी उतार-चढ़ाव हैं और उनका प्रत्युत्तर भी। 'कोयल' यही प्रत्युत्तर है। वह एक अनवरत प्रतीक्षा है। वसन्त उसके बिना वसन्त नहीं। विद्यापति उसे 'द्विज पंडित' की उपाधि देते हैं। नागार्जुन स्नेह गद्‌गद होकर 'कलमुँही' कह डालते हैं। प्रेमातिरेक में गाली भी मधुर और सार्थक हो उठती है जिसे गीत गोविन्द के रचयिता ने बहुत पहले ईजाद कर लिया था। 'कलमुँही' में जो आत्मीयता और प्रेम प्रदर्शन है वह कविता की चौहद्दियों का अतिक्रमण कर जाता है। नागार्जुन की यह आत्मीयता उन ग्रामीण-अंचलों की देन है जहाँ कवि के संस्कारों की रचना हुई है। 'गंगा मइया' 'काली माई' जैसे सम्बोधन इसी संस्कार की बदौलत हैं। ग्रामांचलों की दुनिया में आज भी प्रकृति मानवीय गुणों से सम्पन्न है। आज भी वह दुनिया गाँव के लिए सज्ञान और सचेत है। प्रकृति और आदमी का भेद तो शहरों का फैशन है। 'नीम की दो टहनियाँ' सींखचों के पार झाँकती हैं और शहर की उस मशीनी दुनिया की थकान और श्रम का जायजा लेती हैं जो रात भर जगकर खटने के बाद अब गाढ़ी नींद में बेखबर सो गई हैं। 'उधर मुँह बाए पड़े हैं टाइपों के मलिन-धूसर केस, पर इधर तो झाँकती हैं दो सलोनी टहनियाँ सींखचों के पार।' नई सभ्यता

की थकान और मलिनता के ऊपर प्रकृति का यह ताजा उल्लास समकालीन आदमी के लिए राहत का गहरा इशारा है।

कवि नागार्जुन प्रकृति को सहज और स्वाभाविक रूप में ही देखते हैं और उससे ताजा उल्लास प्राप्त करने की ताक में रहते हैं। कब मौका मिले और कब यह कवि इस अभियान पर निकल पड़े—कहा नहीं जा सकता। सावन, भादों, वसन्त, चाँदनी रात, शिशिर-शरद—कोई ठिकाना नहीं कौन इसको मोह ले और यह कवि मयूर नृत्य करने लग जाए—

धिन धिन धा धमक धमक
मेज बजे
दामिनि यह गई दमक
मेघ बजे
दादुर का कंठ खुला
मेघ बजे
धरती का हृदय खुला
मेघ बजे

ठहरी और सोच में डूबी हुई प्रकृति-छवियाँ इस कवि को रास नहीं आतीं, न ही यह कवि अकेली भव्यता और बीहड़ वन-प्रान्तरता का ही प्रेमी है। मनुष्य के सम्पर्क में, उसकी प्रत्येक क्रियाशीलता में जो भागीदारी निभाती है वही नागार्जुन की प्रकृति है। मनुष्य प्रकृति के अभिनन्दन के लिए यहाँ आतुर है और प्रकृति अपने सारे वैभव के साथ उसके प्रति उन्मुख और उत्कंठित—

चौकस खेतिहरों ने पाए ऋद्धि-सिद्धि के आकुल चुम्बन
शरद-पूर्णिमा धन्य हुई जन-लक्ष्मी का करके अभिनन्दन
वसुधा की फैली बाँहों को सुलभ हुआ सागर आलिंगन
आज रात है बेलगाम लहरों का मछुओं से गठबन्धन

यह एक अभिन्न दुनिया है। जिसमें सौन्दर्यवाचकता के साथ-साथ कर्मवाचकता है। प्रकृति के क्षेत्र में प्रवेश करते हुए कवि अकेला नहीं है, जनलक्ष्मी और जनापेक्षा और लोकाभिलाषा उसके साथ है।

नागार्जुन इसीलिए वसन्त से कहीं अधिक 'वर्षा' के प्रेमी हैं। विद्यापति और उनकी पीढ़ी के लोग 'वसन्त' को ऋतुराज कहते नहीं थकते—

माइ हे आज दिवस पुनमन्त
करिए चुभाओन राय बसन्त

यहाँ बसन्त राय (राजा) है। नागार्जुन इस धारणा को परिवर्तित करके पावस को 'ऋतुवर' कह रहे हैं। तर्क और उपयोगिता—दोनों ही दृष्टियों से वे ही सही हैं। अब तक कविता सिर्फ सुन्दरता और काम पर विचार करती रही है, किन्तु आज वह अपनी मान्यताओं और धारणाओं को बौद्धिक आधार भी देना चाहती है।

निराला जैसे कवि को आलोचकों ने 'बादलों का कवि' कहना चाहा है। रवीन्द्रनाथ तो नदियों के कवि के रूप में जाने ही जाते हैं। नागार्जुन के यहाँ वर्षा की प्रधानता है। वसन्त यहाँ दूसरे नम्बर पर है।

आधुनिक कवि की कविता जनता की आवश्यकताओं और रुचियों के सन्दर्भ में अपना स्वरूप ग्रहण कर रही है। अब वह सामन्तों के दरबारों से बहुत दूर जीवन के खुले और फूलते-फलते सिवानों में आ खड़ी हुई है। इसलिए वह परम्परा के इस दाय को नए सिरे से व्यवस्थित करने की कोशिश कर रही है। वर्षा और वसन्त के स्थान-विपर्यय का कारण यही कोशिश है।

वर्षा का वर्णन करते हुए नागार्जुन हजार-हजार उल्लसित चेष्टाओं में मगन हो जाते हैं—कदम्ब के मोहक झूले, शिशु-धन-कुरंग का चौकड़ी भरकर आपस में गुँथ जाना, पुरवा का सिहकना, पंक का हरि चन्दन हो उठना, पातों का धुलना, ताजा हो जाना—सिर्फ पावस के चलते सम्भव हो पाता है। पावस की महिमा को निचोड़ रूप में प्रस्तुत करते हुए नागार्जुन पूरा का पूरा एक गीत ही रच डालते हैं—

लोचन अंजन, मानस रंजन
पावस, तुम्हें प्रणाम
ताप तप्त वसुधा दुख भंजन
पावस, तुम्हें प्रणाम
ॠतुओं के प्रतिपालक ॠतुवर
पावस, तुम्हें प्रणाम
अतुल अमित अंकुरित बीजधर
पावस, तुम्हें प्रमाण
नेह-छोह की गीली मूरत
पावस, तुम्हें प्रणाम
अग-जग फैली नीली सूरत
पावस, तुम्हें प्रणाम।

अगर नागार्जुन को हिन्दी-आलोचक मार्क्सवादी न कहता तो मैं इस सुविधा में था कि उन्हें पावस को अग-जग फैली नीली सूरत कहने के लिए साधुवाद दे डालता। पर यह जानता हूँ नागार्जुन उस जनता के कवि हैं जिसे आलोचकों की इस पंडिताई का पता नहीं है। जब नागार्जुन पावस को अग-जग फैली नीली सूरत के रूप में पेश करते हैं तब मुझे वह संस्कार झाँकता हुआ दिखाई देता है जिसने अपने प्रधान अवतारों के रंग को भी नीले वर्ण की थाती सौंप रखी है। 'पावस' बीजधर है। ठीक उसी प्रकार जैसे गीता में कृष्ण अपने को सम्पूर्ण सृष्टि के सन्दर्भ में बीज स्वरूप प्रकट करते हैं। वसन्त तो पावस का बेटा है। नागार्जुन इसी पितृलोक के कवि हैं। यद्यपि पुत्र की अवमानना करते वे कहीं भी दिखाई नहीं देते।

मैंने पहले ही कहा है कि नागार्जुन निराला को अपना काव्यगुरु मानते हैं।

इसलिए वे ऋतुगीत रचते हैं। विद्यापति, सूरदास, निराला और नागार्जुन ऋतुओं से न केवल मोहित होते हैं बल्कि उन्हें निसर्ग-संगीत का प्रतीक मानते हैं। यह वही निसर्ग-संगीत है जो असाध्य वीणा में 'किरीटी तरु' से फूटता है और 'शब्दों के तल्प पर' (भवानी प्रसाद मिश्र) में रेवा के कल-कल-रव में। शंका हो सकती है—एक यथार्थवादी कवि क्या इतना भावुक और संस्कारी भी हो सकता है? क्या उसकी यह छवि उसके रवैये के प्रति सन्देह पैदा नहीं करती? आलोचना के रूढ़िवादी और संकीर्ण दायरों में निःसन्देह यह सन्देह में डालनेवाली करनी है किन्तु जो सच्चे आलोचक हैं उन्हें पता है कि प्रगतिशीलता चन्द नारों और विषयों तक सीमित नहीं होती। प्रगतिशीलता न तो विषय है न शैली। वह एक सम्पूर्ण जीवन दृष्टि है जो विषय और शैली में अन्तर्निहित आभा के रूप में फूटती है। जिस तरह कोई कवि न तो पूरी तरह क्लासिकल या रोमांटिक होता है, उसी तरह वह न तो अप्रगतिशील या प्रगतिवादी होता है। सबसे जरूरी अपेक्षा उसके कवि होने को लेकर है।

कवि होने पर ही दृष्टि का प्रश्न उठता है। और कवि होना इस बात पर निर्भर करता है कि व्यक्ति-विशेष की भावना की गति और क्रिया का स्वरूप क्या है? उसकी दुनिया एक कवि के रूप में कितनी बड़ी या छोटी है। कितने अनुभव-स्तर और संवेदनक्षण उसकी रचना में समा सके हैं। नागार्जुन इस दृष्टि से एक विशिष्ट कवि हैं। नेहक्षोभ की एक पूरी दुनिया उनकी कविताओं में विद्यमान है। उनकी भावना का आसमान बहुत बड़ा है और उसकी यात्रा काफी लम्बी एवं विविधता से भरपूर। गर्मी-सर्दी, धूप-छाँप, आग-पानी, सुख-दुख सब हैं यहाँ। और 'आप्त' रूप में नहीं, प्रत्यक्षानुभूति से अर्जित। उनकी प्रकृति भी उनकी देखी-सुनी और जियी हुई है। किसान के बेटे हैं वे। किसानी जिन्दगी जीते हैं। धरती की धड़कन सुनने की सुविधा में वे हर वक्त हैं। इसलिए झींगुरों के फटे कंठों और मेढ़कों के टर्राने का जयोल्लास खूब जानते हैं। वे ही अकेले कवि हैं जिनके यहाँ मेढ़कों के चिढ़ाने पर कोयल रात-रात भर रोती है। बड़ी आई थी गानेवाली। अपने को बहुत नहीं सब कुछ समझनेवाली। नागार्जुन इस बहुत कुछ को छाँटते चलते हैं। उनके यहाँ सब की हैसियत बराबर है। कोई किसी से बड़ा नहीं—न ही छोटा है। यही उनकी कविता का साम्यवाद है। और यही है उनकी परिवार दृष्टि। सारी दुनिया इसी रूप में एक संयुक्त परिवार है। और फिर भी अगर कोई अपने को चतुराई पूर्वक बड़ा बनाना चाहता है तो नागार्जुन उसके विरुद्ध पूरी सेना ही तैनात कर देते हैं।—झींगुरों और मेढकों की सेना की तरह। यह प्रकृति किसी की श्रेष्ठता और महानता के अहंकार को बर्दाश्त नहीं करती। समाज में सब बराबर हैं। सबके सहयोग से ही यह दुनिया चल पाती है। सहयोग और सहवास की दुनिया ही उनकी दुनिया है। मुक्तिबोध जिस तरह अकेली मुक्ति को न तो सम्भव मानते हैं न ही काम्य ही, उसी तरह नागार्जुन भी उल्लास को सार्वजनिक और सामाजिक मानते हैं। अकेले सुख का कोई मतलब होता ही नहीं। इसीलिए जी भर गन्ना चूसने और तालमखाना खाने का मजा उन्हें तब मिल पाता है जब वे अपनी गँवई पगडंडी की चन्दनवर्णी धूल अपने माथे लगा पाते हैं।

गाँव और उसकी पगडंडी के प्रति कवि की यह भावना ही व्यापक प्रेम की दुनिया में बदल जाती है। प्रेम कोई आकाश से टपककर आनेवाली चीज नहीं। इस धरती का भाव है जो हमें अपने आस-पास की चीजों से मिलता है। इसी सहज और सामान्य प्रेम के कवि हैं नागार्जुन। यही उनका वासना लोक है। भले ही यह प्रकृति-जगत वास्तविक और यथार्थ हो पर कवि इसे भावनामय बना रहा है।

नागार्जुन की प्रकृति इसी रूप में आकर्षणमयी और द्वन्द्वातीत है। यही वह भावभूमि है जहाँ यह कवि तन्मय और तल्लीन है। यहाँ वह राग के समुद्र में उतर गया है जो चारों ओर से लहरा रहा है—जिसे न छन्द-अछन्द की सुध है न यथार्थ और आदर्श की फिक्र। पर यह भी सही है कि चीजें अपने-आप ठीक-ठीक ढल रही हैं और आकार-रंग और कर्म ग्रहण कर रही हैं। कालिदास की प्रकृति की तरह वह मनुष्य की जीवन-संगिनी है। आचार्य हजारीप्रसाद द्विवेदी ने कालिदास की प्रकृति पर विचार करते हुए लिखा है कि अगर उसे हटा दिया जाए तो मनुष्य का भाव-जगत मरुकान्तार के समान सूना और नीरस हो उठेगा। नागार्जुन की कविता के सन्दर्भ में भी आचार्य द्विवेदी की यह उक्ति इस उद्धरण के साथ हजार बार सच है—

कर गई चाक
तिमिर का सीना
जोत की फाँक
यह तुम थीं

... ...

झुका रहा डालें फैलाकर
कगार पर खड़ा कोढ़ी गूलर
ऊपर चढ़ आई भादों की तलइया
जुड़ा गया बौने की छाल का रेशा-रेशा
यह तुम थीं!

प्रकृति के इस वासना-लोक में पहुँचते ही नागार्जुन की प्रज्ञा जाग उठती है और उनकी आलोचनात्मक दृष्टि और व्यंग्य-वक्रता के बदले में हमें एक आवेग समृद्ध कवि के मृदु-गम्भीर स्वर सुनाई पड़ने लगते हैं।

सौन्दर्यबोध बनाम मूल्यबोध

कविता ही नहीं जीवन में भी सुन्दरता के मानदंड बदलते रहे हैं। विभिन्न समाजों की रुचियों और संस्कारों में यह भेद आज भी देखा जा सकता है। रीतिकालीन सौन्दर्य बोध जिस सामाजिक जीवन से निःसृत था वह द्विवेदी युग और छायावाद युग में बदल चुका था। अतः सौन्दर्य की धारणा भी परिवर्तनशील और गत्वर है। बहुत कुछ हमारे नैतिक, धार्मिक, सामाजिक और व्यक्तिवादी निष्कर्षों और धारणाओं के आधार पर हमारे आनन्द के स्रोत और सन्दर्भ प्रायः बदलते हुए देखे गए हैं। आस्था और सौन्दर्य में डॉ. रामविलास शर्मा का यह कथन उल्लेखनीय है—"छायावादी कवियों ने कविता की भाषा के रूप में खड़ी बोली को प्रतिष्ठित किया। काव्य से चमत्कारवादी नायिका भेदवादी परम्परा को निर्मूल किया। प्रकृति, नारी, सामाजिक परिवर्तन आदि विषयों पर नए दृष्टिकोण से लिखा, 'भारत भारती' और 'जयद्रथ वध' की तुलना में उन्होंने हमारा सौन्दर्य बोध परिष्कृत किया, नई छन्द योजना, नए मूर्तिविधान से हिन्दी कविता को समृद्ध किया। छायावाद के उत्तरकाल में स्वयं छायावादी कवि अपनी भावधारा से विलग होकर यथार्थवाद की नई भूमि की ओर बढ़े।" निराला के उपन्यास और उत्तरकालीन कविताएँ, प्रसाद का 'तितली' उपन्यास, पन्त की 'ग्राम्या' आदि कृतियाँ यथार्थवाद की जययात्रा के प्रस्थान के रूप में देखी जा सकती हैं। कल्पना के उन्मुक्त आकाश में विचरण करनेवालों ने भी जमीन पर आने की पहल की। स्वभावतः सारा रचनाधर्म लोकपरक और समाजोन्मुख हुआ। सौन्दर्य की कोमल और मधुर, रहस्य और दर्शन से परिपूर्ण तानें क्रमशः मन्द पड़ने लगीं और कवियों-लेखकों को एक नया दायित्व बोध भिन्न ढंग से आकृष्ट करने लगा। विचारों की बहुलता के साथ-साथ उपयोगी और परिवर्तनकारी काव्य सृष्टि का आग्रह बढ़ा। सम्पूर्ण वातावरण में एक नए प्रकार की हलचल प्रगतिवाद और प्रयोगवाद के रूप में दिखाई पड़ी। पहले में समाजवादी यथार्थवाद की प्रेरणा काम कर रही थी तो दूसरे में व्यक्तिवादी यथार्थ के आग्रह अत्यन्त प्रबल थे। आगे चलकर यही व्यक्तिवाद आधुनिकतावाद का जामा पहनकर सामने आया और धीरे-धीरे एक नए सम्प्रदाय की शक्ल ग्रहण करने लगा। यथार्थवाद की यह तोड़-मरोड़ कुछ-कुछ दूसरे खेमे में भी हुई पर पहले से ही स्पष्ट विचारधारा और मतवाद की जमीन पर खड़े होने के कारण वह अतिवादों से निरन्तर बचता रहा। नागार्जुन का काव्य इस दृष्टि से विशेष महत्त्व का है।

वे हमारे उन लेखकों में से हैं जिनका मन स्थायी तौर पर वर्तमान समाज-व्यवस्था को लेकर विक्षुब्ध रहता है। आजादी के बाद सारी राजनीतिक पार्टियों का इलेक्शनमुखी हो जाना, पूँजीपतियों की निरन्तर सम्प्रदाय वृद्धि, बुद्धिजीवियों का स्वार्थबद्ध विलगाव तथा निरक्षर और निरन्न जनता का विवश और दुखद जीवन उनकी चिन्ता के प्रधान विषय हैं। कवि और लेखक होने के नाते नहीं, एक सामान्य नागरिक की हैसियत से भी वे निरन्तर इस चिन्ता को व्यक्त करते रहे हैं और कोशिशपूर्वक उन स्तम्भों को ढहाने में लगे रहे हैं जिनके कारण परिवर्तन की गति रुक-सी गई है।

परिवर्तन की माँग तो छायावादियों ने भी की है, पर उनकी यह माँग सामाजिक कम और दार्शनिक अधिक है। प्रेम और करुणा के मूल्यों के आधार पर समाज में एक व्यापक और उदार मनुष्यता का कोमल सपना देखा गया है। नागार्जुन और उनके साथियों का आग्रह शुद्ध सामाजिक धरातल पर है। इसलिए कोमल और मधुर के बदले उनके तेवर में एक बेचैन आक्रामकता दिखाई देती है। वामपंथ की निकटता के कारण इन कवियों की परिवर्तन सम्बन्धी माँग अधिक ठोस और सुस्पष्ट है। छायावादी लेखन व्यापक और उदार, उन्नत और भव्य की छायाओं के वशीभूत है। इसीलिए उसका ध्यान प्रायः उन्हीं चरित्रों की ओर गया है जो अपनी उपस्थिति से एक दिव्य वातावरण का निर्माण कर सकें। छायावादी क्रान्ति भी इसी दिव्यता से चलकर आती है, तब भी उसकी सदिच्छा को नकारा नहीं जा सकता। प्रगतिवादी कविता इसके बजाय प्रहार और मोर्चेबन्दी की राह अपनाती है।

प्रहार और मोर्चेबन्दी तो वे अनास्थावादी भी करते हैं जिन्हें हम वामपंथी खेमे से बाहर मानते हैं किन्तु उनकी दृष्टि और रवैये में एक अविचरित व्यग्रता और विश्लेषणहीनता है। जिस जमीन पर वे खड़े हैं वह भी साफ नहीं है। बजाय इसके प्रगतिवादी कवि को अपने स्टैंड और उसके पीछे काम करनेवाले तर्क की जानकारी है। इसलिए प्रगतिवादी कविता में अनावश्यक आवेग और छटपटाहट के बदले एक संतुलित आवेगमयता और धीर सम्पन्न सृजनधर्मिता दिखाई देती है। शमशेर, मुक्तिबोध, केदार और त्रिलोचन के काव्य में आवेग का जो स्वरूप दिखाई देता है वह एक संस्कारी विचार सरणि और तर्काश्रित व्यवस्था की माँग के सन्दर्भ में उत्पन्न होने के कारण मर्यादित और परिनिष्ठित है। नागार्जुन अवश्य ही कहीं-कहीं इसका अतिक्रमण करते देखे जाते हैं। पर यह रहस्य उनसे छिपा हो—सो भी नहीं। अपनी एक कविता में उन्होंने इस स्थिति को स्वीकार किया है कि अब तो वे औघड़ नागार्जुन हैं और इसलिए उन्हें खुनकने, कुढ़ने, गाली देने तथा चिढ़ने-चिढ़ाने की पूरी छूट मिल गई है।

दरअसल नागार्जुन का मूल स्वभाव रागधर्मी है। कोई भी वाद या विचार तब तक उनके काव्य का अंग नहीं बन सकता जब तक कि वे रागात्मक धरातल पर उससे एकाकार न हो जाएँ। राग की यह प्रखरता ही उनके काव्य को अधिक रुचिकर और प्रभावकारी बनाती है। छायावादियों में राग की यह प्रखरता सबसे अधिक निराला में देखी जा सकती है। बाद के नए कवियों ने इसका इस्तेमाल

प्रतीकों और बिम्बों के सन्दर्भ में किया है। नागार्जुन की रागमयता की तीव्रता व्यंग्य काव्य के सन्दर्भ में सर्वाधिक है, यद्यपि वे प्रकृति और श्रमिक जनतावाले काव्य के सन्दर्भ में उतने ही समृद्ध दिखाई देते हैं—सवाल यह है कि छायावादी आकुलता और प्रगतिवादी भावावेग में अन्तर क्या है? क्या दोनों ही समान स्तरीय हैं? कहना होगा कि छायावादी आवेगों में सृजनधर्मी व्यक्तित्व का संतरण है तो प्रगतिवादी आवेगों में आधारभूत वैचारिक अंकुश काम कर रहे हैं। यही कारण है कि समकालीनता के लिहाज से प्रगतिवादी आवेग अधिक स्वस्थ और स्वीकार्य लग रहा है। छायावादी आवेगों में सौन्दर्यपरकता जिन आधारों पर प्रदर्शित की गई है, वे संवेदन-आधार अत्यन्त विशिष्ट और असाधारण हैं। जबकि प्रगतिशीलों की राग भावना सामान्य और साधारण संवेदनों की अभिव्यक्ति करता है। स्पष्ट ही दोनों की सौन्दर्य-दृष्टि का बारीक भेद इसमें काम कर रहा है। छायावाद परिष्कृत, पवित्र, माधुर्य युक्त दृष्टि को अंगीकार करता है। कह सकते हैं छायावादी सौन्दर्य अधिक सांस्कृतिक है जबकि प्रगतिवादी सौन्दर्य में अनगढ़ता, लोक सामान्यता और यथार्थोन्मुखता है। 'खुरदुरे पैर' कविता की प्रारम्भिक पंक्तियाँ इस प्रकार हैं—

खुब गए
दूधिया निगाहों में
फटी बिवाइयों वाले खुरदरे पैर
धँस गए
कुसुम-कोमल मन में
गुट्ठल घट्ठों वाले कुलिस-कठोर पैर

दूधिया निगाहों के साथ 'खुब' (खुभना) क्रिया का जो प्रयोग किया गया है, कवि के सारे व्यवहार को साफ कर देता है। 'दूधिया निगाहों' की बिरादरी में 'खुरदुरे पैरों' का खुभना केवल नागार्जुन ही देख और सह सकते हैं। इसीलिए एक बार 'पुलकित है अंग-अंग मालिश फिजूल है' जैसी पंक्ति को गुनगुनाते हुए जब नागार्जुन ने शमशेर से पूछा कि, 'बताओ यह पंक्ति किसकी है?' तब शमशेर ने पूरे विश्वास और निश्चय के साथ कहा था—'तुम्हारे अलावा किसी दूसरे की नहीं हो सकती। ऐसी शब्द-योजना कोई दूसरा करता ही नहीं।' नागार्जुन के सौन्दर्य बोध को समझने के लिए यह उदाहरण एक परम दृष्टान्त है। क्लासिक और रोमांटिक सौन्दर्य परम्परा के बीच वे नागार्जुनी सौन्दर्य की सृष्टि करते हैं जहाँ न तो आभिजात्य की कुछ चल पाती है न ही काल्पनिक आदर्शवाद ठहर पाता है। जरूरत पड़ने पर वे दोनों का ही सर्वोत्तम अपने साथ घसीट लाते हैं। 'बादल को घिरते देखा है', 'कालिदास', 'सिन्दूर तिलकित भाल' और ढेर सारे ऋतुगीत उनके परम्परा-विजय के प्रमाण हैं। परम्परा का सार्थक और जीवन्त उपयोग करने में वे अतुलनीय हैं। क्या मिथ, क्या भाषा, क्या छन्द और लय, वे सर्वत्र बेरोकटोक, निःसंकोच और निर्भय होकर जाते हैं और अधिकारी उत्तराधिकारी की भाँति उस जड़ और निष्प्राण को काट कर अलग कर देने

के बाद शेष को अपने काव्य-मार्ग पर धड़ल्ले से ले आते हैं। ऐसा सौन्दर्य-समारोह ही नागार्जुन की पहचान है। पर कभी-कभी वे 'यह तुम थीं' जैसी कविताएँ भी लिखते हैं जिसमें प्रगतिवादी रोमांस की झलक देखी जा सकती है।

वस्तुतः नागार्जुन की जीवन दृष्टि क्लासिक और रोमांटिक के बीच बनती और संवरती है। जीवन के स्वस्थ और गतिशील पक्ष उसे युगीन और अर्थगर्भ बनाने में मदद करते हैं। इसलिए उसे हम परिवर्तनकारी यथार्थपरक जीवन्त दृष्टि से सम्पन्न सौन्दर्य कह सकते हैं जिसमें समकालीन जीवन की विडम्बनाओं की कटु आलोचना और भावी समाज के आदर्शों और वर्तमान संघर्षों का आग्रह साथ-साथ विद्यमान है। अपने उपन्यासों में वे सामन्तवाद के मृतप्राय अवशेषों, आधुनिक समय की राजनीतिक बदमाशियों तथा श्रमिक जनता के संघर्षों का सुनियोजित चित्रण करते हैं। सामन्तवाद के कुछ मूल्य ऐसे भी हैं जिन्हें हमारी सभ्यता भी शिरोधार्य कर सकती है, नई राजनीतिक प्रणाली के कुछ अंकुर ऐसे हैं जिनसे नया समाज तबाह हो जाएगा। इसी शृंखला में वे गाँवों के भाई-चारे और परिचय की रक्षा करना चाहते हैं और महानगरीय सभ्यता में उगते-पनपते अजनबीपन का विरोध भी करते हैं। छद्म बुद्धिजीविता, अलगाववाद और स्वार्थपरकता इसी महानगरीयता के अभिशाप हैं। अपनी एक कविता 'घिन तो नहीं आती है?' में वे नगर में रहनेवाले सफेदपोश से पूछते हैं–

दूध सा धुला सादा लिबास है तुम्हारा
निकले हो शायद चौरंगी की हवा खाने
बैठना था पंखे के नीचे, अगले डब्बे में
ये तो बस इसी तरह
लगाएँगे ठहाके, सुरती फाँकेंगे
भरे मुँह बातें करेंगे अपने देस-कोस की
सच-सच बतलाओ अखरती तो नहीं इनकी सोहबत?
जी तो नहीं कुढ़ता है?
घिन तो नहीं आती है?

कुली-मजदूरों की यह दुनिया जो सोते वक्त 'सपने में भी धरती की धड़कन' सुनती रहती है, उसी शहर कलकत्ते की है जिसे लक्ष्य कर कवि ने 'उन्मत्त प्रदर्शन', 'पैसा चहक रहा है', 'काली माई', 'धाकचो खोका ओइ जे गांधी महात्ता', 'विज्ञापन सुन्दरी', 'चौराहे के उस नुक्कड़ पर', 'प्लीज एक्सक्यूज मी', 'करने आए हैं चहल कदमी' और 'बोला ढाकुरिया का पानी' जैसी कविताएँ लिखी हैं। पटना, कलकत्ता, दिल्ली और इलाहाबाद का नागार्जुन के जीवन में कितना महत्त्व है, इसे उनकी कविताओं को देखकर आसानी से समझा जा सकता है औरों के लिए कलकत्ता भव्य और दिव्य है। नागार्जुन का कलकत्ता या तो पूँजीवादी सभ्यता की परम अश्लीलता है या फिर श्रमिक आबादी की सीलनपूर्ण कोठरी जिसका निवास

प्रायः उपनगरों में है। नेह-छोह, परिचय और आत्मीयता की गाँठ वे इन्हीं उपनगरों के बीच खोलते हैं। जिन मूल्यों की तलाश उन्हें है वे चौरंगी और पार्क सर्कस के झड़े-पुँछे आलीशान भवनों में नहीं बेलियाघाट, मानिकतल्ला की खोलाबाड़ियों में हैं। सभ्यता के बाहरी रंग-रोगन और चाकचिक्य से विमुग्ध होकर समाज की नंगी हकीकतों को भूल जानेवाली कविताई उनके पास नहीं है। अतः उद्योगों का समर्थन करते हुए भी वे महानगरीयता के आतंक और उसमें खोते जानेवाले आत्मीय प्रसंगों के लिए निरन्तर चिन्तित हैं और सक्रिय भी। इसीलिए उन्हें पढ़ते हुए हम अपनी सभ्यता की विडम्बनाओं से गुजरने को मजबूर हैं।

प्रश्न यह भी है कि नागार्जुन इस सभ्यता को जानते कितना हैं? उनका साबका सचमुच वर्ण्य विषय से पड़ा भी है या सारा चित्रण सिर्फ किताबी है? नागार्जुन की परख इस सन्दर्भ में काफी मौजूँ साबित हो सकती है। कहना होगा कि उनके द्वारा वर्णित विषय उनकी देखी-सुनी सच्चाइयाँ हैं। 'रतिनाथ की चाची', 'पारो', 'जमनिया का बाबा' जैसे उपन्यास और कितनी ही कविताएँ—उनकी जीवनी की अभिन्न सच्चाइयाँ हैं। इसलिए जब वे सर्वहारा बिरादरी की पीड़ा पर उँगली रखते हैं—तो एक सहज विश्वास अपने आप फूट पड़ता है। वे उसके संघर्ष को भी जानते हैं और उसकी पीड़ा को भी। इसलिए सहानुभूति और शाबाशी दोनों ही भाव वहाँ साथ-साथ कार्य करते हैं। उस शोषित-पीड़ित संघर्षशील जनता के जीवन का सौन्दर्य कहाँ है, इसे भी वे खूब पहचानते हैं। उनका सर्वहारा समाज एक कुंठामुक्त और अहंमुक्त समाज है। जटिलता के बदले स्पष्टता, व्यक्तिवादी कोशिशों की जगह सामूहिक प्रचेष्टा और एकान्त मुक्ति के बदले सामूहिक मुक्ति की भावना उनके लेखन में हमें मिलती है। दूसरी ओर उनका लेखन क्षोभ और आक्रोश से भरपूर है। यह वह जगह है जहाँ वे सर्वहारा समाज के शत्रुओं से सामना कर रहे हैं। चाहे वे राजनेता हों, चाहे समाज सेवी, चाहे लेखक हों, चाहे पत्रकार, नागार्जुन किसी को नहीं बख्शते। बुद्धिजीवियों की आत्मकेन्द्रीयता और स्वार्थपरकता तथा धन्नासेठों की शोषण-शैली उनके क्षोभ और आक्रमण का विषय निरन्तर बनी रही है। इसीलिए आधी से अधिक कविताएँ ऐसी हैं जिन्हें हम गाली या अभिशाप के स्तर तक उतरी हुई पाते हैं। नागार्जुन इसे 'विक्षोभ रस' की संज्ञा देते हैं। श्रमिक और किसान जनता के स्वस्थ और सुरक्षित भविष्य का नारा देनेवाली किन्तु वास्तव में उसके भविष्य के साथ खिलवाड़ करनेवाली शक्तियों को वे बार-बार जनता के सामने लाते हैं और ऐसा करते हुए उन्हें वे नंगे तथ्य बयान करने पड़ते हैं जिनसे कविता पोस्टर या पैम्फलेट तक बन जाती है। ऐसी कविताओं में राजनीतिक भाषणबाजी और सतही प्रचारात्मकता का स्वर भी खूब मिलता है। ये कविताएँ अपने स्वरूप में काफी उघड़ी हुई, कहीं-कहीं तो ये सपाट कथन भर लगती हैं। किन्तु इनमें जो सबसे मूल्यवान है वह है कवि का सजग उत्तरदायित्व और पहरेदारी की भावना। एक ऐसे वक्त में जब सारी राजनीति सत्ता की ऊँची दौड़ में शामिल हो और समूचा बुद्धिजीवी समाज

दुम हिलाने की नई शैलियाँ खोज रहा हो, तब किसी ऐसे व्यक्ति का होना कितना मूल्यवान है जो बिके हुए अखबारों और सम्पादकों के बीच अपनी जनता को उसके दुश्मनों से आगाह कर रहा हो, और सचेत भी। सम्भव है कल ये कविताएँ भुला दी जाएँ, पर आज इनकी भूमिका को नजरन्दाज़ नहीं किया जा सकता।

जहाँ तक व्यंग्य काव्य का सवाल है, काव्य के क्षेत्र में यह रचनाकार अप्रतिम है। गद्य के क्षेत्र में हरिशंकर परसाई भी जब अखबारी स्तर तक उतरते हैं तब उनके व्यंग्य भी काफी उघड़ जाते हैं और भाषा नंगी हो जाती है। किन्तु ऐसी कृतियों की संख्या भी कम नहीं है जो व्यंग्य साहित्य में क्लासिक कही जा सकती हैं। नागार्जुन के व्यंग्य का पैनापन ज्यादातर सामाजिक विषयों में दिखाई देता है। यहाँ वे ज्यादा तटस्थ और कलात्मक हैं। राजनीतिक विषयों में प्रवेश करते ही उनकी पक्षधरता और आवेगपरकता उनकी तटस्थता में सुराग लगाने लगती हैं। 'तो फिर क्या हुआ?', 'सौन्दर्य प्रतियोगिता' या 'जयति नखरंजनी' जैसी सधी हुई व्यंग्य कविताएँ न तो दुबारा नागार्जुन लिख सकते हैं न हिन्दी का कोई दूसरा कवि ही ऐसा कर सका है। 'प्रेत का बयान' एक राजनीतिक व्यंग्य काव्य है। यहाँ वे संकेतगर्भी मुहावरों से खिसककर सामान्य कथन तक भी आ गए हैं; जिससे कविता में उभरता हुआ नाटकीय व्यंग्य कहीं-कहीं हल्का भी हो गया है। कवि अगर पूरी रचना का ताना-बाना मिथकीय शैली में ही बुनता तो कविता का रूप कुछ और होता। या फिर यह शैली ही न अपनाता और सारी बात मन्त्र शैली वाली कविता में रखता जहाँ परम्परागत पाठ शैली के साथ-साथ एक विद्रूप अन्दाज की जुगत भिड़ाई गई है। परम्परा के साथ नवीनता का यह सार्थक किन्तु अद्‌भुत अन्दाज सिर्फ नागार्जुन ही खोज सके हैं। समूचे आधुनिक काव्य में इस प्रकार की सार्थक दुस्साहसिकता अन्य किसी भी समकालीन में नहीं है। इसी विलक्षण प्रयोगधर्मिता का इशारा उस बातचीत में किया गया है जो शमशेर और नागार्जुन के बीच घटित हुई है। विक्षोभ और प्रेम नागार्जुन के काव्य के दो छोर हैं। प्रेम के धरातल पर वे प्रकृति और जनजीवन की विशिष्ट छवियाँ उकेरते हैं तो विक्षोभ की भूमिका में आते ही उनके शब्द हथगोले बन जाते हैं। विरोधी ताकतों को ढेर कर देनेवाले ये शब्द ही संघर्षशील सर्वहारा समाज के कारगर हथियार हैं।

क्या नागार्जुन एक वामपंथी कवि हैं अथवा उनका सारा रवैया जनवादी है? इस सन्दर्भ में दोनों ही व्याख्याओं की समझ और विवेचना का उल्लेख भी आप्रासंगिक न होगा। डॉ. चन्द्रभूषण तिवारी के प्रश्न के उत्तर में डॉ. रामविलास शर्मा और 'कलम' सम्पादक चन्द्रबली सिंह के उत्तर इस प्रसंग में विशेष महत्त्वपूर्ण हैं। दोनों ही मार्क्सवाद और जनवाद में स्पष्ट फर्क मानते हैं। उनकी व्याख्या के अनुसार 'हर मार्क्सवादी लेखक जनवादी लेखक है; किन्तु हर जनवादी लेखक मार्क्सवादी लेखक नहीं है। और यह स्थिति हमारे देश की परिस्थितियों द्वारा निर्धारित होती रहती है–'। राष्ट्रीय पूँजीपतियों की वे भूमिकाएँ जहाँ वे किसानों या मजदूरों का

सहयोग लेकर उपनिवेशवाद या साम्राज्यवाद से लड़ते हैं वहाँ यह रवैया जनवादी कहा जाएगा किन्तु वे ही क्रान्तिकारी स्थितियों की परिपक्वता के खिलाफ जब किसानों और मजदूरों के सामूहिक संघर्ष को दबाने का प्रयत्न करते हैं तब उनकी भूमिका जनविरोधी कही जाएगी। इसीलिए जनवाद अपेक्षाकृत व्यापक दायरा है, जिसमें वे सभी लोग आ जाते हैं, सभी वर्ग आ जाते हैं जो कि आज की वर्तमान समाज व्यवस्था है—शोषण की, जिसमें कि वे सभी शोषित हैं, उसके बदलने में जिनका हित है××× लेकिन मजदूर और किसान, जो सबसे ज्यादा इस समाज में शोषित वर्ग हैं, वे एक नए ढंग की सामाजिक व्यवस्था अपनाना चाहते हैं और जो वे लड़ते हैं जनवाद की लड़ाई××× उस जनवाद का नेतृत्व मजदूर और किसान संयुक्त रूप से करेंगे।××× इस तरह जनवाद एक व्यापक जन समूह का स्टैंडप्वाइंट है, दृष्टिकोण है—जिसमें कि राष्ट्रीय पूँजीपति वर्ग से लेकर मजदूर किसान सब आते हैं, उनके हितों से जुड़ा हुआ वह दृष्टिकोण है, और वामपंथी दृष्टिकोण जो है, वह मजदूरों और किसानों के हितों से जुड़ा हुआ दृष्टिकोण है। इसी तरह साम्राज्यवादी, यथास्थितिवादी, सामन्ती, पूँजीवादी, अस्तित्ववादी और व्यक्तिवादी विचारधाराएँ जनवाद-विरोधी धारणाएँ हैं और कोई भी जनवादी लेखक इनका पक्ष समर्थन नहीं कर सकता। इस परिभाषा और व्याख्या के आधार पर नागार्जुन स्पष्टतः एक मार्क्सवादी लेखक के रूप में ही हमारे लिए विचारणीय हैं। अपने उपन्यासों में श्रमिक और किसान जनता के अलावा वे भारतीय नारी की समस्याओं को भी उठाते हैं। साथ ही उनकी सबसे महत्त्वपूर्ण विशेषता यह है कि उनके उद्धारक पीड़ित और शोषित वर्ग में से ही चलकर आते हैं। इस दृष्टि से उनकी जनता खुद को प्रशिक्षित भी करती है और अपनी लड़ाई लड़ती भी खुद ही है। कविताओं में जब वे पौराणिक प्रतीकों का इस्तेमाल करते हैं तब वे उन्हें एक नए अर्थ सन्दर्भ में देखने की कोशिश करते हैं। परम्परा और आधुनिकता का इतना गझिन ताना-बाना वे बुनते हैं कि परम्परा उपकृत और आधुनिकता भास्वर हो उठती है। ठेठ मार्क्सवादी होने के बावजूद नागार्जुन की दृष्टि का विकास डॉ. रामविलास शर्मा की भाँति राष्ट्रीय परिस्थितियों के बीच हुआ है। इसीलिए वे मार्क्सवाद की विदेशी गुलामी से बचकर अपना रास्ता बना सके हैं। यहीं उनका मार्क्सवाद उन व्यापक जनवादी आधारों का स्पर्श भी कर लेता है जिन्हें कभी-कभी आलोचना का विषय बनना पड़ा है।

अन्तिम प्रश्न यह भी उठाना जरूरी होगा कि मार्क्सवादी कवि नागार्जुन के काव्य में वस्तु और शैली के सहयोग का स्वरूप क्या है? इसका उत्तर विशेषकर नागार्जुन के सन्दर्भ में बहुत कठिन है। कई ऐसी कविताएँ हैं जहाँ वस्तु और रूप की सहचारिता क्लासिक मानदंडों को छूती दिखाई देती है, किन्तु ऐसी भी रचनाएँ कम नहीं हैं जहाँ आवेग और विचारों के धक्के में सारा रूपविन्यास बिखर-सा गया है। यह कहना होगा कि नागार्जुन रूपवादी कवि तो कदापि नहीं हैं। किन्तु वे शैली या अभिव्यक्ति के ढंग पर कोई ध्यान ही नहीं देते—यह कहना भी सच्चाई

का गला घोंटना होगा। ऐसी कितनी ही कविताएँ हैं जिन्हें लिखने के पहले इस कवि को पुराने छन्दों और समकालीन मुहावरों के विराट जंगल से गुजरना पड़ा है। कवि की यह मान्यता है कि पाठक सिर्फ विचार के लिए कविता नहीं पढ़ता। उसे छन्द संगीत और लय-विन्यास की अपेक्षा भी रहती है। साथ ही सहज-सम्प्रेषण की जिम्मेदारी भी व्यक्तिगत रूप से कवि की ही है। इस दृष्टि से कवि का काम बहुत सरल और सीधा-सादा तो नहीं है। क्या कारण है कि नागार्जुन समकालीन फैशनों की दुनिया को छोड़ पुराने छन्दों और लोक संगीत की ओर बढ़ जाते हैं। कहने को तो वे बहुत पुराने रूप-विधान की शरण में चले गए हैं किन्तु उसे छूकर कितना चमका दिया है और समकालीन कविता इस दृष्टि से कितनी विविधतायुक्त हो गई है—यह उल्लेखनीय बात है। डॉ. कर्णसिंह की यह धारणा मुझे ज्यादा सही लगती है कि "कोई भी कलारूप समकालीन कवि के लिए अछूत नहीं है, वह जिस भी नए-पुराने रूप में अपनी बात कहेगा वह बात पुरानी नहीं नई होगी।" इस कथन के सन्दर्भ में मैं सिर्फ यह बात और जोड़ना चाहूँगा कि बात या अनुभव को अधिक कारगर और प्रभविष्णु बनाने के लिए उपयुक्त रूपविधान की खोज बहुत जरूरी है। नागार्जुन की सफलता का रहस्य यहीं छिपा हुआ है। वे सिर्फ पुराने की तलाश नहीं करते, उसमें से उपयुक्त की खोज भी करते हैं। यही स्थिति नागार्जुन की भाषा की भी है। वे भाषा की किसी खास प्रणाली से बँधे हुए नहीं हैं। निराला की भाँति वे अनेक छन्दों और अनेक भाषारूपों का उपयोग करते दिखाई देते हैं। निराला के बाद भाषा-वैविध्य तो केवल नागार्जुन में ही दिखाई देता है। इससे स्पष्ट है कि रूपविधान के प्रति नागार्जुन कहीं भी उपेक्षा का बर्ताव नहीं करते। साथ ही उसे कथ्य पर हावी भी नहीं होने देते। लोकलयों और ग्राम्य शब्दों की पकड़ भी उनकी इतनी सहज और प्रयोग इतना स्वाभाविक है कि सारा कवि कर्म प्रगतिशील आदर्शों के मानदंड का काम करता हुआ जान पड़ता है।

कहना होगा कि नागार्जुन का काव्य परम्परा, लोक और शास्त्र की मिली-जुली सहकारिता का परिणाम है। इसलिए उसे यह कहकर सन्तोष नहीं किया जा सकता कि यह मात्र आलोचनात्मक यथार्थवाद की पहचान है। उसकी सही संज्ञा समाजवादी यथार्थवादी ही होगी, जिसमें कि भारतीय समाज के रोगों और उसकी परिवर्तनकारी निर्णायक ताकतों की ओर एक गहरा और सार्थक इशारा है। नए मानव-भविष्य के प्रति आशा और आस्था का स्वर है। सामूहिक जीवन शैली और राष्ट्रीय जीवन दृष्टि की प्रधानता है।

लेखकीय कर्मकांड : एक रपट

नागार्जुन के लेखकीय कर्मकांड का हवाला देते हुए कमलेश्वर लिखते हैं—"एक दफा यह रपट लिखने बैठा। इलाहाबाद में। मैंने कहा, 'कागज दूँ?' बोला : 'नहीं। दफ्ती का बड़ा सा टुकड़ा दो।' सोचा, शायद इस हल्की सर्दी में गर्मी लगती हो। पंखा दे दिया। पर नहीं, दफ्ती ही चाहिए थी।

एक पूरा दिन गुजर गया। मैंने पूछा : 'कुछ लिखा?'

'नहीं।'

'तो कब शुरू करेंगे?'

'शुरू तो कर दिया है।'

तीसरे दिन देखा। स्कूली कापियाँ सब कोरी पड़ी हैं। पूछा, 'कागज ला दूँ?'

'नहीं। कापियाँ हैं। अमरूद ला दो।'

'अमरूद तो आ जाएँगे, पर और कुछ...?'

'अभी ला दो अमरूद।'

फिर दूसरे दिन देखा। गाड़ी जहाँ की तहाँ। निगाह दौड़ाई, स्याही की दवात है ही नहीं।

'स्याही ला दूँ?'

'गोंद की शीशी ला दो।'

यह सब समझ में नहीं आया। नाग बाबा खिलवाड़ में लगे हुए हैं। दूसरे दिन देखा दफ्ती पर सफेद कागज चिपका हुआ है।

'कुछ लिखा?'

'हाँ।'

मन तो हुआ कहूँ, 'कहाँ लिखा है? दिखाइए।' पर चुप रहा। देखा कमरे से उतर कर नीचे आए हुए हैं। अमरूद माँग रहे हैं और छेद करने के लिए कोई नुकीली चीज।

'थोड़ा-सा तागा भी देना।'

शाम को दफ्ती में छेद हो गए थे, ऊपर माथे पर। उनमें तागा पिरो दिया गया और वह दफ्ती ताबीज की तरह मेरे कमरे की एक कील पर लटक गई। मैं उकता गया था इस लेखकीय कर्मकांड से।

'और कुछ चाहिए?'

'पैमाना और पेंसिल।'

आखिर दसवें या ग्यारहवें दिन देखा, दफ्ती पर कागज चिपकाया गया था, उसे बारह खानों में बाँट दिया गया है। हर खाने पर अध्याय एक, अध्याय दो लिखा हुआ है और बाकी जगह खाली पड़ी है।

'कुछ लिखा?'

'हाँ।'

यहाँ 'हाँ' बहुत त्रासदायक था। फिर देखा एक खाने में बकरी बनी हुई थी। कुछ में मछलियाँ। सोचा शायद बाबा का मछली-गोश्त खाने का मन है। पर नहीं। वे उनके अध्याय थे।

और उन खाली जगहों में मधुरी आई, धनहा चौंर, अगहनी धान, मछलियाँ, सिंघाड़ा, ताल मखाना, कमल और कुई के फूल, कमल गहे, कमल नाल, कड़हड़, कैसारे, सारूख, निचले मैदानों का सूखता पानी, मंगल का ध्यान आया मधुरी को और एक गीत उस दफ्ती पर बजने लगा–

जिनगी भेल पहा ऽ ऽ ड़
उमिर भेल का ऽ ऽ ल,
नई फेंक नई फेंक आहे मोर दिल चन
नेहिया पिरीतिया के जा ऽ ऽ ल।
आवाऽ आवाऽ देखि जा हा ऽ ऽ ल।
उमिर भेलि का ऽ ऽ ल।

और नीचे देखा। छः स्कूली कापियाँ उसी तरह कोरी रखी थीं। और फिर गढ़पोखर पर महाजाल तन गया। बाबा समाधिस्थ हो गए। गढ़ापोखर में नीचे उतर गए 'मत्स्य देश में। वरुण के बेटों के लिए'।

इससे अलग मैंने एक और भी दृश्य देखा है विदिशा में। इन्दिरा गांधी का भाषण सुनकर लौटे हैं 26 नवम्बर '78 दिन के साढ़े दस बजे। मुट्ठी में मूँगफली है। चेहरे पर व्यंग्य मिश्रित पुलक का भाव है। होंठों पर एक पंक्ति है–'उड़ गई चील उड़ गई चील।'

'भाषण सुनने ही इसलिए गए थे कि कोई कविता हो जाएगी।' पर पकड़ में केवल यही दो पंक्तियाँ आईं–

उड़ गई चील उड़ गई चील
रह गए शेषबस कोल भील

नागार्जुन इसे 'भाव बीज' कहते हैं। मैंने देखा लगातार तीन दिन तक यह कविता उनके होठों पर बजती रही और कई-कई बार कई-कई पंक्तियों के साथ उतरी और नापसन्दगी की स्थिति में काट दी गई। कभी तुक मिल पाते तो भावाभिव्यक्ति सटीक नहीं हो पाती थी। भावाभिव्यक्ति जिन पंक्तियों में सन्तोषकारी लगती थी, उनके तुक भिड़ाऊ जान पड़ते थे। यों तो आते ही कविता पूरी करने बैठ गए थे

पर पहला ड्राफ्ट मन माफिक नहीं उतरा, जो इस तरह था–

सूंड़ों में कमल लिये, दलपति दिक्पाल झुके
जिनकी थी भारी डौल-डील
करबद्ध खड़े थे शत-सहस्र शशिमुख-शकील
छिप गई कहीं पर नैतिकता की अबाबील
शातिर नजरों से

फायनल ड्राफ्ट तैयार होने में तीन दिन लग गए। कवि निरन्तर नई तुकों की जुगाड़ में लगा रहा। आखिर में जो अन्तिम रूप मिला उसके पहले भी दो-चार ड्राफ्ट तैयार किए गए–

जाने कितनों को नोच लिया
जाने कितनों को गई लील
उड़ गई चील उड़ गई चील

तुकों की आजमायश फिर भी जारी थी–

पब्लिक की खातिर तिकड़म के
काँटे ही बनते गए कील
उड़ गई चील
छिप गई कहीं किसी कोने में
नैतिकता की वह अबाबील

मैं चौके में होता चाहे मेज पर। बाबा आते और तुक सुनाते। 'कैसा रहा'–कहते हुए लौट कर पंक्ति को कागज पर उतार लेते। देखते कि अर्थ सम्प्रेषण हो पा रहा है या नहीं। राजनीतिक विषयों पर लिखते हुए नागार्जुन जैसा कवि कविता को इतनी गहरी कोशिश से जोड़ता होगा, यह पहली बार जाना। ऐसा नहीं कि उनकी कोई कविता पहले ही ड्राफ्ट में तैयार न होती हो। 'अंग-अंग पुलकित है, मालिश फिजूल है' जैसी कविताएँ एक बार में ही लिख ली जाती हैं। किन्तु 'हरिजन गाथा' को तीन-तीन बैठकों में लिखा जाता है। 'महादैत्य का दुःस्वप्न' जैसी फंतासी अभी अधूरी लिखी पड़ी है। कब पूरी होगी कोई ठिकाना नहीं। दिमाग के कोने में चीजें अँटी पड़ी रहती हैं। विशेषकर बड़ी योजनाएँ। भारी भरकम की बात ध्यान में आई नहीं कि उन्हें अपने पाठकों पर रहम होने लगता है। इसीलिए उपन्यास भी बड़े नहीं होने चाहिए। कौन पढ़ेगा मोटे-मोटे पोथे। गरीब जनता कैसे खरीद पाएगी? जबकि लिखना वे उसी के लिए चाहते हैं। उनका पाठक विश्वविद्यालयों का विभागाध्यक्ष या सचिवालयों की कुर्सियाँ तोड़ता भारतीय प्रशासनिक सेवा का आला अफसर नहीं है। वह तो प्राइमरी स्कूल का मास्टर और दफ्तर का नया-नया बाबू या चपरासी है। इसलिए चीजें बहुत जानी-पहचानी और बातें बहुत साफ होनी चाहिए। घर-परिवार, समाज और देश की जो समस्याएँ आम जनता को साल रही हैं–मसलन गरीबी, भुखमरी, जमीनों का हड़प लिया जाना, अनमेल विवाह, छोटी जातियों के प्रति बड़ी

जातियों की शोषणमुखी चतुराइयाँ, शूद्रों और स्त्रियों की दयनीय सामाजिक स्थिति, हिन्दुस्तानी जनता के अन्धविश्वास और उनकी आड़ में पनपते ढोंगी साधु-महात्मागण, अनाथाश्रमों के रूप में चलते हुए भ्रष्टाचार के अड्डे, कांग्रेसी नेताओं की स्वार्थपरायणता और उच्च और उच्च वर्गों के हितों का संरक्षण, नकली समाजवाद, चितकबरा विकास, लेखकों और कवियों की अलगाववादी दुनिया, राजनीतिक महंथों का ढोंग और सत्तावाद, जनतन्त्र के नाम पर अधिनायकवाद, छद्म वामपंथवाद, भ्रष्ट और पतनोन्मुख गांधीवाद, जनविरोधी बुद्धिजीविता आदि न जाने कितनी ऐसी बातें हैं जो सामाजिक और राजनीतिक दृष्टिवाले साहित्य के लिए विचारणीय हैं। एक सच्चे देशप्रेमी लेखक के लिए ये बातें कितनी पीड़क हैं, इसे नागार्जुन को पढ़कर ही जाना जा सकता है। उनके जीवन-अनुभव का यही यथार्थ है, जो बार-बार उन्हें कलम थामे रहने को मजबूर करता है। इसलिए जब वे कहते हैं कि 'अक्सर गुस्से में होने पर कविताएँ लिखता हूँ', यह सिद्ध करता है कि आध्यात्मिक महामौन की तरह सामाजिक महाकरुण जैसी स्थिति भी होती है। उसमें लेखक को तिल-तिलकर जलना पड़ता है। जल-जलकर तपना पड़ता है। अनुभव की तेज आँच में से किसी अग्निपुत्र की संघटना करनी पड़ती है, फिर आप उसको वक्त काटने के बतौर नहीं पढ़ सकते। पंडिताऊ या वक्तकाटू साहित्य लिखना नागार्जुन का काम नहीं। उनके काम के पीछे एक गहरा सामाजिक उद्देश्य होता है जिसमें प्रचार भी है और परिवर्तन भी। उसे पढ़ते हुए सिर्फ किस्से हमारे सामने नहीं होते, उनके पीछे से झाँकने वाले कुछ ठोस सामाजिक-राजनीतिक मुद्दे होते हैं, जिनके बीच लेखक हमें ले जाकर खड़ा कर देता है। लेखक को प्रचारधर्मी होना चाहिए या नहीं—यह सवाल यहाँ उठ सकता है। मेरी दृष्टि में श्रेष्ठ साहित्य हमेशा ही प्रचारधर्मी होता है। तुलसी का सगुणवाद रामचरित मानस में बहु-प्रकट और बहुप्रचलित है। प्रेमचन्द पर तो यह आरोप लगाया ही गया है। गोर्की और तालस्ताय भी कम प्रचारधर्मी नहीं। प्रश्न सिर्फ यह रह जाता है कि उक्त प्रचारधर्मिता का स्वरूप कैसा है? क्या वह शुद्ध नारेबाजी या अखबारबाजी है? लेखकीय कथनों के पीछे अनुभवों के समर्थ-चित्र हैं या कोरी भाषणबाजी है? उसके पात्र, घटनाएँ और विचार ठीक-ठीक संगुफित हैं या नहीं? जिन बातों को वह सम्प्रेषित करना चाह रहा है, उनको वह खुद कितना-कितना जानता है? कहीं सारा लेखन सतही या ऊपरी तो नहीं है जिसे किताबों या सूचना केन्द्रों से उठा लिया गया है? अथवा लेखक भीतरी तौर पर उनके निकट रहकर उनसे जूझता रहा है। नागार्जुन के उपन्यासों को पढ़ते हुए हम इसकी परीक्षा बहुत आसानी से कर सकते हैं। वे प्रायः उन्हीं अनुभव-खंडों को लेते हैं जिनके बारे में उनकी जानकारी बहुत गहरी है। इसीलिए गाँव और शहरों का निम्न-मध्यवर्गीय जीवन ही वे कच्चे माल के रूप में इस्तेमाल करते हैं। पढ़ी और सुनी हुई दुनिया पर उनका भरोसा कतई नहीं है। वे देखी हुई दुनिया के लेखक हैं। इसलिए उनके चरित्र बेहद प्रामाणिक हैं। सामाजिक यथार्थ लेखन की यह पहली शर्त है कि

रचनाकार उस वास्तविकता निकटस्थ परिचय रखता हो। सैद्धान्तिक परिचय मात्र नहीं। पात्रों और स्थितियों की दुहरी-तिहरी यथार्थ-परतों को देख सका हो। 'जमनिया का बाबा', 'अभिनन्दन' (हीरक जयन्ती) जैसी कथाकृतियों में नागार्जुन पात्रों को जिस आत्मविश्वास के साथ खोलते हैं, वह सिर्फ यथार्थ-उद्‌घाटन भर नहीं है, मनुष्य के भीतर एक और मनुष्य, घटना के भीतर एक और घटना की खोज है। मार्क्सवादी लेखक होने के नाते वे सिर्फ बाहरी दशाओं तक ही अपने को सीमित नहीं कर लेते। उस अन्तर-जगत में ही उतरते हैं, जो प्रायः मनोवैज्ञानिक कथाकारों की अपनी पद्धति है। भीतर और बाहर के इस दुहरे यथार्थ को वे जिस निपुणता से पकड़ते और प्रस्तुत करते हैं, उससे समकालीन मनुष्य का एक समग्र चित्र हमारे सामने आ पाता है। वह जो हमारी आँखों के सामने है खुद अपनी नजरों में क्या है। दूसरे उसकी नजरों में क्या हैं। जरा 'जमनिया का बाबा' के दो खयाल-चित्र देखिए—

भगौती सोचता है—

"सेठ बिर्धीचन्द का जमनिया के चीनी के कारखाने में इक्यावन प्रतिशत शेयर है। ढाई-तीन सप्ताह से मिल में मजदूरों की हड़ताल चल रही है, बड़ी मुश्किलों से अब आकर समझौते का रास्ता खुला है। स्वामी अभयानन्द का जिस पार्टी से ताल्लुक बतलाते हैं, उसी पार्टी के असर में इधरवाली चीनी मिलों के मजदूर मुद्‌दत से रहे हैं। सेठ जी ने अपना आदमी भेजकर प्रदेश की राजधानी में बैठे हुए श्रममन्त्री तक यह बात पहुँचा दी है कि जमनिया के बाबा से उनका कभी कोई वास्ता नहीं रहा...सेठ बिर्धीचन्द कितनी दूर की सोचता है भगौती? जिस मरे हुए साँप को तुम अब भी गले में लपेटे हुए हो, सेठ उस साँप की पहचान तक से इन्कार कर गया।

भई भगौती, यह तो मानना ही पड़ेगा कि बनिया जमींदार से कई गुना अधिक चतुर होता है। नहीं? मैं गलत कहता हूँ।" (पृ. 120)

मस्तराम सोचता है—

"एक साधू के नाते, मुझे यह सवाल जरा भी परेशान नहीं करता कि बाबा जन्म से मुसलमान होने पर भी क्यों हिन्दू साधू बनकर हमारे बीच अपने को पुजवाता रहा? हम सदियों से मुस्लिम फकीरों और ईसाई सन्तों को अपनी श्रद्धा-भक्ति देते आए हैं, उनके हाथों का प्रसाद ग्रहण करके हमने अपने को धन्य माना है। हमारा समाज इतना क्षुद्र कभी नहीं होगा कि इस सिलसिले को खतम कर दे।

मेरे लिए परेशानी की बात यह है कि दो साल बाद जब बाबा जेल से बाहर निकलेगा तो फिर कहीं किसी नदी के कछार में या कि वीरान जंगली इलाके में अपनी लम्बी जटाएँ फैलाकर बैठेगा और भगौती-लालता जैसे चालबाज आदमी इस घुटे हुए औघड़ को फिर से मिल जाएँगे। फरेबियों की मिली-भगत का चस्का लग गया है बाबा को...जालिमों और ठगों की जमात फिर से इस रंगे सियार को अपना महन्त नहीं बना लेगी?

हमारे समाज के अन्दर ठौर-ठौर पर कूड़ों के अम्बार इकट्ठे हैं...इस तरह के छंटे हुए बाबा लोग वहीं अपना आसन जमाते हैं और रातोंरात नए मठ खड़े हो जाते हैं। फिर वहाँ ढाका काठमांडू होकर गुप-चुप कीमती माल पहुँचने लगते हैं...छोकरियाँ आती हैं, छैले आते हैं, उनके साथ टेपरिकार्डिंग मशीन होती है, ट्रान्समीटर होता है।

हमारा समाज किस तरह लपकता है इन जटाधारी बाबा लोगों की तरफ!"

(पृ. 137)

यथार्थ को पकड़ने के लिए यह स्वप्न-चित्र शैली नागार्जुन अपनाते हैं। मनुष्य की भीतरी तहों की खोज-खबर लेने के लिए यह प्रक्रिया कितनी कारगर है। मन्त्र कविता में इसी यथार्थ निरूपण को व्यंग्यात्मक शैली के माध्यम से प्रस्तुत किया है। नागार्जुन भारतीय समाज के उन यथार्थवादी लेखकों में से हैं जो राजनीतिक, आर्थिक, सामाजिक दुर्बलताओं और बदमाशियों के साथ-साथ धार्मिक पाखंडों को भी मद्दे नजर रखते हैं। धर्म और राजनीति के ढोंग जहाँ मिलकर खतरनाक होते हैं, उसे भी उधेड़ते हैं। इस प्रकार की प्रचारधर्मिता समकालीन लेखन के लिए धर्मवत है। यहीं पहुँचकर लेखन परिवर्तन का एक कारगर हथियार बन पाता है। वह अधूरा यथार्थ है जो सिर्फ पाखंड और शोषण का जिक्र करके दम मारने लगे। पूरा तो तब होता है जब वह मानवीय संकल्प और आचरण की दुनिया में उतर जाता है। मस्तराम प्रतिज्ञा करता है—

"मैं देखूँगा, जेल से छूटने के बाद यह बाबा किधर जाकर बैठता है।

मैं देखूँगा किस तरह फिर से अपनी जटाओं के अन्दर जूँ पालता है।

मैं देखूँगा, किस तरह पाकिस्तानी और चीनी जासूस इस जटाधारी के रंगीन चोगे की आड़ में पनाह पाते हैं।" (पृ. 139)

राष्ट्रीयता और सामाजिक नवनिर्माण नागार्जुन के यथार्थवादी लेखन के दो मुख्य सोपान हैं। हिन्दुस्तानी होना मात्र ही नहीं, दिखना भी चाहिए। महानगर की जगमग सड़कों पर जब वे गले में ठेठ भोजपुरिया अन्दाज में गमछा डालकर निकलते हैं तो बड़े-बड़े कवियों के चमकदार रेशमी दुपट्टों और राजनेताओं के बटनहोल में मुस्कराते गुलाबों पर, घड़ों पानी पड़ जाता है। ढोंग न तो आचरण में हो न शब्द में। पाखंड न तो समाज में हो न व्यक्ति में। सामाजिक जीवन के ये महाघातक शत्रु हैं। इसीलिए भाषा, प्रतीक, छन्द, लय कहीं भी यह कवि रूढ़ आग्रह से या सैद्धान्तिक जड़ता से आक्रान्त नहीं बल्कि उन्हें तोड़ता चलता है। नागार्जुन की रचना-प्रक्रिया को ध्यान से देखने पर पता चल जाएगा कि यह व्यक्ति अपनी कविता कैसे तैयार करता है। आरोप है कि कवि बड़ी हड़बड़ी में रहता है और आवेग उसे सोचने का मौका तक नहीं देते। पूछा जा सकता है आवेग क्या किसी पशु के हैं या किसी सजग संवेदनशील मनुष्य (कवि-लेखक) के? किन्हीं दारुण या उल्लासकारी स्थितियों में आवेगों का निर्झर किस व्यकित के भीतर फूटता है? मनुष्य के आवेग के पीछे उसके सामाजिक-सांस्कृतिक संस्कारों की कितनी सघन पहल होती है, इसे

मनोविज्ञान के पंडित काफी बता चुके हैं। बौद्धिक प्रचंडता के इस अन्ध महासागर में आवेगशीलता ही हमारी रक्षा कर सकती है। क्या कारण है कि आज के लेखक को अपनी ईमानदारी की कसम खानी पड़ती है। उसे बार-बार बताना पड़ रहा है कि सब कुछ भोगकर लिखा गया है। पूछा जा सकता है पहले के कवियों को यह शपथ क्यों नहीं उठानी पड़ी? कारण वे कि वह बौद्धिक चातुर्य से प्रसूत लेखन नहीं करते थे। शरतचन्द्र और बंकिमचन्द्र को यह चिन्ता क्यों नहीं घेर सकी? फिर भी वे हमारे समय और समाज के प्रामाणिक लेखक कैसे बने बैठे हैं? उनकी आवेग-प्रखरता और भाव-ऊर्जा ने ही उन्हें हमारे लिए अपरिहार्य बना दिया है। आवेग व्यक्ति को सहज बनाता है। सरल और दुर्बोध नहीं। सरल और दुर्बोध से सोची गई बातें या काते हुए विचार होते हैं। अनुभव तो आँखों देखने जैसा सहज होता है। नरेन्द्र (स्वामी विवेकानन्द) ने रामकृष्ण से पूछा था—'महाराज! क्या आपने ईश्वर के दर्शन किए हैं?' उन्होंने तनिक भी सोच-विचार न करते हुए उत्तर दिया, 'बेटा, मैंने ईश्वर के दर्शन किए हैं। तुम्हें जिस प्रकार प्रत्यक्ष देख रहा हूँ, इससे भी कहीं अधिक स्पष्ट रूप से उन्हें देखा है।' एक लेखक की अनुभव प्रत्यक्षता भी इतनी ही सहज होती है, अगर वह बहुत चतुराई या पांडित्य से आक्रान्त होकर केशवदास नहीं बन गया है तो। तुलसीदास ने अपने बारे में लिखा है कि कोई उन्हें कवि और चतुर न कहे। वे यह हैं ही नहीं। उस युग में भी बहुतेरे चतुर कवि थे। भिड़ाऊ और जुगाड़ू लेखक थे। हमारा युग भी इस दृष्टि से विपन्न नहीं है। काफी सयाने और मतिगूढ़ लोग हैं जिनको लक्ष्य करके मुक्तिबोध जैसे कवियों को लिखने को बाध्य होना पड़ा कि सफलता की चाँदनी रात में उल्लू बोलते हैं। क्या किसी लेखक की सफलता उसके द्वारा प्राप्त राजकीय सम्मान है? या विश्वविद्यालयों द्वारा प्रदत्त सम्मानित उपाधियाँ? आखिर वह क्या है जिससे एक लेखक सफल माना जा सकता है? क्या सफलता कोई सर्वथा व्यक्तिगत मूल्य है? शायद नहीं। लेखक की सफलता उसके विचारों की सार्थकता में निहित है। केवल मूल वासनाओं या आवेगों के सम्प्रेषण में नहीं। जिस आवेग ने उसे रचना-प्रवृत्त किया है, उसका सम्बन्ध किस जीवन मूल्य से है, यह भी हमें देखना पड़ता है। यह भी कि प्रत्येक लेखक की दृष्टि और चित्तवृत्ति जीवन के कुछ रूपों में ही अधिक रमती है, कुछ में नहीं या कम। इसलिए उसकी सफलता या असफलता की माप इससे नहीं होगी कि उसने कितना छोड़ दिया है। बल्कि इससे होगी कि जिस जीवनानुभव को उसने स्वीकार किया है, उसके प्रति उसका न्याय कैसा है? मसलन नागार्जुन की राजनीतिक कविताएँ। क्या वे किसी पार्टी-विशेष की ओर से लिखी गई हैं! क्या कवि को सचमुच ही किसी पार्टी में आस्था नहीं है? क्या वह अराजक है? या उसका अपना भी कोई सपना है और उसे धरती पर उतारने वाले लोग हैं? समकालीन राजनीति की भयंकर कटु आलोचना उनकी कविताओं में है किन्तु पढ़ते-पढ़ते यह भी भासित होता है कि कवि की पक्षधरता किसी दल विशेष के प्रति न होकर उस जनोन्मुखी राजनीति के प्रति है जिसके केन्द्र में भारत

की जनता या आम आदमी है। आजादी के पूर्व इसीलिए गांधी उसकी कविताओं की आशा रहे हैं, किन्तु किसान आन्दोलनों तक आते-आते उनकी स्थिति बदल गई। जनता से कहीं अधिक वे बनियों के संरक्षक बन बैठे। परिणामतः कवि समाजवादी कार्यकर्ताओं के समीप आया और आज तो वह उत्कट और प्रचंड किन्तु छद्‌म वामपंथियों से भी घनघोरतः क्षुब्ध है। अब उसकी मुट्‌ठी में कुछ विचार हैं, जिन्हें वह अपने ही पात्रों और घटनाओं के सहारे मूर्त कर रहा है। दुःखमोचन एक ऐसा ही सम्मूर्तन है। बाबा बटेसरनाथ भी। उग्रतारा भी। ये सब गँवई चरित्र हैं, किन्तु जिनकी दृष्टि अमंद और निष्ठा असंदिग्ध है। साहस और सक्रियता, विचार और संकल्प, लोक समर्पण और समय-विवेक जिनके प्रधान लक्षण हैं। जो किसी भी जाति के लिए मूल्यवान हो सकते हैं क्योंकि मानवीय प्रचुरताओं से भरपूर हैं। नागार्जुन के कथा-बिम्ब जहाँ ऐसे हैं वहीं उनके काव्य-बिम्ब अत्यन्त व्यंग्यात्मक या उल्लासकारी। उनकी प्रक्रिया में एक चौतरफी सजगता का संकेत हमें हमेशा मिलता रहता है। लेखक सबका समुचित उपयोग करता हुआ किसी से भी पराभूत नहीं होता। हमारे समय के लेखकों की रचनाएँ कितनी इकहरी हैं। उनके छन्द, भाषा, विचार और दृष्टि तक एक जैसे हैं। भयानक एकरसता और एकरूपता आ गई है उनमें। कितने सारे आग्रहों की चपेट में वे आ गए हैं। उसका परिवेश कितना संकीर्ण और छोटा हो गया है और रचना-संसार कितना रटा-रटाया। क्या प्रगतिशील, क्या गैर वामपंथी, सब एक-दूसरे के कितने करीब आकर खड़े हो गए हैं। हमारी दुनिया कितनी सिमट आई है। नागार्जुन इस प्रतीति को तोड़ते हैं। वे हमें हमारी वास्तविक बड़ी दुनिया में ले जाते हैं, जहाँ सचमुच हम हैं, इतिहास और राजनीति के मोड़ पर। वे केवल उन मूल्यों की बात नहीं करते जिनकी गिरफ्त में हम बुरी तरह फँस चुके हैं, बल्कि उन्हें भी खड़ा करते हैं जो हमें यहाँ से निकालकर ले जा सकेंगे। व्यक्तिगत जीवन के लिए बहुत सारी उपयोगी बातें आपको अपने समय के धुरंधर लेखकों की किताबों में मिल जाएँगी। आप चाहें तो उन्हें अपनी मूल्यवान डायरियों में टाँक ले सकते हैं। नागार्जुन इस प्रकार के धुरंधर नहीं हैं। उनके लेखन के पीछे एक गहरी नैतिक जिम्मेदारी काम करती रहती है, जहाँ स्वार्थ भावना का लेश भी नहीं रहता। इस रूप में वे ऐसे साहित्य-सन्त हैं जो प्राणिमात्र का अहेतुक मित्र होता है। सामाजिक हितलाभ ही उसका सुख और मानव-विरोधी शक्तियाँ उसके क्षोभ और रोष का कारण हैं। इसलिए उनका सौन्दर्य-बोध उच्च सांस्कृतिक चेतना की देन है, जिसमें वायवीयता के बदले ऐहिकता और लोकपरकता है। लोक की यह प्रभुता ही उनके लेखन की आद्योपांत प्रतिज्ञा है। शाहेवक्त और पार्टी-महंथ उसके लिए विचारणीय होकर भी इसीलिए निर्देशक नहीं बन पाते। यह एक ऐसा नैष्ठिक अनुष्ठान है, जो तमाम खतरों के बीच पवित्र प्रेम भाव से किया जा रहा है। जिन्दगी की तमाम शर्म की-सी शर्तों को नामंजूर करते हुए।

प्रकृति की सुन्दरता और सभ्यता की विकृति को वे एकसाथ पकड़ते हैं। सौन्दर्य और उल्लास में वे अभिधेय बने रहकर सामान्य मानवीय भावों को पकड़ते हैं। उन भावों को इन्द्रियों के रसभोग तक पहुँचाते हैं। उनके भाव सक्रिय बिम्बों की कतार बनकर सामने आ खड़े होते हैं। प्रकृति और मनुष्य का चिर साहचर्य झूमने लगता है। कभी वह नाचती है, कभी हम। जहाँ-कहीं वह हमारे लिए बाढ़ जैसा दुर्दिन लाती है, वहाँ हम बैठकर रोने के बजाय मानवीय पराक्रम दिखाते हैं। इतनी लम्बी यात्रा के बाद भी प्रकृति से हम ऊबे नहीं हैं, न उसके-हमारे सम्बन्धों में कोई मौलिक फर्क आ सका है। देखे हुए को दिखाना या जाने हुए को जताना नहीं, भूलते हुए को निरन्तर याद कराते रहना। मूल वासनाओं के नजदीक ले जाकर खड़ा कर देना। यहाँ मुख्य विशेषता है बिम्ब शोधन और प्रसंग-चयन की। वे उन्हीं बिम्बों को पकड़ते हैं जो लोकसिद्ध हैं। सामान्य जीवन के अपने हैं। अकेली चाँदनी रातें और अलसाये बगीचे उनके यहाँ ढूँढ़ने पर भी नहीं मिलेंगे। जरा बसन्त का एक चित्र देखिए—

झपटी पछिया
दरक गए केलों के पात
लेते ही करवट
तेजाब की फुहारें
छिड़कने लगा सूरज
मुँह बा दिया कलियों ने
देखती रही निठुराई के खेल
चुपचाप कलमुँही
भर गया जी
जोरों से कूक पड़ी

जनजीवन के बीचोंबीच, उसकी चिन्ता से लदे-फंदे, चिर-परिचित लोकमन की अपेक्षाएँ उनके बिम्बों में ढलती हैं। प्रतीकों में वे बेहद ठोस और लोकसम्बद्ध हैं। राजनीतिक, आर्थिक और धार्मिक क्षेत्रों के परम्परागत प्रतीक—त्रिमूर्ति, पंचमूर्ति, कुबेर, काली, दुर्गा, जिन्हें प्रगतिशील कवि छूने मात्र से शर्म खाता है, यह कवि धड़ल्ले से प्रयुक्त करता है। जातीय इतिहास की बात करनेवाले सैद्धान्तिकों की इसी भीड़-बिरादरी में यह अकेला कवि है, जो जातीय प्रतीकों का सार्थक और साहसपूर्ण इस्तेमाल करता है—'काली माई' कविता देखिए—

कितना खून पिया है, जाती नहीं खुमारी
सुर्ख और लम्बी है मइया जीभ तुम्हारी
मुंडमाल के लिए गरीबों पर निगाह है
धनपतियों के लिए दया की खुली राह है

यहीं नागार्जुन की मौलिक दृष्टि की खोज की जा सकती है। डॉ. देवराज ने लिखा है—"मूलतः मौलिक लेखक वही होता है जो बिम्बों तथा स्थितियों के रूप

में देखी और पाई गई जीवन सम्बन्धी सामग्री को एक नए ढंग से देखता, संघटित करता और प्रकाशित करता है।" पन्त की 'ताज' कविता पढ़ते हुए जिन विचारों का सम्प्रेषण किया गया है, वे बिम्ब में से न फूटकर कवि के अपने बिल्कुल निजी जान पड़ते हैं। नागार्जुन जिन बिम्बों को छूते हैं, सबसे पहले उनकी गहरी जाँच-पड़ताल संवेदना के सन्दर्भ में करते हैं। इसीलिए 'काली' के साथ 'मइया' शब्द-प्रयोग घनघोर सार्थक लगता है। प्रतीक का निषेध करते हुए विचार-थोपन का कार्य वे नहीं करते। सामाजिक जीवन में सम्बन्धित प्रतीक प्रतिष्ठा को आहत करने के बजाय वे उसकी ऐतिहासिक भूमिका की ओर हमारा ध्यान खींचते हैं। यहीं उन्हें सारी कविता पर अपनी मुहर लगाने का मौका मिलता है। परम्परागत सांस्कृतिक चेतना और समकालीन आधुनिकता की विडम्बना उभर कर सामने खड़ी हो जाती है। नेरूदा और चेग्वेरा को आदर्श माननेवाले वामपंथी कवि इन कवियों से यह उपयोग जाने क्यों नहीं सीख पा रहे हैं।

नागार्जुन चाहे कहानी-उपन्यास लिखें चाहे कविता—उनके लेखन की प्रामाणिक माप वह जनता है जो देश की सामाजिक और सांस्कृतिक रीढ़ है। उसके बिम्ब, प्रतीक, भाव सब उसी से चलकर आते हैं। जनता की आशा उनकी कविता की आशा और उसका संघर्ष उनकी कविता का संघर्ष है। जनभावना का इतना कुशल कवि हमारे इस समय में कोई दूसरा नहीं। उन्हें हम ऐसा लेखक नहीं कह सकते जिसने जनवादी चरित्रों को माउथपीस के रूप में इस्तेमाल किया हो या जनवादी बिम्बों में व्यक्तिगत अर्थ ढाल दिए हों। इस प्रकार का डिक्टेशन नागार्जुन की प्रकृति नहीं। विपरीत इसके वे स्वयं ही लोक-निर्देशित और लोक प्रेरित हैं। लोक की सरस्वती उनके कंठ से प्रामाणिक अभिव्यक्ति पाती है। भारतीय जनजीवन कैसा हो—इसे वे बता सकने में समर्थ हैं। प्रतीक्षा है तो भारतीय लेनिन की जो आए और इसे कारगर करे।

घोर औघड़ी अभिव्यक्ति की मार

भाषा केवल माध्यम नहीं है। इसीलिए मैं उसे कोई धराऊँ चीज नहीं मानता। वह कवि की शक्ति और दुर्बलता की पहचान है। मध्यकाल में तुलसी और गंग जैसे कवियों को इसलिए भी 'कवि सरदार' कहा गया क्योंकि इनकी कविता में भाषा के विविध प्रकार अवतरित हुए। उस समय बड़ा कवि कहलाने के लिए यह भी एक जुगत थी जो प्रायः हर महत्त्वाकांक्षी कवि को लालच भरी चुनौती दिया करती थी। केशव इसीलिए षड्भाषा कवि हो गए। आधुनिक काल में भाषा के विविध रूपों और स्तरों के दर्शन हमें निराला में होते हैं। इस सम्बन्ध में उनका दृष्टिकोण बहुत उदार और व्यापक है। पंडितों की भाषा से लेकर आम आदमी की बोली तक उनकी कविता-भाषा का राज्य फैला हुआ है। प्रसाद, कोमल, मधुर एवं ओजस्वी ध्वनियों की एक विराट अनुगूँज उनके यहाँ सुनाई पड़ती है। इस दृष्टि से अन्य छायावादी कवि इतने उदार और लचीले नहीं हैं। प्रसाद जहाँ भाषा की मधुरता के इन्द्रजाल में उलझकर रह गये हैं, वहीं पन्त उसके रेशमीपन पर मुग्ध हैं। भाषा सम्बन्धी यह इकहरा दृष्टिकोण किसी भी बड़े कवि के लिए बहुत श्रेयस्कर नहीं कहा जा सकता। क्योंकि भाषा प्रकारान्तर से वह लग्गी है जिससे कवि जीवन समुद्र की गहराइयों को थाहता है। भाषा की विविधता कवि के अनुभवों की विस्तृत दुनिया और उसके अपने रचनात्मक लगाव के कारण जन्म लेती है। समग्र और परिपूर्ण जीवन को जीनेवाला कवि ही समग्र और परिपूर्ण भाषा का विधान कर सकता है। जिसके अनुभव अधूरे होंगे, भाषा अपने आप अपूर्ण हो जाएगी। इस दृष्टि से विचार करने पर समस्त प्रगतिशील कवियों में नागार्जुन ही खरे उतरते हैं।

नागार्जुन के साथ सबसे बड़ी कठिनाई यह है कि अभी भी उनका सम्पूर्ण लिखित साहित्य पुस्तकाकार छप कर हमारे सामने आ नहीं सका है। इससे भी अधिक चिन्तनीय यह है कि जितना हमारे सामने है उससे भी हम खुद तो परिचित करा सकने में असमर्थ रहे हैं। गम्भीर किस्म के पाठक और आलोचक को नागार्जुन को शायद इसलिए न पढ़ना चाहें कि यह कवि तो कविता के मामले में कतई सीरियस नहीं है [ऐसा वे मानते हैं।] कभी-कभी भौचक्के होकर पूछते हैं—क्या नागार्जुन संस्कृत, पालि और प्राकृत-अपभ्रंश के भी पंडित हैं? क्या उन्होंने मेघदूत और गीत गोविन्द का रम्य अनुवाद भी किया है। क्या उन्हें बंगला, गुजराती, पंजाबी भी आती है?

क्या वे सिंहली और तिब्बती वाङमय के भी पंडित हैं? पूछने वालों के पास हजारों सवाल हैं। हमारे अभिजात-पाठक मन की यही पहचान है कि हम अपने लेखकों के बारे में इतने अल्प-सूचित हैं। नागार्जुन के पाठकों को यह कहने में संकोच न होगा कि वे हमारे समय के सबसे समृद्ध भाषा-कवि हैं। उनके उपन्यासों, कहानियों, निबन्धों, साक्षात्कारों और कविताओं में भाषा के जितने रूप और तेवर, रंग और आकार मिलते हैं, उसे देखते हुए दंग रह जाना पड़ता है।

इसी प्रसंग में एक बार उन्होंने कहा था—'दरिद्र बाप ने पैसे के अभाव में संस्कृत पढ़ाया—बाप पर पहले इस बात को लेकर भी मन गुस्से से भर उठता था। पर बाद में लगने लगा कि यह अच्छा हुआ। अब तो मेरी राय में मैट्रिक में एक परचा संस्कृत का अवश्य होना चाहिए, दूसरा लोक भाषाओं का।' संस्कृत एक सामासिक भाषा है। उसमें शब्द-संक्षिप्त और अद्‌भुत किस्म की छन्दमयता है। पश्चिम में जो भाषाएँ स्पेनिश गोत्री हैं उनमें भी यह सामर्थ्य दिखती है। भारतीय कवि यदि संस्कृत नहीं जानता तो वह एक प्रकार से अपनी परम्परा से कट जाता है। इतिहास और संस्कृति से उसका प्रत्यक्ष और जीवित सम्पर्क रह ही नहीं पाता। दूसरी ओर ऐसे संस्कृत ज्ञानी भी इस धराधाम पर हैं जो परम्परा के सामने विदयावनत हैं। उनकी अन्धश्रद्धा और साहसहीनता ने उनका आत्मवर्चस्व छीन लिया है। आत्मविश्वास के अभाव में न वे कोई प्रयोग स्वयं कर पा रहे हैं न ही किसी साहसिक प्रयोग की पीठ ही ठोक पा रहे हैं। इसीलिए नागार्जुन संस्कृत के नामधारी पंडितों के रजिस्टर में अछूत हैं। तोहमतों की भरमार है उनके लिए—वे 'मन्त्र' जैसी कविताएँ लिखकर परम्परा के गौरव को नीचा दिखाने वाले दुष्ट विद्रोही हैं। देव भाषा के दिव्य-पूत और यशस्वी साम्राज्य के वे घातक शत्रु हैं। परम्परा की कोख से जन्मे हुए वे एक नालायक बेटे हैं। रचना और विचार के अखाड़े में ऐसे मल्ल जब पैदा होते हैं, परम्परा के लिए आफत ही आ जाती है। उनकी सुख-सुविधावाली विचार शुष्क, रंजना-बंजर जीवन यात्रा के लिए अनजान खतरे पैदा हो उठते हैं। छन्दों के क्षेत्र में निराला ने जब नई जमीन तोड़ने की कोशिश की, कुहराम मच गया था, जैसे कोई अनहोनी घट रही हो। किन्तु परम्परा तभी सार्थक, जीवन्त और गतिशील बन पाती है जबकि उसको निरन्तर नए-नए प्रयोगों के स्तर पर उतारते हुए उसकी सामर्थ्य की रचनात्मक चुनौती दी जाए। निराला और नागार्जुन ऐसे ही कवि हैं। अन्यथा राम की शक्ति पूजा और तुलसीदास की रचना करने वालाकवि 'कुकुरमुत्ता' की रचना में कैसे प्रवृत्त होता। जिसे 'जुही की कली' की कोमलता से अनुराग था वही 'करमकल्ले' की दुनिया में भी रस लेने में समर्थ हो सका। नागार्जुन ने कालिदास साहित्य का गम्भीर और विशिष्ट स्वाध्याय किया है। 'बादल को घिरते देखा है' जैसी क्लासिक कविता लिखी है जिसकी कुछ पंक्तियाँ इस प्रकार हैं—

शत-शत निर्झर निर्झरणी कल
मुखरित देवदारू कानन में

शोणित धवल भोज पत्रों से
छाई हुई कुटी के भीतर
रंग-बिरंगे और सुगन्धित
फूलों से कुन्तल को साजे
इन्द्रनील की माला डाले
शंख-सरीखे सुघड़ गलों में
कानों में कुवलय लटकाए
शतदल लाल कमल वेणी में
रजत-रचित मणि खचित कलामय
पान-पात्र द्राक्षासव पूरित
रखे सामने अपने-अपने
लोहित चन्दन की त्रिपदी पर
नरम निदाग बाल कस्तूरी
मृगछालों पर पलथी मारे
मदिरारुण आँखों वाले उन
उन्मद किन्नर-किन्नरियों का
मृदुल मनोरम अंगुलियों को
वंशी पर फिरते देखा है
बादल को घिरते देखा है।

दूसरी ओर यह भी नागार्जुन हैं—

धूप में पसरकर लेटी है
मोटी तगड़ी अधेड़ मादा सूअर
यह भी तो मादरे हिन्द की बेटी है
भरे पूरे बारह थनों वाली

इसीलिए वे अपनी अभिव्यक्ति को 'घोर औघड़ी' कहते हैं जिसमें अभिशाप भी है और गाली भी। ठेठ बोलियों के छिनाल, रखैल, चुड़ैल जैसे भदेस शब्द भी हैं और शब्द को ब्रह्म निरूपित करनेवाली भाषा के भी। इसलिए नागार्जुन की कोई हदबन्दी नहीं दिखाई जा सकती। सिर्फ उसकी चहलकदमी का जायजा लिया जा सकता है। वैदिक ऋचाओं से शुरू होकर लौकिक संस्कृत से होती हुई उनकी कविता खड़ी बोली के ठाठ और हिन्दी प्रदेशों की गँवई-अभिव्यक्तियों तक को समेटे हुए है। भयानक संग्रहकारी है यह जिसमें, अंग्रेजी, बंगला, मैथिली, अवधी का धड़ल्ले से उपयोग किया गया है। उनकी एक कविता है जिसकी शुरुआत ही बंगला की पंक्ति से होती है—'धाकचो खो कोन एइ जे गांधी महात्ता।' एक कविता का शीर्षक अंग्रेजी में है 'प्लीज एक्सक्यूज मी।' अंगरेजी और बंगला के अलावा उनकी कविता में उर्दू शैली की झलक भी खूब मिलती है—

हमसफीर को सलाम, हम सफर को सलाम
सूबा-ए-बिहार के जौहर को सलाम।

ठेठ खड़ी बोली और परिष्कृत खड़ी बोली के तो खैर वे कवि ही हैं—'अकाल' और 'कालिदास' वाली रचनाएँ उनकी भाषा के मँजाव और साफ-सुथरेपन के उदाहरण रूप में प्रस्तुत की जा सकती हैं। निष्कर्षतः कहा जा सकता है कि भाषा के सन्दर्भ में नागार्जुन का दृष्टिकोण सर्वग्राही है। केवल 'उदार' कहकर हम उसका सही परिचय नहीं दे सकते। सच्चे जन कवि की यह पहली पहचान है कि वह भाषा के किस स्वरूप का आग्रही है। क्या वह अपनी कविता को चन्द बुद्धिजीवियों की रखैल के रूप में पाल-पोस रहा है या वह उसकी संरचना लोकहित में कर रहा है। नागार्जुन का दृष्टिकोण लोकहितकारी है। तुलसीदास की तरह उनकी कविता भी लोक के मंगल के खयाल से लिखी गई है, किन्तु लोक मंगल यही नहीं कि आप जनता के भविष्य के प्रति सिर्फ शुभकामनाएँ प्रकट करते रहें। लोकहित के लिए संघर्ष और प्रतिद्वन्द्विता के विकट अखाड़े में उतरना भी पड़ता है। सिर्फ जबान हिलाने से काम नहीं चलता। इसीलिए कविता यहाँ सिर्फ जबान नहीं हिलाती। वह ललकारती है और बाज की तरह अपने शिकार पर टूट भी पड़ती है। इस नाते वह आक्रामक भी है। नकली क्षोभ और रोष की दुनिया में वह ईमान और सच्चाई की बेमिसाल मिसाल है। शब्दों की यह तप्तता क्यों है? क्योंकि नागार्जुन जनजीवन से न केवल जुड़े हुए हैं बल्कि उसके प्रति उनके मन में गहरी करुणा और स्नेह है। वे शब्द चुनते नहीं, जनता की बोलचाल को कविता में सीधे उठा लाते हैं—

चन्दू, मैंने सपना देखा, इम्तिहान में बैठे हो तुम
चन्दू, मैंने सपना देखा, पुलिस-मान में बैठे हो तुम
चन्दू, मैंने सपना देखा, उछल रहे तुम ज्यों हिरनौटा
चन्दू, मैंने सपना देखा, ममुआ से हूँ पटना लौटा

... ...

बीत गई सर्दी, बीत गया माघ
रानी के खसम ने मारा है बाघ

काव्य भाषा के इस अनेक रूपी संसार में—जहाँ कि अराजकता होनी ही थी—व्याकरण और शास्त्र की मर्यादाएँ भी खूब हैं। यहाँ शब्द जितने बहुरंगी हैं, वाक्य उतने ही खुले-खुले। 'धान कूटती किशोरियों की कोकिलकंठी तान/देखिए न, आखिर तक रोकती रही मैं/मगर इन पर तो भूत हो गया सवार/लेकर कर्ज, बनवाया है मकान' कहीं वाक्य एकदम संक्षिप्त और सारगर्भ हैं—

क्या खूब!
क्या खूब!
कर लाईं सिक्योर विज्ञापन के आर्डर।

केशवदास ने रामचन्द्रिका के वन मार्ग में ग्राम वधुओं से एक-एक साँस में चार-चार सवाल कराए हैं—

कौन हौ, कित तें चले कित जात हौ केहि काम जू
कौन की दुहिता, बहू, कहि कौन की यह बाम जू
एक गाउँ रहो कि साजन मित्र बन्धु बखानियै
देश के, परदेस के, किधौं पंथ की पहचानियै।

नागार्जुन के यहाँ इसकी टक्कर का नमूना भी मिलता है—

चुप चुप तो मौत है
पीप है कठौत है
बमको भी, खाँसो भी, खुनको भी
... ...
सनको भी, अकड़ो भी, तुनको भी

वाक्यों की यह महीन कारीगरी वही कवि दिखा रहा है, जो काफी गद्यात्मक और खुले हुए पदों तक फैला हुआ है। इसलिए उसकी रचना-क्षमता की सामर्थ्य के बारे में कोई शक नहीं किया जा सकता। इस निबन्ध के शुरू में जो काव्यांश (बादल को घिरते देखा है) उद्धृत किया गया है उसमें बाईस पंक्तियों का एक ही टुकड़ा है, जो हमें बाणभट्ट की दीर्घ सामासिक पदावली की याद दिलाता है। परम्परा के ये अविस्मरणीय निर्माण नागार्जुन की रचना यात्रा के अस्थायी लक्षण हैं। सामान्य तौर पर तो वे शब्दों और वाक्यों की सादगी किन्तु अर्थ की गम्भीरता और मार्मिकता के कवि हैं। उनके सीधे-सादे पदों में भी कितनी वचन भंगिमा और भाव-गूढ़ता है, इसे उनका व्यंग्य काव्य पढ़नेवाले जानते हैं। सौन्दर्य प्रतियोगिता, तो फिर क्या हुआ, प्रेत का बयान, जयति नखरंजनी कविताओं में उनकी भाषा उस पैने औजार की तरह है जिसकी धार दूर से ही चमकती है। इन्हें पढ़ते हुए हँसा नहीं जा सकता, हाँ सोच-सोच कर मरने की नौबत जरूर आ सकती है। 'सीधे सादे शब्द हैं भाव बड़े गूढ़' कहकर नागा बाबा संतई अन्दाज में जिन निरन्न मूढ़ों को सचेत कर रहे हैं, वे बड़े भोले-भाले किस्म के लोग हैं। कविता-फविता नहीं जानते। इसलिए 'कविताई' दिखाने की जरूरत आज उतनी नहीं है, जितनी कि लोक कंठ के गूँगेपन को मुखरता में परिणत करने की। यह कवि इसी चिन्ता से लदा-फँदा है। लोक की सरस्वती को जगा रहा है। शब्दों की सादगी के नाम पर जो लोग विचारहीन मुद्रा में यहाँ आएँगे, उन्हें काफी अजनबीपन मिलेगा। क्योंकि यहाँ कागज भर नहीं गोदा जा रहा है, अनुभव की वह धरती कोड़ी जा रही है, जो अब तक हिन्दी कविता में प्रवेश ही नहीं पा सकी थी। इसे वे ही लोग समझ पाएँगे जिनका लोक मन जिन्दा है। सिर्फ शास्त्रीयता के सहारे नागार्जुन को समझ पाना दुष्कर ही नहीं असम्भव भी है। सहज सम्प्रेषण उन्हीं के साथ जमेगा जो लोक-अनुभव-कोश के पन्ने उलट चुके हों। या जिनकी चिन्ता लोक की रहनी-सहनी से जुड़ी हुई है। जो सिर्फ कविता

पढ़ने के खयाल से आएँगे, वे यहाँ निराश ही होंगे।

लोक सरस्वती के इस स्थापित को जब अपने 'कवि मनीषी परिभू स्वयंभू' व्यक्तित्व की याद आती है, वह नई शब्द रचना और शब्द-संगति का अनूठा चमत्कार दिखाने लगता है—कुबेर के छौने, कोर्सगन्धी, चितकबरी चाँदनी, नितम्ब-भंजन, नख-रंजनी, वेतन-सर्वस्व-बुद्धिजीवी, झबरा माथा, ठूँठ बाँह, दृग-अंजनी भक्त-भ्रम-भंजनी, प्रज्ञाकर, वयस्क-बुजुर्ग सुधी शिरोमणि, जलधि-पैजनी, दूधिया पानी, स्तब्ध निगाहें, मथित निगाहें, सिन्दूरित, शब्द-खोर लोक समाई, शब्द शिकारी, बुढ़मस-लीला, ग्रन्थ-कीट, धन-पिशाच, क्षुद्र महारथी, चाँदी की बेटी—कंचन का दूल्हा, बेचैनी का भाफ, युग नन्दिनी विज्ञापन सुन्दरी, सिंदूरी छलना, छलिया भाई, बलुआही-कछार, राजनैतिक अकड़, क्षीणबल गजराज दिव्य-मूत्र, छिनाल पुरवइया, रेती पर टहलान, निरन्न जनता, लिंग लौल्य, जैसे शब्द समूह एक ओर हैं तो दूसरी ओर द्वित्व ध्वनि योजनावाले शब्दों की भी बहार कम नहीं है। झूमता-झामता, सांसद-फांसद, कथित-कथन, मथित-मथन, आदरणीय-फादरणीय, रचना-फचना, निदलीय-अर्दलीय, टहलना-बूलना। शब्दों की यह योजना केवल नागार्जुन के ही वश का रोग है। दूसरे की तो हिम्मत ही नहीं होगी, क्योंकि लोग फिर उसके बारे में जाने क्या सोचने लगें। लेकिन फक्कड़ कबीर 'वाणी के डिक्टेटर' तभी कहे गए जबकि उन्होंने संस्कृत की कूपमंडूकता को नमस्कार करते हुए भाषा के बहते हुए नीर में अपनी कविता-सरस्वती को ले जाकर स्नान कराया। नागार्जुन भी संस्कृत पंडितों की दकियानूसी जमात से बाहर निकल कर जन भाषा के विशाल सागर में गोते लगा रहे हैं। यही उनका आत्मविश्वास है जो हर क्षण नए और साहसिक प्रयोग की फिराक में रहता है। जनता के गुस्से में उपयोगी गालियों का प्रयोग भी वे कर डालते हैं—हिटलर की मौसी, मुसोलिनी की नानी, महामहिम महामहो उल्लू के पट्ठे। कभी-कभी लगता है हम कविता पढ़ रहे हैं या अपने आपसे से बोल-बतिया रहे हैं। कविता इस हद तक भी उतर कर आ सकती है, इसे केवल वे सिद्ध करते हैं।

नागार्जुन के मुहावरे भी कम रोचक नहीं। उनके यहाँ दुःखी मूक युवतियाँ ढेर-ढेर सी हँसी और छतफाड़ ठहाका लगाती हैं। महीन मुस्कानों और इकन्नी भर स्वेच्छा सुखों की तो कोई बात ही नहीं। तामझाम का यह आलम है कि टके की मुस्कान पर करोड़ों का खर्चा कर लिया जाता है। ऐसी रानी साहिबा के क्या कहने। क्या कहने। कभी-कभी मन मौज में यह देवी तिहरी मुस्कान के चटकीले डैनों पर सवार होकर कपूरी पराग भी छिड़कने लगती है और दूधिया हँसी तो खैर वही हँसती है और कोई नहीं।

भाषा के इस जन-संसार से जो लोग बेहद घबरा चुके हों उन्हें कल्पनाओं की हरियालियाँ भी यह कवि सौंप सकता है—प्रकृति सम्बन्धी कविताओं में नागार्जुन की भाषा की कोमलता और कल्पना-प्रवणता की विपुल बानगी मिल सकती है—वहाँ झींगुर शहनाई बजाते हैं, मेघ धिन धिन धा धमक धमक बजते हैं, कौए अपने पंख

खुजलाते हैं, नीलम की घाटी में उजला श्वेत कमल खिलता है। आप चाहें तो वहाँ जी भर गन्ने चूस सकते हैं और मन भर ताल मखाना खा सकते हैं।

नागार्जुन की काव्य भाषा के इस बीहड़ विशाल किन्तु जाने-पहचाने जंगल में अद्भुत नाटकीयता, संगीतमयता, ध्वनि-रमणीयता और चित्रात्मकता है। काव्य भाषा की समस्त शक्तियाँ अपनी सम्पूर्ण ऊर्जा के साथ यहाँ उपस्थित हैं। अक्सर आरोप लगाया जाता है कि नागार्जुन सारे प्रगतिशीलों में सबसे अधिक गद्यात्मक और लापरवाह हैं। किसी शब्द को कहीं भी फिट कर देते हैं। संयोग और निपुणता, योग्यता और संगति का खयाल किए बिना ही वे भाषा को नमक, हींग, जीरा और आटे की तरह गूँधने लगते हैं। और यह सच भी है। पर पूछा जा सकता है कि भाषा का मुख्य प्रयोजन रूप की शेखी बघारना है या उसका धर्म है कवि के अन्तस्थ भावों का सम्प्रेषण। हमारे इसी युग के कवियों ने घोषणा की है कि पुराने प्रतीकों के देवता कूच कर चुके हैं। इसी युग का कवि सपाटबयानी पर उतर आया है। यह क्यों? क्या यह युग की माँग नहीं है कि हम तथाकथित अभिजात निर्जीवता के छद्म सम्प्रेषणों से बचें और अपनी अभिव्यक्ति की मौलिक आविष्कृतियों की मर्यादाएँ स्थापित करें। हमारी जिन्दगी में चीजें जितनी गड्डमड्ड हैं, उनका बयान भर करके सन्तुष्ट हो जाना आज का कवि कर्म नहीं है। उन्हें सिलसिला देना, उनके पीछे छिपे हुए तर्कों की खोज करना भी आज का कवि दायित्व है। नागार्जुन को पढ़ते हुए यह अनुभव हमें बार-बार होता है कि हम अपने समय की कविता को अपनी ही भाषाओं में पढ़ रहे हैं। हमारे अनुभव अब भी हमारी भाषा की पकड़ में हैं। इसके लिए किसी अनूदित जुबान का मुँह ताकने की जरूरत हमें नहीं है। परिवेश का सम्पूर्ण राजनीतिक चेहरा तो इसमें दीख ही सकता है, इस रोशनी में उसकी सामाजिक, सांस्कृतिक, मनोवैज्ञानिक, अर्थशास्त्रीय, नैतिक और आधिभौतिक छाप भी खोजी जा सकती है। यह भाषा यों तो स्वतन्त्र काव्य सृष्टियों के लिए ज्यादा मौजूं है किन्तु प्रबन्ध शैली की कविताओं में भी इसका बघार दिया जाकर उसका सोंधापन बढ़ाया जा सकता है। 'भस्मांकुर' जैसे पौराणिक सन्दर्भ वाले काव्य में टिपिकल बोलचाल को इस कायदे से जगह दे दी गई है जैसे गुलाब की बाड़ियों की मेंड़ों पर भटकटैया के नीले-पीले फूल हों।

"कहती है क्या सजनी?
होश सँभाल
चाट न जाएँ हाय हमारे गाल
प्रभु के गले लटकते मोटे व्याल
सर्प-स्पर्श-सुख की आदत तो डाल
भुगतेंगे फिर होगा जो भी हाल"

(पृ. 45)

प्रगीत, स्वतन्त्र काव्य, प्रबन्ध और निबन्ध कविता के अनेक हलकों में मुक्तभाव

से विचरण करनेवाली नागार्जुन-वाणी कितनी आलंकारिक और छबिमुखी है यह विचार भी पंडितों के लिए राहतकारी होगा। उनकी कुछ उपमाएँ देखिए—

बिल्लौरी काँच-सी कान्ति वाली यह गर्दन
बरगद-सी छतनार ऐसी पीठ
नन्हे मयूर-से ये नेत्र
देखी नहीं होगी ऐसी खूबसूरती

अगर कोई उनसे रोमानी अन्दाज का नखरा झाड़ने लग जाए तो जानते हैं वे क्या कहेंगे। प्रकृति के अंचल में दौड़कर खड़े हो जाएँगे—और ताल ठोक कर बोल उठेंगे—

यह कपूरी धूप
शिशिर की यह दुपहरी, यह प्रकृति का उल्लास
रोम-रोम बुझा लेगा ताजगी की प्यास

किन्तु दूसरे ही क्षण इस सारे वातावरण को लाँघते हुए आज की जिन्दगी की यान्त्रिकता और कशमकश में आ धमकेंगे—

रात भर जगती रही
खटती रही
अब कर रही आराम
गाढ़ी नींद का आश्वास भर अब मौन से लिपटा हुआ है
—बेखबर सोई हुई है छापने की यह विराट मशीन
अधर मुँह बाये पड़े हैं टाइपों के मलिन-धूसर केस

नागार्जुन को 'दूधिया निगाहों' के कोमल उज्ज्वल लोक से चलकर 'फटी बिवाइयाँ' वाले कठोर यथार्थ तक जाने में न तो कोई वक्त लगता है न कोई हिचक होती है। प्रकृति और आधुनिक वैज्ञानिक सभ्यता को दोनों हथेलियों में पुरुष भाव से सम्हालते हुए वे मनोहर, रमणीय किन्तु विस्मयकारी नृत्य करते हैं जिसे हम त्रिनेत्र का लास्य भाव कह सकते हैं। वामन कद-काठी के नागार्जुन सचमुच त्रिविक्रमी हैं। शब्द, रस और गन्ध की त्रिवेणी है उनकी सरस्वती। कल्पना और यथार्थ की मनोहर संगम रेखा पर उनकी छवियाँ हमारे मन के पटल पर इन्द्रधनुषी रंगों में खिंच जाती हैं क्योंकि वे जी भर कर देखने, सुनने, छूने, सूँघने और खाने के बाद हमारे सामने परोसी गई हैं। आप कह सकते हैं कि क्या यही पाठकों की नियति है कि वे कवि की जूठन चाटें। मैं कहना चाहता हूँ कला के अनुभव न तो जूठे होते हैं न पुराने। हजार बार दुहराए जाने के बाद भी वे निरन्तर नए हैं क्योंकि वे सामान्य बुद्धि प्रसूत न होकर असाधारण प्रतिभा प्रसूत हैं। प्रतिभा के सूर्य से फूटी हुई कविता की किरण रोज व रोज आने के बाद भी जूठी कहाँ होती है?

इसलिए चाहे संगीत हो चाहे रास, तुक हो चाहे लय प्रतिभा-स्पर्श के बाद नई देह-ऊष्मा प्राप्त कर लेते हैं। कला की आत्मा ही नहीं उसका शरीर भी तरोताजा

हो उठता है। किन्तु यह ताजगी तभी सम्भव है जबकि आत्मा अमंद व भास्वर हो। शब्दों की जादूगरी दिखाने या कल्पना का चमत्कार प्रदर्शित करने के सबब से कवि कविता में प्रविष्ट नहीं होता। किन्तु जब होता है तब इस तैयारी के साथ कि उसके पाठक अर्थ को शब्दों के रमणीय लिबास के साथ ग्रहण करें। कवित्व की कीमत पर अर्थ सम्प्रेषण अगर कभी करना ही पड़े तो कवि यह भी करेगा। नुक्कड़ कविता और पम्फलेट धर्मी रचनाओं में अक्सर यह द्वन्द्व सामने आ खड़ा होता है और कवि सारे कोमल संस्कारों को धूल की तरह झाड़कर निपट अर्थ-निटाच में आकर खड़ा हो जाता है। हरिजन-गाथा जैसी लम्बी और दहशत भरी कविताओं में यह निटाचपन इतना आक्रामक है कि सारे सामन्ती स्वाद हिरन हो गए हैं। यही कवि जब फन्तासी रचने लगता है तो अभिजात भाषा की पैशाचिक दिव्यता देखते ही बनती है। उसकी एक कविता है–'महादैत्य का दिवा स्वप्न' जिसका भीषण चित्रांकन कवि कल्पना की धीरता और गम्भीरता का अनुपम उदाहरण है। यह वही कवि है जिसने लालबहादुर शास्त्री की याद में एक चित्र खींचा था–

'वह बारूदी बदबू पर ताजी मलय गन्ध'

जिसने रानी एलिजाबेथ के विराट साम्राज्य की याद करते हुए उन्हें 'भारी-भरकम डाल की टहनी' कहकर साम्राज्यशाही और नारी कोमलता का अपूर्ण औपम्य स्थापित किया था। वही सत्य, अहिंसा, प्रेत का बयान जैसी कविताओं में सुगठित रूपकों और मिथकों की दुनिया में उतर जाता है। जिस कविता का मैंने ऊपर उल्लेख किया है यद्यपि वह अभी अधूरी है फिर भी उसकी प्रारम्भिक पंक्तियाँ कवि की विराट् कल्पना-सामर्थ्य को प्रमाणित करने के लिए पर्याप्त रहेंगी–

गुफाशायी
विप्र कुल सम्भूत
–वह प्रलम्बित गात्र राक्षस
स्वप्न में सुनता रहा अनुगूँज...
दिखाई पड़ती रहीं सौ कामनाएँ
चेतनागत वासनाओं के अनेकों रूप
छबीले, वैभव समन्वित, दम्भ वर्धक
प्रभुजनोचित, तमोगुण वाले, विपुल विभ्राट
ऐटमी उपलब्धियों के साथ...
विश्व व्याप्त प्रशस्तियों की सुरभि से आपूर्ण
चेतनागत वासनाओं के अनेकों रूप
आ रहे थे, जा रहे थे,
दृष्टिपथ से गुजरते थे
गुजरते ही जा रहे थे

'प्रेत का बयान' कविता में जरा भाषा की नाटकीयता देखिए–

खड़ खड़ खड़ खड़ हड़ हड़ हड़ हड़
काँपा कुछ हाड़ों का मानवीय ढाँचा
नचाकर लम्बी चमचों-सा पंचगुरा हाथ
रूखी-पतली किट-किट आवाज में
प्रेत ने जवाब दिया–
महाराज!
सच-सच कहूँगा
झूठ नहीं बोलूँगा

संगीत और नाटक एक साथ देखना चाहें तो इधर आइए–

इन्दुजी, इन्दुजी,
क्या हुआ आपको
सत्ता की मस्ती में भूल गईं बाप को!
क्या हुआ आपको?

और केवल संगीत सुनना हो तो वह भी हाजिर है–

बस सर्विस बन्द थी
तीन दिन तीन रात
लगता था जन जन की
हृदय गति मन्द थी
तीन दिन तीन रात

ध्वनि-संगीत का नमूना भी हाजिर है–

धिन धिन धा धमक धमक
मेघ बजे
दामिनी यह गई दमक
मेघ बजे

× × ×

फूल कदम्ब
टहनी-टहनी में कन्दुक सम झूले कदम्ब
फूले कदम्ब

नागार्जुन पूरे जीवन के कवि हैं। उन्हें सिर्फ राजनीतिक कविता या व्यंग्य-कवि कहकर टालना आलोचना की अपनी समझदारी हो सकती है, किन्तु उसका न्याय नहीं कहा जाएगा। अफसोस तो यह कि नागार्जुन के जातिभाई आलोचक भी इस ओर से आँख मूँदें हुए हैं। प्रगतिशील कविता जीवन के प्रति एक सर्वांग दृष्टि सम्पन्न कविता है। उसमें कोमलता की मधुर-वासन्ती स्निग्धता भी है और प्रतिवाद

और आक्रमण की साहसिक ओजमयता भी। जनजीवन के प्रति उसके मन में भारी नेह-छोह और वत्सलता है तो शोषणमुखी समाज के खिलाफ भारी कोप भी। इसी भाषा में अमृत भी है और विष भी। विष का निवारण करना है और अमृत का अंगीकार। इसीलिए नागार्जुन को पढ़नेवाले पाठकों को अपना दिल और दिमाग खोलकर आना होगा। प्रचलित अर्थों में न तो यहाँ प्रयोगवाद मिलेगा न प्रगतिवाद। सच्ची और महान कविता वादों के दायरे का अनुशासन कभी नहीं मानती। समूचा जीवन अपने विविध रंगों और रूपों में उसको पुकारता रहता है। यह जरूर कह सकता हूँ कि अगर नागार्जुन की आधी ताकत कोप और अभिशाप को व्यक्त करने में न खर्च हो जाती तो शायद हम हिन्दी में अपना कालिदास नागार्जुन के रूप में पा लेते। किन्तु ऐसा तभी सम्भव है जब समाज का अंग-अंग पुलकित हो। शोषण, अनाचार, राष्ट्रघात और नैतिक पतन से मुक्ति मिले। और कवि सचमुच इस विश्वास की गहराई में निर्णायक हद तक उतर जाए कि अब भाषा की तिकड़म या मालिश करने की जरूरत नहीं रह गई है। औघड़ी अभिव्यक्ति की मार तभी रुकेगी जो कि नागार्जुन की अपनी शब्द योजना की खास पहचान है—

खूब गालियाँ बको, जभी तो लोग रखेंगे याद
नागा बाबा, बनो आप ही तुम अपना अपवाद
कड़वी-तीखी वाणी के चरपरे कहेंगे स्वाद
घोर अघौड़ी अभिव्यक्ति पर जनता देगी दाद

जनता से दाद लेकर पंडितों को निराश करने की हेठी दिखानेवाली आदत भी नागार्जुन को अच्छी नहीं लगती। सामासिक पद-संरचना, विचारगर्भ मानक शब्दावली भी उनके यहाँ खूब है। इसलिए यह निष्कर्ष निकालना अनुचित न होगा कि वे हमें भाषा के तीन स्तरों पर काम करते दिखाई देते हैं। पहला स्तर आलंकारिक और कल्पना प्रवणता का है तो दूसरा स्तर घनघोर क्लासिकी है जहाँ उनकी तटस्थ छैनी और कलाकारी हमारे सामने होती है। तीसरा स्तर वह है जिसे हम भाषा का यथार्थवादी स्वरूप कह सकते हैं। उनके उपन्यासों में भी—भाषा के ये विविध स्तर दिखाई देते हैं। 'बलचनमा' में शूद्र मैथिली का प्रयोग किया गया है तो 'पारो' में सवर्ण-ध्वनियों की बहुलता है। 'वरुण के बेटे' में आंचलिक शब्द रूपों का ठाठ मिलता है तो अन्य उपन्यासों में राजनीतिक और सामाजिक वातावरण की भाषा का इस्तेमाल किया गया है। मैथिल जीवन से अंतरंग परिचय होने के कारण वहाँ की टिपिकल ध्वनियाँ, रीति-रिवाज और बोलबात भी अपने आप आ जाती है। ध्यान देनेवाली बात यह है कि वर्णन, चित्रण और कथन की क्षमताओं से सम्पन्न उसकी भाषा इलाहाबादी व्याकरण को अपना प्रमाण मानती है। इलाहाबाद के आस-पास बोली जानेवाली खड़ी बोली ही उसका मूल स्वरूप निर्माण करती है। खाने-पीने, बाग-बगीचे, शादी-गौना न जाने कितने प्रसंग हैं जो अपने वास्तविक रूप में हमारे

सामने आ खड़े होते हैं। हमें लगता है, हम किसी लेखक या कवि से नहीं, सीधे उसी दुनिया से बातचीत कर रहे हैं। भाषा की यह अनौपचारिक छवि अन्यत्र दुर्लभ है। जनवादी भाषा कहना ही इसके साथ सबसे बड़ा न्याय होगा। भले ही विषय के अनुसार वह अपना रूप बदल लेती हो तब भी सम्प्रेषण-धर्म का निर्वाह करना नहीं छोड़ती। विषयानुकूल शब्द-योजना और वस्तुनिर्देश उसकी असाधारण विशेषताएँ हैं जो कविता को संवेग के धरातल से उठाकर जीवन-वास्तव के मंच पर ला प्रतिष्ठित करती हैं।

छन्द, लय और तुक की परम्परा

कविता में आधुनिकता का दिखावा करनेवाला कवि सोचता है अगर उसकी तुकें कहीं मिल गईं, सुन्दर लय विधान घट गया तो कवित्व ही संदिग्ध हो जाएगा। इसलिए कविता मुक्त छन्द की रूढ़ि के सीमान्त पर आकर खड़ी हो गई है जिसकी ओर डॉ. नामवर सिंह ने बहुत पहले इशारा करना शुरू कर दिया था। मुक्त छन्द निश्चय ही कविता के क्षेत्र में एक आधुनिक आविष्कार है और हमारे समय की कविता अगर उसे अपनी उपलब्धि मानती है तो यह उचित ही है। किन्तु एक ही छन्द-शैली में जब सारी युगीन प्रतिभाएँ अपने आपको व्यक्त करने लगती हैं, तब शैलीगत मौलिकता की स्वतन्त्र और पृथक बानगियाँ दुर्लभ हो उठती हैं। हमारे समय के सभी कवि लगभग गेय छन्दों को नमस्कार करके मुक्तछन्द के शामियाने के नीचे आ खड़े हुए हैं और लगता है किसी न किसी दिन भीड़ इतनी बढ़ जाएगी कि मुक्तछन्द को खुद अपने बारे में सोचना पड़ जाएगा। आज भले ही वह कविता के राज सिंहासन पर विराजमान हो किन्तु एक दिन सारे काव्य-सत्य और काव्य-झूठ का पर्दाफाश करने के लिए उसे निर्णय और परीक्षा के दौर से गुजरना ही होगा। जब तक यह क्षण नहीं आ जाता तब तक उन सारे कवियों के मजा-मौज का जायजा लिया जा सकता है, जो मुक्तछन्द के अलावा और किसी भी अभिव्यंजना पद्धति को आजमाने को तैयार नहीं हैं।

नागार्जुन छन्द के मामले में न केवल उदार हैं बल्कि उनका आचरण अत्यन्त मर्यादित है। इतिहास की जिस धरोहर ने उन्हें मुक्तछन्द से जोड़ा है, वही दृष्टि उन्हें बरवै और हरिगीतिका तक भी ले जाती है। कविता की जिस दीर्घ परम्परा से उनका सम्बन्ध है वह सिर्फ उनके अपने युग की देन नहीं है। इसलिए छन्द के बारे में वे ऐतिहासिक रवैया अपनाते हैं। उनकी कविता पुस्तकों से गुजरते हुए हमारी भेंट अगर तीन मुक्त छन्दों से होगी तो पाँच तुकान्त गेय छन्दों से। ऐसा क्यों है यह सवाल उतना मजेदार न होगा जितनी कि यह जिज्ञासा कि छन्दों के प्रति नागार्जुन की अपनी दृष्टि क्या है। कवि जब आवेग में रहता है और अपने को रोक नहीं पाता तब मुक्तछन्द उसकी कविता की प्रधान प्रणाली बन जाता है। उस वक्त वह इस सुविधा का लाभ लेता हुआ दिखाई देता है। 'प्रेत का बयान', 'तो फिर क्या हुआ', 'सौन्दर्य प्रतियोगिता' या 'हरिजन गाथा' जैसी कविताएँ इसी आवेग की देन हैं। किन्तु यही कवि जब आवेगों की बाढ़ से मुक्ति पाकर जनजीवन के संगत-असंगत

छोरों तक अपनी कविता के साथ निकलता है, छन्द के संगीत की मनोरम लयों और यतियों का निर्माण करता दिखाई पड़ता है—

इन्दु जी, इन्दु जी
क्या हुआ आपको?
सत्ता की मस्ती में भूल गईं बाप
को
क्या हुआ आपको

या फिर

वो चाँदनी ये सींखचे
कैसे गुथें, कैसे बचें
क्यों कर रुकें, क्यों कर रचें
वो चाँदनी ये सींखचे

अर्थ-संगीत के साथ स्वर-संगीत की सम्मिलित शक्ति का जो आविष्कार वैदिक ऋषियों ने किया था उसे हमारे नए कवि सोचने तक को भी तैयार नहीं हैं। मन्त्रों के पाठ क्रम में अर्थ को प्रतिध्वनन संगीत से सम्पन्न करनेवाले उदात्त-अनुदात्त स्वरित क्रम वायुमंडल में जिस ध्वनि-संगीत की रचना करते हैं उसे सिर्फ मनुष्य ही नहीं इतर जीवधारी भी सुनते-समझते हैं। कविता छन्द संगीत के जरिए शेष प्रकृति से यहीं अपना तादात्म्य स्थापित करती है। किन्तु हमारा युग विश्लेषणवादी और अलगावधर्मी है। इसलिए वह अपनी पहचान बनाए रखने के सबब से कविता को उन तमाम परम्परागत रिश्तों से विच्छिन्न कर देना चाहता है जो उसे एक सामूहिक ताकत भर नहीं दे रहे हैं बल्कि अपनी सारी ऊर्जा देकर उसे जातीय वर्चस्विता और प्रतिभा का मानक बनाए हुए हैं। आश्चर्य तो यह है कि एक ओर तो कलाओं की अन्तरावलम्बनता पर जोर दिया जा रहा है, और दूसरी ओर कविता को इस अन्तरावलम्बन से मुक्त कराए जाने की कोशिश भी चल रही है। यही अन्तर्विरोध आधुनिक हिन्दी कविता की विशेषता बनता जा रहा है। नागार्जुन जैसे कवि इस अन्तर्विरोध की बारीक दयनीयता को समझते हैं और अपने पक्ष से इसका परिमार्जन करने की निरन्तर कोशिश भी कर रहे हैं। उनकी इस कोशिश का जायजा उनके काव्य पाठ के दौरान भी लिया जा सकता है जब वे बीच-बीच में कविता के कई टुकड़ों को गाने-बजाने पर भी उतारू हो जाते हैं। चाहे नई कविता की पाठक मंडली बैठी हो, चाहे कवि सम्मेलनों का श्रोता समूह, वे छन्द-अछन्द की विभिन्न-धाराओं में संतरण कर रहे होते हैं। छन्द चाहे स्वच्छन्द हो, चाहे मुक्त, वार्णिक हो या मात्रिक, तीव्रगामी हो या मन्दाक्रान्ता, नागार्जुन की संवेदन-विविधता के लिए सर्वप्रकारेण उपयोगी है। 'मेघदूत' का अनुवाद प्रस्तुत करते हुए उन्होंने 'मुक्तवृत्त' पर जो विचार व्यक्त किया है वह उनके विश्वपिंगल-पांडित्य का अद्‌भुत प्रमाण है। भूमिका में वे लिखते हैं—"मैं बहुत दिनों से सोचता रहा, सोचता रहा कि किस प्रकार कालिदास

की मूल भावना को ज्यादा से ज्यादा लोगों तक पहुँचा दिया जाए। ×××आखिर इस अनुवाद के लिए मैंने 'स्वच्छन्द' छन्द को ही चुन लिया—पंक्ति विच्छेद की शैली में गुम्फित गद्यकाव्य का यह ढाँचा मुझे क्यों प्रिय है, बता नहीं सकता।" किन्तु अगले वाक्यों में इस लगाव के हेतुओं का संधान करते हुए यूरोप-अमरीका, फ्रांस और हिन्दीतर भारतीय काव्य धाराओं—विशेषकर बंगला काव्य की छन्द-प्रयोग सम्बन्धी विवेचना में उतर पड़ते हैं। निराला और रवीन्द्रनाथ की तरह वैदिक ऋचाओं के स्वच्छन्द संगीत की ओर वे हमारा ध्यान आकृष्ट करते हैं—"वैदिक ऋचाएँ, उपनिषद के वाक्य, पालि-प्राकृत के सूक्त, आयुर्वेद की संहिताएँ, दर्शनों और व्याकरणों के सूत्र एवं वृत्तियाँ, पिछले युगों में निर्मित भाष्य-महाभाष्य—भारतीय वाङ्मय की यह लम्बी परम्परा, स्वरशून्य गद्यों की नीरस परम्परा नहीं रही। विषयवस्तु के साथ गेय तत्त्व का यह सामंजस्य हम दशकुमार चरित में भी पाते हैं और हर्षचरित तथा कादम्बरी में भी।"

तथापि यह मानना होगा कि वास्तविक मुक्त छन्द आधुनिक युग की उपज है। हमारे साहित्यिक प्रयोगों की श्रृंखला अन्यान्य देशों के साहित्यिक विकास की परम्परा से जुड़ी हुई है। ओजस्वी प्रतीकों का पुरुष कवि मायकोव्स्की, फ्रांस के लुई अरागो, पाल एलुआर, इंग्लैंड के टी.एस. इलियट, अमेरिका के एजरा पाउंड, चिली के पाब्लो नेरूदा, तुर्की के नाजिम हिकमत का आधुनिक काव्य इसी मुक्तछन्द के वैविध्यपूर्ण वैशिष्ट्र्य से सम्पन्न है। मुक्तछन्द वस्तुतः ओज और आवेग का छन्द है—पहाड़ी नदी के प्रखर प्रवाह की तरह घरघर-हरहर करता हुआ, आत्म साधना से दीप्त। वास्तव में वह आज के युग की मनुष्यता का स्वातन्त्र्य-प्रतीक है। कविता जितनी ही जनतान्त्रिक होगी, मुक्तछन्द के उतने ही रूप और स्वभाव हमारे द्वारा आविष्कृत होते चले जाएँगे। कहीं वह गीतनाट्र्यों की शैली धारण करेगा, कहीं काव्य-नाटकों की। कभी कत्थक-आख्यान-शैली अपनाएगा तो कहीं उपदेश-प्रशिक्षण शैली। कवि सम्मेलन के मंचों पर, जनजागरण के लिए सुरेश उपाध्याय जैसे कवि इसे जनता से संवाद करने के सबसे उपयुक्त माध्यम की तरह इस्तेमाल करेंगे। हास्य-व्यंग्य, करुण और वीर भावों के लिए यह छन्द निहायत मौजूँ है। पर इसके साथ ही नागार्जुन यह कहने में नहीं चूकते कि "छन्दों पर जिनका अच्छी तरह अधिकार होगा, मुक्त वृत्त की रचना में वही सफल होंगे।" क्योंकि मुक्तछन्द कोई सुविधा नहीं बल्कि आविष्कार है। आविष्कार को जनोपयोगी और काव्यधर्मी बनाने की जिम्मेदारी हमारी समकालीन कवि पीढ़ी के लिए एक मजेदार चुनौती है। नागार्जुन ने इस चुनौती का उत्तर देने की कोशिश अपने ढंग से की है। उनके मुक्तछन्दों के कुछ नमूने इस प्रकार हैं—

जिस बर्बर ने
कल किया तुम्हाना खून पिता
वह नहीं मराठा हिन्दू है
वह नहीं मूर्ख या पागल है

वह प्रहरी है स्थिर स्वार्थों का
वह जागरूक, वह सावधान
वह मानवता का महाशत्रु
वह हिरण्यकशिपु
वह अहिरावण
वह दशकंधर
वह सहस्रबाहु
वह मनुष्यत्व के पूर्णचन्द्र का सर्वग्रासी महाराहु
हम समझ गए
चट से निकाल पिस्तौल
तुम्हारे ऊपर कल
वह दाग गया गोलियाँ कौन?
हे परमपिता, हे महामौन!
हे महाप्राण, किसने तेरी अन्तिम साँसें
बरबस छीनीं भारत-माँ से
हम समझ गए।

यहाँ कवि आवेग सम्पन्न भाषण शैली में मुक्तवृत्त को निखार रहा है। आवेग के बीच-बीच में सहस्रबाहुरुमहाराहु, कौन/महामौन जैसे तुकों की बानगी भी अनायास स्वाभाविकता के साथ उपस्थित है। निराला की 'जागो फिर एक बार' जैसी कविताओं में जो धीर गंभीर मार्दवता है वह यहाँ भले ही न हो किंतु संगीत की हल्की बारीक छाया दोनों छन्दों में विद्यमान है। इसके विपरीत 'धाकचो खोकोन ओइ जे गाँधी महात्ता' कविता में नाटकीयता और वर्णन-कौशल की कारीगरी से मुक्त छन्द का ढाँचा तैयार किया गया है। नाटकीय एकालाप का यह शिल्प प्रसाद की 'प्रलय की छाया' कविता में मिलता है। नागार्जुन इस मोनोलॉग टेकनीक को बीच-बीच में भंग कर उसके दायरे को अधिक बहिर्मुख और बृहत्तर करने की कोशिश करते हैं—

निकालो फौरन पैसे, सम्भालो मूँगफलियाँ
जाने कब से खोंचा वाला तराजू लिए खड़ा है

... ...

मान ली मैंने अंदर वाले मनसाराम की बात
मूँगफली लेकर बढ़ गया आगे
मैदान की ओर
रेसकोर्स की ओर
कानों में लेकिन गूँज रहा था अब भी
धाकचो खोकोन ओइ जे गांधी महात्ता

मुक्तछन्द की यह नाटकीय सामर्थ्य मनोविज्ञान और समाजशास्त्र, राजनीति

और दर्शन सभी क्षेत्रों में कारगर साबित हो सकती है। गहन गम्भीर अनुभवों के नानाविध ऊहा-पोह के लिए तो यह शैली अद्वितीय उपलब्धि है ही—'पसंद आएगा?' जैसी कविताओं में नागार्जुन तर्क और विचार की सम्मिलित आभा इसमें प्रदर्शित करते हैं—

लिंग लौल्य
रसना-रास
वासनाओं का चैतसिक चुम्बन
लालसाओं का ललित-लास्य
बाहर-बाहर प्रतिष्ठा का आठोप आडंबर
पसंद आएगा तुम्हें ऐसा सुदीर्घ जीवन?
सूक्ष्म, सूक्ष्मतर, सूक्ष्मतम—
चाटुकारिता के सहारे
अभिनव प्रभुओं को अनुरंजित करता
पदे-पदे स्वार्थ साधन-परायण
अनुकूल-कला-प्रवीण पदे-पदे
वंशधरों की वंचना का प्रशिक्षण देना पसंद आएगा तुम्हें?
ऐसा सुदीर्घ जीवन?

यहाँ अनुप्रासों के बलबूते पर मुक्तछन्द को खड़ा करने की कोशिश की गई है। शब्द-संगति की नई योजनाओं के आर-पार, तुकों की लुप्ति, वृत्त को अधिक आत्म निर्भर और स्वाधीन बना रही है। यह वह मोड़ है जहाँ मुक्तछन्द विचार गाम्भीर्य की आदर्श अभिव्यंजना बन जाता है। ध्यान देने की बात यह है कि नागार्जुन इस जमीन पर गद्य और पद्य दोनों ही शैलियों से अपनी खुराक खींचते हैं। पर उसे खाद मिट्टी की तरह इस्तेमाल करते हुए कविता को एक सामाजिक बातचीत की प्रत्यक्ष शैली बना देने की जुगाड़ में हैं। मुक्तछन्द की जमीन पर कवि इस शैली को कितने-कितने कोणों से सजाता-सँवारता है—कहने की बात नहीं। उसका मूल मकसद विचारों की उस फैली हुई दुनिया को समेटना रहता है जिसके आधार पर यथार्थ वस्तु जगत और उसके प्रति हमारे अपने फैसलों का निर्धारण होना रहता है। इसलिए मुक्तछन्द की जमीन पर स्वाभाविक द्रुतिमाधुर्य और श्रवण धर्मिता का न तो कोई विरोध है न ही अनावश्यक आग्रह ही। छन्द चाहे जैसा हो, वह एक विज्ञान है और उसके पीछे अर्थ संप्रेषण के अपने तर्क निरन्तर काम कर रहे होते हैं। यही कारण है कि मुक्तछन्द की रचना छांदसिक निर्मितियों से कहीं अधिक खतरनाक और साहसपूर्ण है। इसमें हल्का संगीत स्पर्श भी रह सकता है। जिसे नागार्जुन व्यवस्थित मुक्तछन्द कहते हैं और आवेगपरकता और वक्रोक्ति-सम्पुटता भी, जहाँ संगीत की कोई जरूरत ही महसूस न हो। भाषागत वक्रता ही जिसे अभिनव पद प्रयोग से सम्पन्न करके कविता के खाते में डाल आती है। नागार्जुन की शब्दावली में यह निर्बंध मुक्त छन्द

है जिसका प्रयोग उन्होंने मेघदूत के अनुवाद में किया है—

प्रिय भाई,
मेरा यह काम पूरा करोगे न?
आखिर, तुमने इस बारे में क्या तय किया?

मुक्तछन्द को सहज और अनिवार्य काव्य पद्धति के रूप में स्वीकार करते हुए भी नागार्जुन तुक-लय समन्वित छन्द शैली को आधुनिक काव्य के लिए मूल्यवान मानते हैं। उनकी अभिव्यक्ति का एक बहुत बड़ा हिस्सा इसी शैली में है। दोहा, कुंडलियाँ, रोला, हरिगीतिका, मन्दाक्रान्ता, कवित्त, सवैया और बरवै तक का इस्तेमाल वे करते हैं। मैथिली में अधिकांश प्रारंभिक कविताएँ हरिगीतिका छन्द में हैं। जबकि भस्मांकुर तुलसी-रहीम के सुप्रसिद्ध 'बरवै' छन्द में लिखा गया खंड काव्य है। बरवै बिछोह या शृंगार का बड़ा प्यारा छन्द है। साकेत में एकाध स्थलों पर इसका प्रयोग किया गया है। नागार्जुन ने इसकी व्यवस्था में कुछ हेर-फेर किया है। वे इस तुकान्त छन्द को अमित्राक्षर की भूमि पर ले आए हैं। प्राचीन छन्दों की सुदृढ़ और शास्त्र सम्मत व्यवस्था में यह रचनात्मक घुसपैठ उनकी अपनी शैली है। भस्मांकुर में जहाँ अंश वर्णनात्मक हैं वहाँ शैली संस्कृतनिष्ठ है और बातचीत वाले स्थल एकदम ठेठ चलती भाषा में। तुक मुक्त बरवै का नमूना देखिए—

वर्ण-गन्ध थे जिनके अमित-असीम
जान न पाई उन फूलों के लाभ
आगे पीछे शैलशृंग हिमशुभ्र
पल-पल पुलकन भरते शिशिर समीर...

डॉ. रामविलास शर्मा ने नागार्जुन के राजनीतिक दोहों में मूर्तिविधान की विशदता और चित्रण कौशल की भूरि-भूरि प्रशंसा करते हुए लिखा है : "चित्रण सौन्दर्य का यह कौशल अन्य कवियों के राजनीतिक दोहों में नहीं है"—

खड़ी हो गई चाँपकर, कंकालों की हूक,
नभ में विपुल विराट-सी शासन की बन्दूक।
जली ठूँठ पर बैठकर गई कोकिला कूक,
बाल न बाँका कर सकी, शासन की बन्दूक।

पुराने छन्दों को नई आभा और अर्थच्छटा से सम्पन्न करना विशिष्ट प्रतिभा की माँग करता है। कमजोर सामर्थ्य वाला रचनाकार परम्परा से इसलिए भी कतराता है कि वह लोगों की निगाह और पंडितों की पकड़ में आ जाएगा। नागार्जुन चाहते हैं कि पंडित उन्हें पकड़ें और उनके शिल्प की बारीकियाँ बताएँ। या फिर उनके साहसिक और संगत प्रयोगों की दाद दें।

अपने छन्दों को विविधता और वैभिन्न देने के खयाल से वे नौटंकी, रामलीला, भजन मंडलियों और लोकगायकों की महफिलों पर भी निगाह रखते हैं। रेडियो से

आनेवाले विदेशी संगीत के स्वरों को भी पकड़ते हैं। किन्तु जब तक वे स्वर हमारी चेतना में घुल-पच नहीं जाते, उन्हें रचनात्मक धरातल पर अंगीकार नहीं करते। उनकी कविताओं में लोक छन्दों का सौन्दर्य मैथिली में भी है और हिन्दी में भी। 'वरुण के बेटे' में ऐसे दो लोकगीतों का प्रयोग मिलता है—दूसरा करुण शृंगार के ओतप्रोत है तो पहले में नौटंकियों की कथन शैली की बहार हमारा ध्यान खींचती है—भोला गाता है—

"भँ गुरी को मात करती है मेरी प्यारी
वो रंगत और वो चिकनापन
कहाँ से लाएगी भँगुरी बेचारी
मात करती है भँगुरी को मेरी प्यारी
मेरी जान। मेरी जान। मेरी जान।
निछावर है तुझ पै भोला के परान!"

संवाद शैली में छन्द को ढालते हुए कवि ने थियेटरी भाषा का विशेष खयाल रखा है जबकि नीचे वाले गीत में उसकी स्वर-बारीकी और अर्थ-गम्भीरता का प्रमाण साथ-साथ पाया जा सकता है—

"जिनगी भेल पह।।।ड़, उभिर भेल क।।।ल!
नइ फेकऽ नई फेकऽ आहे मोर दिलचन,
नेहिया पिरीतिया के जा।।।ल!!
आवऽ आवऽ देखि जा हा।।।ल!!
उभिर भेल का।।।।।।ल!!!

भजन की ब्रह्मानन्दी छन्द शैली देखना हो तो यह पद देखिए—

तुम चन्दन हम पानी
हम काहिल हैं, हम भिखमंगे, तुम हौ औढर दानी।

चिरपरिचित छन्दों में समकालीन अर्थ को पिरोते हुए नागार्जुन उन्हें सार्थक और प्रासंगिक ही नहीं बनाते बल्कि यह भी चुनौती देते हैं कि समस्त पुराने को रूढ़ और जर्जर, गतिहीन और असमर्थ कहने वाले लोग सामने आएँ और परम्परा का उपभोग करना सीखें। आधुनिकता आसमान से नहीं टपकती। वह एक तर्कसम्मत रचनात्मक प्रक्रिया है। हवा में लाठी भाँजनेवालों या शून्य में मौलिकता की डींग हाँकनेवाले लोगों के बलबूते पर उसका भविष्य कभी नहीं टिका, आज क्या टिकेगा? आधुनिक काव्य रचना के तर्क पर उसको नकारना हिन्दी की समकालीन कविता की एक ऐतिहासिक भूल है। प्रगतिशील कविता इस दृष्टि से अधिक इतिहास सम्मत दृष्टि और रचनात्मक विवेक का परिचय दे रही है। आधुनिक जीवन की एकरसता से बचने और विविधता का वातावरण निर्मित करने में नागार्जुन की यह छन्द दृष्टि बेहद उपयोगी है। नागार्जुन की छन्दोबद्ध रचनाओं के पीछे उनके तर्क भी काम कर रहे हैं। पहला तर्क तो यही कि छन्दोबद्धता में मौलिक तराश की चुनौतियाँ बहुत विरल हैं और इसी नाते कवि की

शिल्प-समर्थता का असली अंदाज यहीं लग पाएगा। दूसरे, कविता की मौलिकता और ताजगी मुक्त छन्द में आकर जिस नएपन का नाटक कर रही है, उसका यह नकली नयापन टूट पाएगा और हिन्दी कवि को अपनी ही परम्परा के बड़े कवियों से आँखें चार करनी होंगी, जिससे कि वह बचने की कोशिश करता आया है। तीसरे मुक्तछन्द ने कविता के क्षेत्र में जो एकरसता पैदा कर दी है वह भी टूट सकेगी और भाषा और पद-रचना की सपाट सादगी में रोक आएगी। इससे भी बड़ा लाभ यह होगा कि कविता जो आज भी श्रव्य काव्य बन सकने की सामर्थ्य रखती है, उस दौड़ में शामिल होकर व्यापक सामाजिक शून्य को भरेगी जहाँ फिल्मी गीतों और फूहड़ तुकबन्दियों का विराट घूरा जमता जा रहा है। इसलिए कविता को अतिवादी पाठ्य शिल्प से उबार कर श्रवण धर्मी और लोकोन्मुख बनाने के लिए महज जरूरी है कि हमारे समय के प्रतिभाशाली कवि छन्द और तुक-लय की ओर आएँ। कविता की सामाजिक उपस्थिति को बनाए रखने के लिए उसे मानव मन पर प्रतिष्ठित करना होगा जो सीधे बयानों और सूक्ति-निर्माणों से आगे बढ़कर, बौद्धिक चमत्कारों की क्षणिक प्रभावान्वितियों को फाँदकर एक स्थायी अनुभव का रूप ग्रहण कर लेती है। छन्दोबद्धता से कतराना एक प्रकार से उस लोकमन की उपेक्षा और सच्चाई से आँख मूँदना है जो हमारे चारों ओर फैली हुई है, साथ ही कला की विविध वर्णी दुनिया में नए रीतिवाद का दुराग्रह भी। इन्हीं विचारों के सन्दर्भ में नागार्जुन की कविता के इस पक्ष पर नजर डालनी होगी।

नागार्जुन के छन्दों का सबसे मोहक पक्ष उसकी लयात्मक संरचना है जिसे वे काफी श्रम के साथ तैयार करते हैं। उनकी एक कविता है 'तीन दिन तीन रात'। इस कविता को इस रूप में ढालने के लिए कवि को तीन दिन सचमुच लग गए। 'तीन दिन तीन रात' की टेक को बार-बार दुहराते हुए कवि अर्थ की समन्वित परतों तक उतरता चला गया है। जैसे कोई कच्चे मकान की दीवाल का एक-एक रद्‌दा ऊपर दर ऊपर रखता चला जा रहा हो—

बस सर्विस बंद थी
तीन दिन तीन रात
लगता था, जन जन की
हृदय गति मन्द थी
तीन दिन तीन रात
प्राचार्य जिलाधीश, एस.पी.
रहे सब परेशान
तीन दिन तीन रात

यहाँ पहली और चौथी पंक्ति में तुक 'बन्द' और 'मन्द' के आधार पर रचे गए हैं किन्तु छठवीं, सातवीं पंक्ति में इसकी आवश्यकता भी नहीं समझी गई है। कवि अत्यन्त स्वतन्त्र और स्वाधीन हो उठा है। पूरी कविता में बस एक ही पंक्ति सारे छन्दोविधान को कुंडली मार शैली में बाँधती है। नागार्जुन का ध्यान

ज्यादातर इस बात पर रहता है कि जड़ और फूहड़ तुकबन्दियाँ कविता के शिल्प को कमजोर न करने पाएँ। इसलिए निष्प्राण तुकों के बदले सजीव सार्थक तुकों में किंचित हेर-फेर भी वे बीच-बीच में करते रहते हैं। जैसे 'सेब' का 'ख्रुश्चेव' और 'पानी' का तुक 'फानी' से मिलाकर संगीत से कहीं अधिक वे कविता के अर्थ की रक्षा करते हैं। इसी प्रकार कविता के ठीक बीचोंबीच अन्त्यानुप्रासों की जमी जमायी महफिल उखाड़कर नई-तुक योजना का जायजा भी लेने लेगते हैं—

नंगे तरु हैं, नंगी डालें
इन्हें कौन से हाथ सँभालें
खीझ भड़कती, घुटती आहें
झेल न पातीं इन्हें निगाहें

और इसके बाद अचानक—

कैसी थीं लँगड़ी मनुहारें
कैसे इनकी सनक उतारें

जैसी तुकों पर उतर आते हैं। कभी-कभी इससे भी बड़ी छूट वे लेते दिखाई देते हैं। जान पड़ता है एक ही कविता में कवि कई-कई आवेगों से जूझ रहा है और विचारों की अलग-अलग घुमड़नों के चलते उसे बार-बार अपनी लय को बदलना पड़ रहा है। 'रहे गूँजते बड़ी देर तक' कविता में आखिर की पंक्तियाँ तुक और लय की दृष्टि से प्रारम्भिक पंक्तियों से प्रस्थान भेद रखती हैं। कविता की प्रारम्भिक पंक्तियाँ इस प्रकार हैं—

सुने इन्हीं कानों से मैंने तुतलाहट में गीले बोल
तीन साल वाले बच्चों के प्यारे बोल : रसीले बोल
मेले नाम तेले नाम
बिए नाम बिए नाम
मेले नाम मेले नाम
बिए नाम बिए नाम

और आखिरी अंश की पंक्तियाँ इस प्रकार हैं—

मैंने सोचा :
निर्भय होकर शोषण की बुनियादें ये खो देंगे
मैंने सोचा
बेबस बूढ़े विप्लवियों की कालिख यह धो देंगे

कविता में जो स्थापत्य चला आ रहा था उसे कवि ने बेमुरौव्वती से तोड़ दिया है। इसी प्रकार दूसरी ओर ऐसी कविताएँ भी मिलती हैं जिनमें कवि बीच-बीच में शास्त्रीय संगीत की मुरकी शैली का मोहक प्रयोग करता है और शब्द की छोटी-छोटी तानों के सहारे सारी कविता को रस और रंग में डुबो डालता है—

आ भी तो बता भी तो
लगे कुछ पता भी तो

या

हाय मन होय मन
चुपके क्या भागना
अकेले क्या जागना

नदी की अहरह गति में बहती हुई कविता खूबसूरत भँवरजाल की तरह बीच-बीच में ठहर कर नाचने भी लगती है।

बचपन गाँव में बीता। उस वक्त हम बच्चे मिलकर एक गीत गाया करते थे खेल-खेल में—

हाथी घोड़ा पालकी। जय कन्हैयालाल की।

नागार्जुन को पढ़ते हुए वह इस रूप में दुबारा मिला—

आओ रानी हम ढोएँगे पालकी
यही राय है वीर जवाहर लाल की

आगे बढ़ा तो देखा कवि ने उसमें कुछ नया भी जोड़ा है—

आओ शाही बैंड बजाएँ
आओ बंदन वार सजाएँ

परिचित लय के साथ यह नई अभिवृद्धि काफी अच्छी लगी। लोक और शास्त्र, जीवन और प्रकृति के किसी भी संगीत को यह कवि अपने लिए मौजूँ मानता है। जरा मेघों का बजना तो देखिए—

धिन धिन धा धमक धमक
मेघ बजे
दामिनि यह गई दमक
मेघ बजे

इस कवि के छन्दों में समूची परम्परा का संगीत बजता है। विद्यापति, तुलसीदास, कबीर, निराला के साथ-साथ वे अनाम लोक गायक भी इस कंठ से सुनाई पड़ते हैं जिन्हें हम सिर्फ उनके कृतित्व से जानते हैं। कहना होगा-छन्द और लय संगीत की जितनी विविधता इस कवि में मिलती है उतनी विविधता निराला के अलावा अन्यों में दुर्लभ है। यह छन्द-समृद्धि और संगीत सम्पन्नता स्वाभाविक तुकों की उपस्थिति से और भी निखर उठती है। नागार्जुन जब कविता नहीं लिख रहे होते तब फुटपाथों की महफिल, गँवई नौटंकियों की भीड़ में खड़े या बैठे आपको मिल जाएँगे। या चुपके से किसी खेत की मेंड़ पर बैठकर कजली बिरहा या धान कूटती किशोरियों का गीत सुन रहे होंगे। उनकी सम्पन्नता का राज पंडितों की बिरादरी में बैठकर नहीं लग पाएगा। उठकर वहीं चलना होगा।

कवि कर्म-प्रवादों की परीक्षा

प्रगतिशील खेमे में सर्वाधिक लोकचर्चित और विवादग्रस्त कवि नागार्जुन हैं। कभी प्रगतिवादी कट्टरताओं को तोड़ने के लिहाज से तो कभी परिस्थितिगत जरूरतों के दबाव में आकर उन्होंने राजनीतिक अंकुशों को चुनौती दी है और समकालीन विवेक के कठमुल्ले तर्कशास्त्र को नकारा है। पिछले दिनों इस रूप में वे कई वर्गों के थुक्का फजीहत के शिकार हुए हैं और कुछ लेखकों ने उन्हें अति भावुक, गीतात्मक और भीड़वादी कहकर उनकी सुचिन्तित काव्य दृष्टि पर प्रश्नचिह्न भी लगाया है। एक नए वामपंथी कवि ने तो यहाँ तक लिख दिया है कि इस कवि के पास जनवाहिनी तक पहुँचने के लिए कोई सुस्थिर और संयमित भाषा तक नहीं है।

नागार्जुन की इन आलोचनाओं का अपना सन्दर्भ है और आगामी नागार्जुन चाहें तो इन पर अमल भी कर सकते हैं। पर क्या कोई भी लेखक अपने प्रशंसकों या आलोचकों को इतनी गुंजाइश देता है कि वह उनके अनुसार उन्हीं के दिए गए इशारों पर नाचता-गाता रहे? क्या उसका लेखन एक सहकारी लेखन बनकर ज्यादा प्रामाणिक और समृद्ध होगा? क्या वह इस तरह अपने सम्प्रदाय की कोशिशों में ज्यादा सक्रिय रोल अदा करेगा? ऐसा होना या करना न तो असम्भव है न अस्वाभाविक ही। पर नागार्जुन जैसे प्रौढ़ लेखक से अब यह उम्मीद क्यों की जानी चाहिए।

अपने एक प्रश्न के उत्तर में नागार्जुन ने यह कहा था कि वे अब लगभग अपना काम पूरा कर चुके हैं और जो अधूरा रह गया है उसे पूरा करने की जिम्मेदारी परवर्ती पीढ़ी की है। वस्तुतः नागार्जुन क्या, किसी भी लेखक को उसके सन्दर्भ से काटकर देखने पर असंगतियों का आक्षेप लगाना सहज हो जाता है। अपने समय और सन्दर्भ को आरोपित कर हम किसी को भी अपने अखाड़े में ला खड़ा करते हैं, साथ ही अपने सारे कायदे-कानून भी उस पर लाद देते हैं। नागार्जुन के आलोचकों ने भी उनके साथ अक्सर यही किया है।

आज भी हम यह समझने की भूल नहीं कर सकते कि एक समूचा आदमी केवल राजनीतिक होता है। कवि के सन्दर्भ में तो यह सवाल और भी टेढ़ा हो जाता है। क्या कोई कवि सपाट अर्थों में कोरमकोर राजनीतिक हो सकता है? पर एक अर्थ में वह 'पोलिटिकल' होता जरूर है। मुक्तिबोध हर लेखक से मिलकर सबसे पहले उसकी 'पालिटिक्स' तय करते हैं। यह लेखक समुदाय की जीवनदृष्टि से जुड़ा

हुआ मामला है। आखिर कोई लेखक लिखता क्यों है? वे कौन से मूल्य हैं जिनके लिए वह शब्दों के हथियार उठाए हुए है। क्या वह निर्गुण राष्ट्रीयता है जिसका काम हिमालय, गंगा और भारतमाता कहने से चल जाता है? क्या वह धोती-कुरता रोटी-दाल वाली सीधी-सादी ग्रामवासिनी है? या इसके अलावा कुछ है जो अपनी सामाजिक-आर्थिक समस्याओं के अम्बार में चौबीसों घंटे कमर तक झुकी है? लेखक का मुख्य ध्येय हमारा मनोरंजन है या हमारी सोई हुई, मूर्च्छित संवेदना को जगाना है? अगर जगी हुई है तो उसे मोर्चे पर तैनात कर देना है?

नागार्जुन की कविता के दो मुद्दे बहुत साफ हैं, जिनमें से पहला है आम आदमी के प्रति उनका स्नेह। जनता, जो गाँवों में रहती है? कल-कारखानों में काम करती है, हल जोतती है, रिक्शा खींचती है। सीधे-सीधे कहा जाए तो सर्वहाराओं का समाज, जिसे यह कवि अपनी समूची सहानुभूति देता है। दूसरा है—राजनीतिक और आर्थिक सत्ता के केन्द्र में बैठे हुए लोग। उनकी कविता इन दोनों ही क्षेत्रों में समान अधिकार भाव से आती-जाती है। यों तो वे मैथिली और संस्कृत में भी लिखते हैं और भारतीय साहित्य अकादमी ने उनके मैथिली काव्य 'पत्रहीन नग्न गाछ' को पुरस्कृत भी किया है। तब भी नागार्जुन को बृहत्तर जनजीवन से जोड़नेवाली उनकी कविता उस भाषा में है जिसे इस देश के कोने-कोने में बोलनेवाले हैं। नमूने के तौर पर उन्होंने कुछ प्रकृति सम्बन्धी कविताएँ भी लिखी हैं, जिनसे उनके गुरु-गम्भीर पांडित्य और अभिजात संस्कृति की निकटता भी लक्षित होती है। पर वे नागार्जुन दूसरे ही हैं, जो आम आदमी के बीच जाने जाते हैं। ठाठ से कवि सम्मेलनों और लम्बे-चौड़े समारोहों के बीच अपनी कविता को सुनाते हुए अपने श्रोताओं को विचलित और लहालोट भी कर डालते हैं।

सच्चाई यह है कि नागार्जुन का काव्य-व्यक्तित्व बहुरंगी है और बड़े जतन से सिरजा गया है। उनके आदर्श विद्यापति और निराला हैं। इसलिए क्लासिकल और रोमांटिक दोनों ही तेवर उनमें उपलब्ध होते हैं। 'बादल को घिरते देखा है' जैसी कविताओं में महाकाव्यात्मक औदात्य और गरिमा है तो प्रकृति और परिवेश को लेकर लिखी गई कई कविताओं में वे आवेग-समृद्ध और भावविह्वल दीखते हैं। संस्कारों और आधुनिकता का एक निहायत मीठा और तल्ख मिश्रण उनकी प्रतिभा में है। इसलिए उन्हें किन्हीं बाहरी दबावों के अंकुश में साध पाना किसी महत्वाकांक्षी के लिए सम्भव न हो सका। चाहे वह कोई साहित्यिक वाद हो चाहे राजनीतिक मतवाद। सबको पीछे छोड़ते हुए सबकी मर्यादाओं पर प्रश्नचिह्न लगाते हुए वे टिटकारी मारकर आगे निकल जाते हैं।

इससे इनकार करना गलत होगा कि नागार्जुन आवेग सम्पन्न कवि नहीं हैं। उनके कृतित्व का बहुलांश आवेग मूलक है। पर देखना यह है कि उस आवेग का सन्दर्भ क्या है? क्या वह बच्चन आदि कवियों की तरह व्यक्तिगत सन्दर्भों से उपजा है या उसके सन्दर्भ कुछ दूसरे हैं? क्या नागार्जुन इस आवेग का इस्तेमाल

आत्मानुभूति के लिए करते हैं? दोनों ही प्रश्नों के उत्तर 'नहीं' में होंगे। कविता का कोई व्यक्तिगत प्रयोजन नहीं हो सकता है, इसे नागार्जुन को पढ़कर जाना जा सकता है। खालिस बुद्धिजीवियों पर व्यंग्य करते हुए उन्होंने अपनी एक कविता में लिखा है कि बुद्धिजीवी नामक प्राणी घनघोर एकान्तवादी और आत्मग्रस्त होता है और उसकी तमाम चिन्ता स्वयं को लेकर होती है जबकि आम जनता फसलों के पाला मार जाने या मंजरियों के अकस्मात झर जाने से परेशान रहती है। उन्होंने ऐसे कवियों का उल्लेख किया है, जो केवल अपने काव्य संकलन की बिक्री को लेकर बेचैन हैं जबकि सारा जनजीवन, जीवन-यापन की असुविधाओं में ग्रस्त है। स्पष्ट है कि उनके यहाँ सर्वाधिक महत्त्वपूर्ण वह जनता है जो देश की भाग्य-विधायिका है। जो सीधे राष्ट्रीय उत्पादनों और विकास से जुड़ी हुई है। जो कर्मठ है। जिसके सक्रिय रहने से देश की ऊर्जा बढ़ती है और जिसके आपद्ग्रस्त होने पर राष्ट्रीय संकट पैदा होते हैं। उनकी कविता की असली निगाह यहाँ टिकी रहती है। इस जनता को देखते ही नागार्जुन पुलकित हो उठते हैं। ऐसे में बुद्धि की बल्गा या तो छूट जाती है या जानबूझकर उसे ढील दे दी जाती है। 'फटी बिवाइयों वाले पैर' हों या 'बताशों में घुलती हुई' चटकाल मजदूरों की हँसी हो...नागार्जुन अकेले कवि हैं जो अपने काव्य की अनुदात्तता का खयाल किए बिना इन्हें अंकित कर लेते हैं। प्रेमचन्द ने यह कार्य अपने उपन्यासों में पहले ही शुरू कर दिया था। निराला की कुछ कविताएँ भी हमें ऐसे लोगों की याद दिलाती हैं। नागार्जुन के काव्य की सारी सप्राणता यहीं से उठकर आती है। वे आज भी जनता से सबसे अधिक जुड़े हुए कवि हैं। आज भी गाँवों से उनका सीधा सम्पर्क है। कलकत्ता जैसे महानगरों में आज भी उनकी रुचि इसीलिए अधिक है कि उपनगरों (सबरबन्स) की मेहनतकश आबादी से उनका रिश्ता तरोताजा बना रहे।

एक ऐसा कवि जिसका सारा काव्य-सन्दर्भ वह जनता हो, जिसके हाथ हलों की मूठ पर और मशीनों पर हों, उसे भीड़वादी कहकर यह टिप्पणी करना कि उसे सच्ची जनवाहिनी की पहचान नहीं है, नव वामपंथी कवि की किस सोच का परिणाम है, कहा नहीं जा सकता। शायद उसके गुरिल्ला युद्ध कौशल में नागार्जुन की यह जनता काम में आनेवाली नहीं है। पर उस जनवाहिनी का अता-पता दूर-दूर तक उन्हें भी नहीं है जो 'जंगल की खूबसूरती को भेड़िये की निगाहों' से बचाना चाहते हैं। ये भी अपने पाठकों को सम्बोधित हैं जो मध्यवर्ग या उच्चवर्ग का है और कविता सुन-पढ़कर उसे ठंडा कर लेना जिसकी आदत है। इस वर्ग से जो उम्मीद आज की जा रही है, वह शायद ही कभी पूरी हो। इसलिए निराला ने भी जब क्रान्ति की बात कही तो 'क्षुद्र प्रफुल्ल जलज' या 'किसानों' के छोटे-छोटे बच्चों को सारा दारोमदार सौंपा। नागार्जुन क्रान्ति की बात नहीं करते। पर अपनी कविता में 'तुच्छ

समझे जानेवाले' लोगों को केन्द्रीय स्थान देते हैं—

तुच्छ से अति तुच्छजन की जीवनी पर हम लिखा करते
कहानी, काव्य, रूपक, गीत
क्योंकि हमको स्वयं भी तो तुच्छता का भेद है मालूम
कि हम पर सीधे पड़ी है गरीबी की मार

वर्ण की दृष्टि से ब्राह्मण होते हुए भी वर्ग की दृष्टि से वे सर्वहाराओं में से ही एक हैं और वे अपनी असली पहचान उसे ही मानते हैं। यह भी उल्लेखनीय है कि नागार्जुन की कविता और उनके जीवन में वह फाँक नहीं है जो इन तथाकथित उग्र और क्रान्ति-मुखी कवियों में साफ-साफ दिखती है। वास्तव में नागार्जुन 'व्यवस्था' की शिकारी आँखों से साफ-साफ बच निकलते हैं। जबकि हमारे ये नए क्रान्तिधर उसमें सुरंग लगाने के खयाल से उसी की गोद में रहते हुए अपनी प्रतिज्ञा ही भूलकर लौटते हैं। नागार्जुन और उनके साथी शिकारी मनोवृत्ति के मँजे हुए दाँव-पेंचों से प्रत्येक क्षण सजग हैं। 'सौन्दर्य प्रतियोगिता' कविता में 'वयस्क बुजुर्ग सुधी शिरोमणि कछुआ' का वह वक्तव्य ध्यान देने लायक है जिसमें वे भोली मछलियों से स्वयं को ज्यादा सुन्दर बताते हुए दोनों को और अधिक करीब आने का न्यौता देते हैं। व्यवस्था भी बहुत कुछ ऐसी ही पैंतरेबाजियाँ करती रहती है। पूँजीवादी व्यवस्था और उसकी जेबी राजनीति को जितनी गहराई से इस कवि ने समझा है उतना और कौन समझेगा। वे ही लिखते हैं 'पैसे का तिकड़म से नाता' और इस तिकड़म को उघाड़कर रख देना कवि की पैनी और अचूक दृष्टि का ही परिणाम है। 'मन्त्र' कविता में वे लिखते हैं—

ओं अपनी ख़ुशहाली
ओं दुश्मनों की पामाली
ओं डालर, ओं रूबल, ओं पाउंड
ओं साउंड, ओं साउंड, ओं साउंड

'हमीं हम ठोस वाली' यह पूँजीवादी मानसिकता बाकी 'सबको फूटे-ढोल' बना देना चाहती है। यही उसका चरित्र है। कविता हमें लड़ाई की सही समझ देती है, दुश्मन को पहचानने में हमारी मदद करती है। अगर कुछ लोग इसका मतलब यह समझते हैं कि हमारे हाथों में बारूद बनकर आ जाएगी तो उन्हें इस समझ से कौन रोक सकता है। पर नागार्जुन की कविता में यह भ्रम कहीं नहीं है। वे जानते हैं कि शब्दों की सीमाएँ क्या हैं? इस नाते वे कविता को किसी मुगालते के तहत नहीं लिखते जबकि उनकी कविता कम से कम आहत तो करती ही है, भले ही वह ढहा न सके। यहीं उनकी व्यंग्यशैली का उल्लेख भी कर देना आवश्यक है, जो हिन्दी कविता में विरल है। उनके व्यंग्य की कई परतें हैं। व्यंग्य, हास्य, चुटकी लेना, फब्ती कसना और मौका पाते ही उघाड़कर नंगा कर देना—सब उनकी शैली में शामिल है। इतना ही नहीं, कभी-कभी तो वे अपने गुस्से को भी नहीं पी पाते और वह अपने

कच्चे रूप में ही बिम्बायित हो उठता है। व्यंग्य हमेशा गहरे गुस्से से पैदा होता है। नागार्जुन की कविताओं को देखकर यह धारणा और अधिक ठोस हो उठती है।

आधुनिक कविता की विचारभूमि पर इस कवि की सक्रियता उसे कितना आवेग-मूलक सिद्ध करती है और कितना भावप्रवाही यह समझा जा सकता है। क्रान्ति की मूल उत्सभूमि यही गहरी भावना है जो व्यक्ति के राग-संसार से जन्म लेती है। क्रान्तिकारी हो चाहे कवि, जो भावना कवि को कोई सार्थक शब्दास्त्र उठाने के लिए बाध्य करती है, वही भावना किसी क्रान्तिकारी को बारूद तक भी ले जाती है। दोनों की भावना में आवेग का तत्त्व जितना सबल एवं सघन होगा, उनकी प्रक्रिया उतनी ही तीव्र एवं प्रभावकारी होगी। नागार्जुन के काव्य में भी आवेगों की सबलता एवम् सघनता को इसी रूप में समझा जा सकता है। पर वे हवा में पैदा नहीं हुए हैं और न हवाई ही हैं। उनका एक निश्चित सामाजिक और आर्थिक सन्दर्भ है। सोद्देश्यता के खयाल से यह पूछा जा सकता है कि यह कवि अपनी कविता को किन प्रयोजनों के तहत लिख रहा है? क्या वे प्रयोजन कोरे सौन्दर्यशास्त्रीय हैं? नागार्जुन ही नहीं समस्त आधुनिक कविता का सबसे पहला उद्देश्य मानव भविष्य के प्रति चिन्ता और उसके वर्तमान के प्रति असन्तोष का भाव है। कविता का यथार्थ केवल असन्तोष के निरूपण तक ही नहीं है, वह उन मानव-शक्तियों की खोज और निर्देश करने तक भी है जिसके द्वारा मुक्त और शोषण हीन समाज की स्थापना की जा सके। इस प्रसंग में नागार्जुन की कविताएँ अपना प्रतिमान स्वयं निर्मित करती हैं। भाषा के 'मृदुललित' पदार्थों और 'गूढ़शब्दार्थों' की जगह उनकी कविता बोल-चाल के सबसे करीब से गुजरती है। यों तो बोल-चाल की भाषा की भी कई सतहें हैं पर नागार्जुन ज्यादातर उसके परिचित और प्रचलित रूपों को ही उठाते हैं। इस कोशिश में कभी-कभी वे अपनी कविता के भाषिक सौन्दर्य को भी तोड़ते दिखाई देते हैं जहाँ कि वे हिन्दीतर शब्दों को भी शामिल करते हैं। निराला ने 'कुकुरमुत्ता' और मुक्तिबोध ने अपनी कई कविताओं में यह प्रथा स्थापित की है। भाषा के सन्दर्भ में यह आग्रह-मुक्तता और उदारवाद है जिसे केवल कविताओं में नहीं कथा और नाटक साहित्य में भी देखा जा सकता है। पर कथा और नाटक रूपों के लिए यह प्रयोग जितना मौजूँ है कविता के लिए उतना सुविधापूर्ण नहीं होता। विशेषकर ऐसी कविता जो छोटी हो, पात्र और घटना-विहीन हो। कबीर ने ऐसी मर्यादाएँ अपनी साखियों में स्थापित की हैं। उन्होंने भाषा के बहते नीर को ग्रहण कर ठहरे हुए संस्कृत रूपी (परिष्कृत) कूपजल को अस्वीकार कर दिया है। माध्यम के शिकंजे में कथ्य को उलझाने का खतरा वे ही मोल ले सकते हैं जिन्हें अनुभव से अधिक अभिव्यक्ति की बारीकियाँ पेश करनी हों। पर जो विचारतः लदा हो, आवेग-आकुल हो, बेचैन हो, उसे करीने से राई-रत्ती सजाने की फुर्सत ही कहाँ होती है? बल्कि अधिक सही यह कहना होगा कि उसे जितने ही अपरिष्कृत (क्रूड) रूप में वह प्रस्तुत करेगा, कथन उतना ही पैना और धारदार साबित होगा। कलावादियों के लिए यह सोच पाना कठिन ही है कि

ऐसा हो भी सकता है। पर जिन्होंने कबीर को वाणी का डिक्टेटर कहा है वे जानते हैं कि बँधे-बँधाये दायरे में शब्द-प्रयोग की सुविधाएँ काफी हैं और खतरे बिल्कुल नहीं हैं। कबीर ने यह खतरा मोल लिया था। अपने समय में वर्ड्सवर्थ जैसे कवियों ने जब साधारण जन की भाषा का इस्तेमाल करना चाहा था तब वह भी इसी खतरे को चुनौती दे रहा था। उस वक्त भी यथास्थितिवादियों को काफी पीड़ा हुई होगी और कविता की वह गत देखकर वे झल्लाए होंगे, पर रचनाकार अपने निर्णयों की स्वाधीनता में कब किसकी परवाह करता है। वे दूसरे होते हैं जो किन्हीं दबावों के तहत अपनी रचना के सम्बन्ध में लिए गए निर्णय को बदलते हैं। उन सृजन अबोधों को क्या कहा जाए जो पोथियाँ पढ़कर आत्मबोध प्राप्त करने के बदले उन्हीं की विचार छाया में शब्दार्थों का पुरुषार्थ तय करने लगते हैं। नागार्जुन की भाषा हड़बड़ी में चुनी गई है और उस पर उनके घुमक्कड़ स्वभाव की छाप है...ये दोनों ही कथन अविचारित और गैर-साहित्यिक हैं। पहली बात तो यही की हड़बड़ी की मानसिकता में लिखा भी जा सकता है या नहीं? जब नागार्जुन आवेग-मूलक हैं तब वे न तो पूर्व नियोजित भाषा ही लिख सक्ते हैं न ही हड़बड़ी की। साथ ही यह भी कि आवेगों के बीच क्या कोई किसी शब्द का ग्रहण या त्याग कर सकता है? फिर वह आवेगमूलकता कैसे हुई? क्या ये दोनों परस्पर विरोधी कथन नहीं हैं? उनकी भाषा को घुमक्कड़ी कहना और भी मजेदार है। क्या घूमते रहने से किसी को यह सहज उपलब्धि हो जाती है? तो फिर अज्ञेय से ज्यादा घुमक्कड़ कौन हो सकता है? केशवदास तो बैठे-बिठाए ही 'षड्भाषा' लिख गए। आलोचना को इस सरलीकरण तक पहुँचाकर क्या कोई सिद्धान्त निदर्शन किया जा सकता है? मैंने पहले ही कहा है कि नागार्जुन कई भाषाओं के पंडित हैं और सब पर उनका अधिकार है। लिखने के पहले वे तय करते हैं और यह सब करने में उनके भीतर कोई असमंजस नहीं रहता। उनकी दृष्टि निरन्तर उस माध्यम को सशक्त और सक्षम बनाने की रहती है जो उनके विचारों का संवाहक है। अगर उसकी सक्षमता ज्यादा जनवादी होने में है, लोक प्रचलित और लोकोचित होने में है तो वे उसी को अपनी कविता में स्वीकारते हैं। वस्तुतः आज का कवि किसी एक लोक के भरोसे अपना कवि-कर्म सम्पादित कर भी नहीं सकता। उसे हर क्षण अपने माध्यमों की चुस्ती और धार की तेजी पर निगाह रखनी होती है। वह अपने अनुभवों की विविधता और बहुरंगीपन के साथ उस भाषा को भी ग्रहण करता है, जो उनके साथ चिपकी रहती है। नागार्जुन इस मायने में काफी सजग और संग्राहक व्यक्ति हैं। उनकी कविता इसीलिए थोड़े में बहुत के बदले बहुत में बहुत की बात करती है। पर इसे शब्दों की फिजूलखर्ची नहीं कहा जा सकता। बजाय इसके उसे अधिक खुली हुई कविता कहना ठीक होगा। यों जहाँ वे व्यंग्य करते हैं वहाँ ज्यादा चुन्त और चयन-सजग हैं पर आमतौर पर वे कविता को ज्यादा लोगों से बातचीत करने का एक जरिया मानते हैं। इस नाते वह गूढ़ और जटिल होने की जगह सरल और समझने योग्य हैं। वह सचमुच उस

आम आदमी की कविता है जिसका काव्यशास्त्र ज्ञान कोरा है। जो इतनी भी फुर्सत में नहीं है कि वह कविता को पढ़कर उसके अन्तर्वर्ती विज्ञान और प्रक्रिया के बारे में सोच भी सके। यद्यपि सोचने को बहुत कुछ है। जैसे कि हमारे युग की कविता का आदर्श क्या हो? क्या वह थोड़े से लोगों के लिए हो या वह और अधिक पाठक और श्रोता तैयार करे? अगर वह सामाजिक नवनिर्माण में भाग लेना चाहती है तो उसे अपने स्थापित तन्त्र से बाहर निकलना होगा। भाषा और बिम्ब की गूढ़ता को तिलांजलि देनी होगी। अधिक परिचित और सार्थक सवाल चुनने होंगे, जिससे आम आदमी की भागीदारी भी हो सके। कहीं ऐसा न हो कि वह चन्द बुद्धिजीवियों और धनाढ्यों के सज्जा कक्षों की 'चीज' बन कर रह जाए। आम आदमी से जुड़ने का एक ही जरिया है कि वह आदमी हमारे लेखन के बीच हो, हमें अपना लेखक माने और समझे भी। नागार्जुन एक ऐसे ही लेखक हैं और कोई भी विकासशील समाज ऐसे लेखक को लेकर गौरव अनुभव कर सकता है।

नागार्जुन के उपन्यास

नागार्जुन के अब तक कुल दस उपन्यास प्रकाशित हो चुके हैं—रतिनाथ की चाची, बलचनमा, नई पौध, बाबा बटेसरनाथ, वरुण के बेटे, दुःखमोचन, कुम्भीपाक, हीरक जयन्ती, उग्रतारा और जमनिया का बाबा। गरीब दास (बाल उपन्यास) और अग्निपुत्र लिखे जाने की तैयारी में हैं। उनकी कुछ कहानियाँ भी विशाल भारत, पारिजात (पटना), जोगी, ज्ञानोदय, कहानी तथा सारिका में प्रकाशित हो चुकी हैं। उपन्यास लेखन के पूर्व नागार्जुन ने कहानी पर अपने कथा-कर्म की परीक्षा लेनी शुरू कर दी थी। इसलिए यह नहीं कहा जा सकता कि वे सीधे उपन्यास लेखन में ही प्रवृत्त हुए। 'असमर्थदाता' सन् '40 के विशाल भारत में प्रकाशित हुई जबकि 'रतिनाथ की चाची' उपन्यास ठीक आठ साल बाद 1948 में देखने में आया। 'बलचनमा' मैथिली में लिखा जाकर बरसों इस प्रतीक्षा में रहा कि कोई उसे छापे। लेखक को स्वयं उसका रूपान्तर खड़ी बोली में करना पड़ा और मैथिली रूप सन् '67 में छपा। इसके पहले उनकी 'विशाखा मृगार माता', 'ममता', 'राज्यश्री' और 'आसमान में चन्दा तैरे' जैसी कहानियाँ लिखी जाकर छप चुकी थीं। पाँचवें दशक में नागार्जुन ने कुछ निबन्ध, शब्दचित्र और संस्मरण भी लिखे। सन् '44 में 'कौमी बोली' के कुछ अंकों का सम्पादन भी किया। उन दिनों के लेखन को देखकर यह कहा जा सकता है कि वे सारे प्रयास अपनी स्थिति-स्थापकता के थे और लेखक बहुत ईमानदारी से गद्य की अनेक विधाओं पर जोर-आजमाइश कर रहा था। आज जब यह पुस्तक लिखी जा रही है, नागार्जुन एक प्रमुख कथाकार के रूप में हमारे सामने हैं। यह सच है कि कविताएँ उन्होंने काफी संख्या में लिखी हैं और उनके विभिन्न कलात्मक स्तर भी हमें वहाँ देखने को मिलते हैं, किन्तु उनके उपन्यासों का महत्त्व इससे कम नहीं हो जाता। समाज-सजग लेखक होने के नाते उनके ये उपन्यास हमारे सामाजिक और राजनीतिक जीवन के महत्त्वपूर्ण दस्तावेज कहे जा सकते हैं।

उनका सबसे पहला उपन्यास 'रतिनाथ की चाची' है, जिसकी मूल प्रेरणा स्वयं लेखक के जीवन की कुछ मार्मिक घटनाएँ हैं जिन्हें उसने देखा ही नहीं भोगा भी है। भोगने के दौरान निरन्तर तनावों से गुजरा भी है। किन्तु उपन्यास लिखते समय वह तनाव-प्रदर्शन के बजाय उस समाज की असहिष्णुता और नई सामाजिक सहानुभूति के आदर्श स्थापित करना चाहता है। 'गौरी' जो उपन्यास की नायिका है, एक

विधवा ब्राह्णमी है जिसे अपने देवर जयनाथ की कामवासना का शिकार हो जाने के परिणामस्वरूप जीवन भर घर-परिवार की प्रताड़ना भुगतनी पड़ती है। महिलाएँ तो महिलाएँ, कोख के जाए बेटे तक इसके लिए उसे माफ नहीं करते। एक अकेला रतिनाथ है जिसके मन में अपनी विधवा, लांछित और अपमानित चाची के लिए भरपूर आत्मीयता और आदर है।

यद्यपि यह नागार्जुन का पहला उपन्यास है किन्तु मैथिली समाज का बहुत प्रामाणिक और अंतरंग परिचय इसमें मिलता है। शुभंकरपुर गाँव कथा के केन्द्र में है जहाँ से राँची, तरकुलवा, मोतिहारी, भागलपुर और कलकत्ता के लिए रास्ते फूटते हैं। गाँव के लोग पढ़-लिखकर अच्छी-खासी नौकरियों में चले जाते हैं किन्तु अपना दिमाग नहीं बदल पाते। विधवा जीवन की करुण गाथा को समझने की कौन कहे—उसके झनझनाते हुए दुःखों के तारों को सुनने तक को कोई तैयार नहीं। सारा का सारा मैथिल जीवन अपनी सामन्ती रूढ़ियों और जड़ता में सराबोर है। लेखक ने गौरी और विधुर देवर जयनाथ के काम सम्बन्ध की चर्चा को एक सूक्ष्म घटना के रूप में प्रस्तुत किया है। किन्तु जिस वातावरण में वह घटना हुई है, उसकी क्रिया-प्रतिक्रिया का बहुत विस्तृत वर्णन किया गया है। भारतीय समाज में स्त्री की दशा क्या है, इस पर प्रायः सभी आधुनिक लेखकों और कवियों ने विचार किया है। किन्तु उनका यह विचार शुद्ध सैद्धान्तिक और कलात्मक है। प्रेमचन्द और जैनेन्द्र जैसे लेखकों ने अपनी कुछ कृतियों में इसे प्रामाणिक मार्मिकता देने की कोशिश की है। किन्तु वे ठोस सामाजिक कारणों को उनके ऐतिहासिक और सामाजिक परिप्रेक्ष्य में पकड़ने में या तो रुचि नहीं रखते या फिर उस ओर उनका ध्यान ही नहीं जाता। सेवासदन, निर्मला, त्यागपत्र और सुनीता जैसे उपन्यासों में भारतीय नारी के सामाजिक इतिहास की वह पूर्व भूमिका गायब है, जिसे नागार्जुन ने अपने उपन्यास में बखूबी पकड़ने की कोशिश की है। जातियों के आपसी रिश्ते, मैथिलों की बहु-विवाह प्रथा, पुरोहितों-जमींदारों की साँठ-गाँठ, हिन्दू समाज की कट्टर जातीयता, महाभोज, उनके खान-पान, आम-मछली और तालमखानों का रोचक वर्णन। यदि ध्यानपूर्वक देखा जाए तो पता लगेगा कि लेखक की मूल दृष्टि आंचलिकता को उभारने की न होकर ग्रामीण समाज के उस जरूरी डीटेल्स को जुटाना है जिसमें हमारे समाज में व्याप्त भयंकर सामाजिक रोगों—जाति-अहंकार, पुरुषों की स्वच्छन्दता, विधवाओं का नारकीय जीवन, उच्चवर्गों एवं सामन्तों का प्रच्छन्न भ्रष्टाचार—की एक मानक तस्वीर हमें मिल सके। ग्रामीण समाज के कुछ प्रमुख घटक इस उपन्यास में मौजूद हैं—भोला पंडित, दम्मो फूफी, रायबहादुर दुर्गानन्दनसिंह, परसोनी गाँव की सुशीला (काशी निवास करने वाली विधवा) और निम्नमध्यम जाति का कुल्ली राउत। और बुधना चमार की औरत भी जो गर्भ गिराने में उस्ताद मानी जाती थी। नागार्जुन ने जातियों की उच्चता पर लानत भेजते हुए मानवीय संवेदना की जो झलक उस चमाइन में देखी है वह अन्य किसी पात्र में दुर्लभ है—"एक बात कहती हूँ, माफ

करना, बड़ी जातवालों की तुम्हारी यह बिरादरी बड़ी मलिच्छ, बड़ी निठुर होती है, मलिकाइन। हमारी भी बहू-बेटियाँ रांड़ हो जाती हैं, पर हमारी बिरादरी में किसी के पेट से आठ-आठ नौ-नौ महीने का बच्चा निकाल कर जंगल में फेंक आने का रिवाज नहीं है। ओह, कैसा कलेजा होता है तुम लोगों का, मइया री मइया।"

लेखक ने बड़ी जातवालों की इस स्थिति-कायरता और पाखंड-प्रतिष्ठा के पीछे छिपी हुई करुण-क्रूरता को भी देखने की कोशिश की है। गौरी की माँ गर्भस्थ शिशु के बारे में सोचती है—"ओ अभागे, तुम्हारा क्या कसूर? यही चमाइन तुम्हें गाँव के बाहर झुरमुट के अन्दर डाल आएगी। फिर कुत्ते और सियार नोच-नोचकर तुम्हें खाएँगे। जैसे और बच्चे अपनी माँ के पेट से समय पर बाहर आते हैं, तुम उस तरह समय पर गर्भ से बाहर नहीं निकल सकते। तुम्हारे जन्म से प्रसन्न हो सोहर गाए, ऐसी एक भी औरत नहीं होगी...।"

हमारा भारतीय समाज आज भी इन स्थितियों से उबर नहीं सका है। आज भी वह उतना ही दकियानूस और रूढ़ि प्रेमी है। किन्तु लेखक की आस्था 'रतिनाथ' जैसे तरुण चरित्रों पर टिकी हुई है, जो कार्य-कारण की शृंखला को देखते हुए सही मानवीय संवेदना को बचाए रख सकते और सामाजिक वेदना के हिस्सेदार बने रह सकते हैं। गौरी की मूक वेदना का ज्वालामुखी इसीलिए रतिनाथ के कंठ से फूटता है।

इस उपन्यास में सामाजिक संवेगों की उपस्थिति के साथ-साथ वर्णन-चित्रण और काव्यात्मक प्रसंग-निरूपण भी विद्यमान हैं। ऐसा नहीं लगता कि यह किसी लेखक का पहला उपन्यास है।

बलचनमा उनका दूसरा उपन्यास है जिसमें आत्मकथात्मक शैली अपनाई गई है। एक शोधकर्ता के अनुसार 'होरी' ने बलचनमा के रूप में पुनर्जन्म प्राप्त किया है। वस्तुस्थिति जबकि यह है कि 'बलचनमा' नागार्जुन का आदर्श-पुत्र है। 'होरी' प्रेमचन्द का आदर्श नहीं है। किसान जीवन का यथार्थ है। भारतीय किसान अपनी सारी सामान्य इच्छाओं और दारुण विवशताओं के साथ होरी में उपस्थित है। प्रेमचन्द अपने अनुभव और प्रौढ़ लेखन के माध्यम से उसे एक बृहत्तर और प्रामाणिक स्वरूप देने में सफल हो सके हैं। नागार्जुन का मुख्य लक्ष्य किसान की राजनीतिक और सामाजिक जागरूकता दिखाना है। बलचनमा नारे लगाता है—"जमीन किसकी—जोते बोये उसकी।" स्पष्टतः नागार्जुन अरसे तक किसान आन्दोलन से जुड़े रहे हैं। गाँवों के गरीब और निम्न (शूद्र) जातियों की सामाजिक और आर्थिक गिरावट को नजदीक से देखा है, खुद भी गरीबी की मार सही है, इसलिए उनके इस उपन्यास में सैद्धान्तिक मार्क्सवाद भर नहीं है। गरीबी की मार सहनेवाले एक लेखक का प्रत्यक्ष समाज वैषम्य बोध भी है। इसी बोध ने उसे द्वन्द्वात्मक भौतिकवाद तक पहुँचाया है। मार्क्सवादी दृष्टि से सम्पन्न होने के कारण वह शोषण, अनाचार, अनैतिकता की तस्वीरें अधिक सुविधापूर्वक न केवल खींच सका है, बल्कि उनके पीछे निहित विचारों की टीका कर सकने में भी कामयाब हुआ है। लेखक हजारों सालों से चुप्पी साधे, सामन्ती

अत्याचारों और रूढ़ियों के शिकार लोगों को उनके अधिकारों के प्रति सचेत करता है, एकजुट होकर लड़ने और जययात्रा में शामिल होने की प्रेरणा देता है। प्रेमचन्द के यहाँ व्यवस्था का भीषण अटूट आतंक है। होरी, हल्कू, घीसू, माधव सब उसमें मर-खप रहे हैं। पता नहीं चलता उनमें राजनीतिक जागरूकता का प्रवेश कब होगा। कब वे अपना मोर्चा बनाएँगे। बनाएँगे भी या नहीं। नागार्जुन इस सवाल के स्पष्ट उत्तर हैं। प्रेमचन्द ने गाँवों की यथार्थ स्थिति का गम्भीर और सूक्ष्म वर्णन किया है, अपनी ही भाषा में। नागार्जुन ने उससे आगे बढ़कर बलचनमा, मंगल-माधुरी, मोहन माँझी, जीवन नाथ, जैकिसुन आदि के माध्यम से उस यथार्थ से निपटने का रास्ता सुझाया है। हिन्दी के कई आलोचक उन्हें सुधारवादी-कम-यथार्थवादी कहते हैं। कुम्भीपाक, बाबा बटेसरनाथ, दुखमोचन, उग्रतारा जैसे उपन्यासों में उनका यह रूप देखा जा सकता है। निश्चय ही नागार्जुन के उपन्यासों में ऐसी स्थितियाँ कल्पित हैं जिनमें सुधारवाद क्या गांधीवादी तक खोजा जा सकता है। 'रतिनाथ की चाची' में गौरी चर्खा कातती है। कुम्भीपाक में चम्पा स्वावलम्बन की राह पकड़ शिल्प कुटीर स्थापित करती है। देखने वालों ने ये गांधीवादी दृश्य क्यों नहीं देखे। तब शायद उन्हें यह भी पता चलता कि नागार्जुन की मनोरचना गांधी युग में हुई। किसान आन्दोलनों में समाजवादियों के साथ उन्होंने काम किया है। प्रारम्भिक दिनों में उदारमना सुधारवादी आर्यसमाजी नेताओं के सम्पर्क में भी आए हैं। और फिर धीरे-धीरे मार्क्सवादी विचारों तक पहुँचे हैं। लेखक के नाते वे आज भी इस संस्कार-यात्रा को जिन्दा रखे हुए हैं। सामन्ती व्यवस्था की बहुत सारी बातें उन्हें अब भी उपयोगी लगती हैं। अब भी उनके पात्र अपना हृदय खोलकर मिलते-जुलते हैं। इसलिए वे सबसे अधिक जिस चीज से प्रभावित होते हैं, वह शक्ति है 'संघर्षशील जनता का विपन्न बहुलांश'। 'कोटि-कोटि भारतीयों के निरीह, पिछड़े हुए, अकिंचन, दुर्बल समुदाय' जो आज भी अपने अधिकारों का उपयोग नहीं कर पाता। एक लेखक के नाते वे आंचलिक-अनांचलिक, यथार्थवादी-अयथार्थवादी, सुधारवादी, आलोचनात्मक जैसी संज्ञाओं पर ध्यान देने के बजाय उस पूर्ण दृश्य पर अपनी निगाह टिकाए रहते हैं जिसे शताब्दियों के इतिहास ने हमें सौंपा है। यथार्थवाद के खूँटे से बँधे हुए अन्धे बैल वे नहीं हैं। पहले भी कह चुका हूँ कि उनका लेखन किताबों के अध्ययन का सुपरिणाम नहीं है। देखे और जिये हुए जीवन की देन है। इसलिए वे उस जनता को हमारे सामने लाते हैं जो न तो पूरी तरह सामन्ती है, न पूरी तरह पूँजीवादी, न ही मार्क्सवादी। इतने कठमुल्ले और दृष्टिहीन नहीं हैं कि ऐतिहासिक देनों को नजरअन्दाज करते चलें। उन्होंने लिखा है—"जब कभी मैं ग्रामांचलों के किनारे-किनारे बसी हुई दलित बस्तियों के अन्दर अथवा महानगरों के पिछवाड़े गन्दे नालों के इर्द-गिर्द बसी हुई झुग्गियों की दुनिया में जाता हूँ तो सुविधा प्राप्त वर्गों द्वारा परिचालित राजनीति के प्रति मेरा रोम-रोम नफरत में सुलग उठता है।

"ऐसा नहीं कि मैं सुविधा प्राप्त वर्गों के प्रति सारा दिन-सारी रात, बारहों महीने,

साल-दर-साल निरन्तर नफरत में ही सुलगता रहता हूँ। सनातन काल से हमारी इस भूमि को प्रकृति का विशेष वरदान प्राप्त रहा है। सनातन काल से सुविधा प्राप्त एवं उच्च वर्गों के भी सहृदय और ईमानदार व्यक्तियों ने जनसाधारण के दुःख-सुख को निश्छल तौर पर अपनी प्रतिभा का आलम्बन बनाया है। वाल्मीकि, कालिदास, तुलसीदास, रवीन्द्र, प्रेमचन्द उन्हीं में से रहे हैं। भाषा का विकास, साहित्य का विकास, ललित कलाओं के आविर्भाव और अग्रगति, समग्र मानवता को आगे बढ़ाने वाले शिल्प, दस्तकारियाँ, खेती-बाड़ी और बागवानी के चमत्कार...ढेर...सारी स्थापत्य सृष्टि, रसायनिक उपलब्धियाँ, खनिज धातुओं के उपयोग, परस्पर की सुरक्षा और दुष्ट दलन के लिए अमोघ अस्त्र-शस्त्र...अर्थात् मानव जीवन को बेहतर बनाने के हजार-हजार तरीके हमारे उन्हीं पूर्वजों की देन हैं, जिन्होंने दुर्दान्त प्रकृति को समय-समय पर नांघा था और जो न तो कामचोर थे और न जन सामान्य के सौभाग्य को हड़पनेवाले। निःसन्देह महाजनी सभ्यता के गलित कुष्ठ से हमारे इन पूर्वजों के दिल और दिमाग दूषित नहीं हुए थे। वराहमिहिर और आर्यभट्ट, चरक और सुश्रुत कौन थे? हमारे ही पूर्वज तो थे। अपने इन पूर्व पुरुषों के प्रति मेरा मस्तक हमेशा झुका है।" इस सन्दर्भ में मुझे अनिल सिन्हा जैसे उपन्यास आलोचकों का यह वक्तव्य काफी हास्यास्पद लगता है कि "वे जिस संचेतना से अपने उपन्यास को प्रारम्भ करते हैं, उसकी तीव्रता महसूस नहीं कर पाते और कभी प्रगतिवादी, कभी सुधारवादी, कभी यथार्थवादी होकर रह जाते हैं।" सिन्हा जी के इस वक्तव्य का उत्तर प्रसिद्ध लेखक जूलियन ग्रीन के इस कथन में मिल सकता है—"मैं स्वीकार करता हूँ कि इस प्रकार के उपन्यासों की रचना करने की अचूक विधियाँ हैं जिनको अपनाकर धन प्राप्ति की जा सकती है, किन्तु मैं कभी भी यह स्वीकार नहीं कर सकता कि कोई भी जन्मजात उपन्यासकार इस प्रकार की यांत्रिक विधियों में रुचि लेगा। बहुत कम उपन्यासकार विशुद्ध कलात्मक दृष्टिकोण से इतने अकुशल रहे हैं जितने कि बाल्जाक, रामिली, ब्रान्ट, कानरेड या मारसेल प्राडस्ट थे। इनमें से प्रत्येक का एक से अधिक उपन्यास सिद्ध करता है कि वे उपन्यास रूपी घड़ी के कुशल घड़ीसाज नहीं थे। फिर भी उनके उपन्यासों और रचना-चातुर्य से युक्त तथाकथित सफल उपन्यासों में हमें मानव हृदय का जीवित स्पन्दन मिलता है, वहाँ दूसरे प्रकार के उपन्यासों में केवल घड़ी की धीमी-टिकटिक ही सुनाई देती है।"

"मानव-हृदय के स्पन्दन की ध्वनि बड़ी ही अद्‌भुत है। इसे हम जीवित ग्रन्थों में ही प्राप्त कर सकते हैं। जीवनहीन ग्रन्थों में मात्र अनुकरण के आधार पर हम इस स्पन्दन को उत्पन्न नहीं कर सकते। जीवन-युक्त ग्रन्थों की रचना मात्र नियमों के आधार पर नहीं होती।" इसी तरह किसी लेखक का महत्त्व सिर्फ इसलिए नहीं बढ़ जाता कि उसने अमुक या तमुक कला-नियम को पूरी तरह कृति-सिद्ध कर दिया है। उसकी महत्ता इस बात से सूचित होगी कि वह अपने युग को उसके पूरे स्पन्दन के साथ पकड़ सका है या नहीं। अमृतलाल नागर के उपन्यासों में यह

स्पन्दन पूरी स्वाभाविकता के साथ विद्यमान है जबकि इस प्रकार की कोई मोटी संज्ञा उन पर चस्पां नहीं की जा सकती। भारतीय जीवन के नए-पुराने मूल्यों की कशमकश में भी उन्हें जीवन्त और सार्थक तत्त्व दिख ही जाते हैं और आशावादी जाति की भविष्य-निष्ठा भी प्रकट होकर रहती है। नागार्जुन की प्रगतिशीलता और यथार्थ को भी इसी बिन्दु पर देखना पड़ेगा। एक बार एक आलोचक ने प्रेमचन्द के बारे में कहा था—"वे अपने समय के साथ भी थे और उससे दस कदम आगे भी।" युग की संवेदना कोई सीधी-सरल रेखा नहीं हुआ करती। न ही कोई कृति इस रेखा को दिखाने की कोशिश ही करती है। एक-एक चरित्र में जैसे हजार-हजार चरित्र छिपे रहते हैं, वैसे एक-एक पात्र में कई-कई विलक्षण मानवीय विशेषताएँ अपनी तमाम कमियों के बावजूद दिखती रहती हैं। नागार्जुन मानव-स्वभाव की इस सहज स्वाभाविकता पर भी अपनी नजर रखते हैं और उस गंतव्य पर भी जहाँ कि उन्हें पहुँचना है।

डॉ. बच्चन सिंह ने अपने इतिहास में ग्राम कथाकार की श्रेणी में रखते हुए उन्हें प्रेमचन्द और यशपाल परम्परा की मध्यभूमि पर प्रतिष्ठित करना चाहा है। डॉ. रामविलास शर्मा ने तो उन्हें 'ग्राम कवि' की संज्ञा ही दे डाली है। मेरे लिए ये संज्ञाएँ बहुत महत्त्वपूर्ण इसलिए नहीं हैं, क्योंकि इससे लेखक की सीमाओं और दायरे का बोध तो होता है, पर अपनी समग्रता में वह बिल्कुल छूट जाता है। नई पौध, पारो, वरुण के बेटे, उग्रतारा आदि उपन्यासों के आधार पर यह कहा जा सकता है कि वे हमारे समाज के उन कोढ़ों और कलंकों को पकड़ते हैं जो बरसों से हमारी चिन्ता के कारण बने हुए हैं। अनमेल विवाह क्यों होते हैं? और क्या गाँवों में ही ये घटनाएँ घटती हैं? नई सामाजिक मर्यादाओं का विरोध और समर्थन करनेवाले लोग क्या शहरों से गाँवों तक एक साथ नहीं फैले हुए हैं? नागार्जुन ग्राम-कथाकार न होकर भारतीय समाज के कथाकार हैं। वे अपने उपन्यासों में आर्थिक और सामाजिक समस्याओं को उनकी जटिल संश्लिष्टता में उठाते हैं। जरा 'पारो' का यह अंश देखिए—

"—चतुर्थी के रात में दस रुपए के दस नोट मेरे आगे फैलाते हुए उन्होंने कहा था—और चाहिए तो वैसा कहिए? क्रोध से मैं जलने लगी। हे भगवान! लाख दंड दें मगर फिर औरत बनाकर इस देश में जन्म नहीं दें—छीआ। पैंतालीस बरसों का नर-पिशाच एक अबोध लड़की के सामने दस रुपयों के नोट का पघार इसलिए लगावे कि....

मैंने पारो का मुँह बन्द कर दिया। बस, बस, अब जो अधिक तुमने कुछ कहा तो मैं चला जाऊँगा, हाँ।

उसने मुँह को छुड़ा लिया और ओसारे पर जाकर बैठ गई। थोड़ी देर बाद देखा तो आँसू की धारा दोनों गालों पर चाँदनी में दमक रही थी।" (पृ. 45)

नागार्जुन अपने इन कथनों के लिए कथाएँ ग्रामीण परिवेश से जरूर चुनते

हैं किन्तु वे समस्याएँ सिर्फ गाँवों से सम्बन्धित नहीं होतीं। शिवप्रसाद सिंह के 'अलग-अलग वैतरणी' जैसे उपन्यास 'ग्राम जीवन' को केन्द्र में रखकर लिखे गए हैं, जहाँ लेखक की मुख्य चिन्ता गाँवों के अस्तित्व को लेकर है। नागार्जुन गाँवों की अस्तित्व चिन्ता से ग्रस्त या पस्त नहीं हैं। वे रूढ़िवादी, पुरातनवादी, दकियानूस सामाजिकता के विरोधी शिवि के लेखक हैं जिनके गाँव राजनीतिक और सामाजिक नवजागरण से सम्पन्न हैं। इसलिए वे स्त्रियों, शूद्रों, मजदूरों, छोटे किसानों की एक आत्मसमर्थ दुनिया रचने का उपक्रम करते दिखाई देते हैं–'नयी पौध' में गाँव के बड़े-बूढ़े तो 'बिसेसरी' के अनमेल विवाह का समर्थन करते हैं किन्तु युवा पीढ़ी उसका विरोध ही नहीं करती बल्कि बिसेसरी का विवाह वाचस्पति नाम के एक नवयुवक से करा देती है। इसी प्रकार दुःखमोचन और उग्रतारा में नागार्जुन की क्रान्तिकारी सामाजिकता के लक्षण हमें माया और कपिल, उग्रतारा और कामेश्वर के विधवा-विवाह में मिलते हैं। असल में नागार्जुन की सामाजिक चेतना ऐतिहासिक परिस्थितियों की देन है न कि राजनीतिक विचारधाराओं की। हाँ, राजनीतिक विचार उनकी सामाजिक चिन्तना को बल पहुँचाने का कार्य अवश्य करते हैं। साथ ही यह सच भी स्वीकार करना चाहूँगा कि 'बाबा बटेसरनाथ' और 'दुःखमोचन' में सामाजिक-आर्थिक मुद्दों से निपटने के लिए राजनीतिक संघर्ष शैलियों का उपयोग भी उन्होंने किया है। उनके गाँवों में अखबार भी आते हैं। रेडियो भी सुने जाते हैं। किसान सभाएँ भी संगठित होती हैं, माझी संघ भी बनता है। उनके गाँव स्वावलम्बी भी हैं और अपने अधिकारों के प्रति सचेत भी। लीडर भी वे अपने खुद पैदा करते हैं।

विचारों से तो यह लेखक कम्युनिस्ट है किन्तु अपनी कृतियों में इसकी निकटता समाजवादियों के प्रति ज्यादा दिखाई देती है। 'वरुण के बेटे' में मोहन माँझी जैसे कामरेड भी हैं पर बलचनमा में राधे बाबू, शर्माजी और डॉ. रहमान आदि समाजवादी हैं। यही वह जगह है जहाँ नागार्जुन अपने प्रशंसकों और पाठकों में यह भ्रम भी पैदा कर सकते हैं कि वे लोहिया-जे.पी. के ज्यादा निकट हैं या लेनिन-माओ के। आजादी पूर्व का किसान आन्दोलन समाजवादियों के नेतृत्व में था। इसलिए नागार्जुन का झुकाव उस ओर भी रहा। किन्तु किसानों-मजदूरों, शोषितों और पीड़ितों के लिए जो भी दल काम करे वे उसके साथ हो लेते हैं। कबीरदास की तरह वे दल विशेष की जात पूछने के बजाय उसका काम देखते हैं। कामरेड होना भर उनके लिए पर्याप्त आश्वस्तकारी नहीं है। उनकी निगाह आचरण पर भी बनी रहती है। इसीलिए कोई भी दल कभी भी उनकी कसौटी पर खरा नहीं उतर पाता। राजनीति आज साध्य बन गई है। इस क्षेत्र में काम करनेवाले लोगों को अभावग्रस्त जीवन जीनेवाले मजदूरों और किसानों की चिन्ता नहीं रह गई है। वे अपने ही स्वार्थ साधन में लगे हुए हैं। हीरकजयन्ती के पाठक जी की आत्मा धिक्कार रही है–"क्या अपनी ही खुशहाली पर तुम्हारा ध्यान केन्द्रित रहेगा? अवाम की पामाली क्या तुम्हारे होंठों पर ही थिरका करेगी?" (पृ. 92)

इससे जुड़ी हुई दूसरी कौम है व्यापारी की। अग्रवालजी सेठ पूनमचंद जी से कहते हैं—"सुनिए सेठ पूनमचंद जी, कल भी हम अनाथ और बेसहारा नहीं होंगे। भविष्य से घबराने की जरूरत नहीं...कल भी हमारी मौज थी, आज भी हमारी मौज है, कल भी मौज रहेगी और परसों भी..." (पृ. 96) ये दोनों ही वर्ग खुलकर जनता को लूट रहे हैं। ऐसे में क्या आज का लेखक हाथ पर हाथ धरे बैठा रहे? क्या वह दलगत विचारों का तेली का बैल बन जाय? सर्वग्रासी राजनीति के इस माहौल में एक राष्ट्रप्रेमी लेखक के लिए यह एक दुखद खतरा है कि वह किसकी पीठ थपथपाए और किसे गालियाँ दे? सारे कुएँ में ही तो भाँग पड़ी हुई है।

पहली बात तो यही कि क्या नागर्जुन जैसे लेखकों को पार्टी-लेखक कहा जा सकता है? क्या वे पार्टी प्रचारक हैं? उत्तर होगा—नहीं। वे इस देश में गोर्की की भूमिका निभाना चाहते हैं। पार्टी चाहे तो उन्हें अपना लेखक मानने का मुगालता पाल सकती है। पर यह किसी भी पार्टी का भोलापन ही होगा। जनता पार्टी के शासन काल में एक वरिष्ठ मन्त्री ने एक वरिष्ठ कवि की प्रशंसा करते हुए शाबाशी देनी चाही थी, क्योंकि उक्त कवि ने आपात्काल के दिनों में विरोधी सरकार की खिलाफत की थी। कवि ने मुस्कराते हुए जवाब दिया था—"हमारा कोई ठिकाना नहीं, हम कब किसके बारे में क्या कहने लग जाएँ। कोई भी सरकार हो अगर वह जन विरोधी रवैया अपनाती है तो हम उसकी तारीफ तो नहीं ही कर सकते।" राजनीतिक दृष्टि से सजग लेखक की यह पहली जिम्मेदारी है कि उसकी प्रतिबद्धता जनता के प्रति है न कि जनवादी मुखौटेवाली राजनीति के प्रति। नागार्जुन ऐसे ही लेखक हैं।

यह प्रश्न भी उठाया जा सकता है कि क्या कोई उपन्यास-लेखक किसी सिद्धान्त-विशेष के प्रतिपादन के लिए अपनी कलम उठाता है या उसका मुख्य ध्येय अपने समय के जीवन को उसकी समग्रता में प्रस्तुत करना है? नागार्जुन इस दृष्टि से एक सचेत कलाकार हैं। उनके उपन्यास नए भारत की स्वातन्त्र्योत्तर अपेक्षाओं के सन्दर्भ में लिखे गए हैं। साधारण आबादी को लेकर उनके मन में कुछ सपने हैं और वे तभी पूरे होंगे जब उक्त जनता खुद उनके लिए सचेष्ट होगी। दूसरों के बूते पर आम जनता का स्वर्ण युग नहीं आ सकता। बाबा बटेसरनाथ जैकिसुन से कहते हैं—

"राजाओं, पुरोहितों, सामन्तों, सेठों और तीर्थंकरों की बातों का बढ़ा-चढ़ाकर बखान करनेवाले बहुत सारे विद्वान सुदूर अतीत की उन क्रूर घटनाओं पर अब भी पर्दा डाले हुए हैं, वह उन लोगों के लिए अब भी सत्ययुग है, स्वर्णयुग है। साधारण जनता का स्वर्ण युग तो अभी आने वाला है बेटा।" (पृ. 70) मध्यकाल तक जिस प्रकार हमारे चिन्तन की धुरी धर्म-आधारित थी, उसी प्रकार आधुनिक युग की धुरी राजनीति आधारित है। राजनीति से बचकर निकलनेवाली कलम हमारे युग की कलम नहीं हो सकती और चाहे जिस युग की हो। हरिशंकर परसाई का यह कथन मुझे महत्त्वपूर्ण लगता है कि राजनीति हमारी नियति तय कर रही है। अतः मंथरा

की तरह ये नहीं कहा जा सकता कि "कोउ नृप होहि हमें का हानी।" नागार्जुन राजनीतिक दृष्टि से न केवल सजग लेखक हैं वरन उनकी अपनी समझ और धारणा भी है। बाबा बटेसरनाथ, वरुण के बेटे, दुःखमोचन जैसी औपन्यासिक और निराला जैसी आलोचनात्मक कृतियों में उनकी राजनीतिक दृष्टि का अन्दाज हमें मिल जाता है। एक सीमा तक वे गांधी के प्रशंसक हैं। क्योंकि वे जन नेता के रूप में जनता में राष्ट्रीय राजनीति का प्रसार कर सकने में कामयाब हो सके हैं, किन्तु गांधी के हृदय-परिवर्तनवाद और जे.पी. के ढुमुलपन में उनका भरोसा कतई नहीं है। यहाँ वे हँसिया हथौड़ा वाले मोहन माँझी की पीठ थपथपाते हैं। जनसंघर्ष की राजनीति ही उनकी अपनी राजनीति है।

'बाबा बटेसरनाथ' नागार्जुन का आत्मप्रक्षेपण है। ग्रामीण परिवेश में जिस स्वप्न कथा का सहारा लेकर वे आजादी के आस-पास का परिवेश हमारे सामने प्रस्तुत करते हैं उसमें गांधी के साथ-साथ, समाजवादी, मार्क्सवादी और क्रान्तिकारी गतिविधियों की हलचल भी शामिल है। किन्तु उनका प्रतिनिधि चरित्र 'जीवनाथ' गांधी और मार्क्स के क्रमिक विकास सोपानों का सटीक उदाहरण है। सवाल यह भी उठाया जा सकता है कि क्या नागार्जुन उन्यास के बहाने एक खास समय की राजनीति को हमारे सामने पेश कर रहे हैं? क्या भीतरी तौर पर उनकी रुचि इतिहास लेखन की ओर है? इतिहास और राजनीति या राजनीतिक इतिहास को प्रस्तुत करते हुए लेखक नई पीढ़ी को वह पृष्ठभूमि देना चाहता है जिसके सहारे हमारी समकालीन राजनीतिक चेतना का विकास हुआ है। यही वह बिन्दु है जहाँ वह नए युग के व्याख्याकार के रूप में हमारे सामने है। सतयुग की व्याख्या करते हुए वह इतिहास के उन पक्षों की ओर हमारा ध्यान आकृष्ट करता है जिनपर अब तक निगाह ही नहीं गई थी हमारी। और फिर उसका यह कथन कि असली स्वर्णयुग (सतयुग) तो अभी आनेवाला है, वस्तुतः हमारी जातीय दृष्टि को अतीत से मुक्त कर भविष्य से जोड़ने का काम करती है।

क्या नागार्जुन का यह राजनीतिक इतिहास मात्र सिद्धान्त-कथन है? या उसके भीतर वास्तविक जीवन का स्पन्दन भी है? बाबा बटेसरनाथ ने अपने आत्मकथात्मक प्रसंग में कुछ बहुत ही मार्मिक और कोमल प्रसंग जैकिसुन को सुनाए हैं—'चौदह-चौदह, सोलह-सोलह साल की लड़कियाँ उचक-उचककर बाड़ के अन्दर हाथ डालतीं। अपनी खुरदरी हथेलियाँ वह मेरे तन पर फेरा करतीं, कड़ी उँगलियों से पत्ते हलरातीं और छूतीं। प्यार और ममता भरी उनकी वह कड़ी परस मेरे लिए संजीवनी सुधा थी। नया टूसा फूट निकलता तो मुझे खुद उतनी खुशी नहीं होती जितनी कि बस्ती रूपउली की उन अल्हड़ चरवाहिनों को।" (पृ. 35)

हिंदी उपन्यासों की आधुनिकता पर विचार करते हुए ऐसा लगता है जैसे उसका कोई भी रिश्ता इस दुनिया से नहीं है। बटेसरनाथ के माध्यम से युगव्यापी राष्ट्रीय संघर्ष की निरन्तरता की जो कथा कही गई है, वह समकालीन आदमी और प्रकृति की गहरी अंतरंगता के बीच विकसित हुई है। बहुतेरे आधुनिकतावादी लेखक प्रसाद

और प्रेमचंद की इस शक्ति को पुरानेपन के नाम पर नमस्कार करके जाने कहाँ के कहाँ पहुँच गए हैं। नागार्जुन के उपन्यासों में पेड़-पौधों, नदियों, तालाबों, ऋतुओं, मौसमों की बड़ी मीठी याद अंकित है। उनके संघर्षशील पात्र इसी निसर्ग वातावरण में अपना विकास करते दिखाई देते हैं। 'वरुण के बेटे' में इस प्रकार की एक अच्छी-खासी दृश्यावली हमें मिलती है। वह केवल मछुआरों की संघर्ष-कहानी भर नहीं है, उनकी जीवन-कहानी भी है। गरीबी की कठिन शीत में नेह-छोह की उष्ण चाँदनी रातें और गँवई जीवन की भोली-भाली बातों के बीच आत्मसम्मान और साहस से भरे अनुष्ठान हमें देखने को मिलते हैं।

इन उपन्यासों में सबसे महत्त्वपूर्ण बात ग्रामीण चरित्रों की उस शक्ति की पहचान है जो 'होरी' से कहीं अधिक धनिया में थी। चम्पा, भुवन, मधुरी, उग्रतारा में जो कठोर संकल्प और आत्मनिष्ठा मिलती है वह 'धनिया' (गोदान) का ही विकसित रूप है। नागार्जुन के नारी पात्र ज्यादा दुस्साहसिक और बोल्ड हैं। स्त्री स्वाधीनता के नाम पर वे भीख माँगते नहीं दिखते। बल्कि 'मधुरी' के रूप में वे अन्याय सहिष्णु और पुरुषों को ललकार कर आगे खींचते हैं। नारी चरित्रों की नेतृत्व प्रखरता नागार्जुन की अपनी देन है। अगर वे गाँव के न होते तो शायद यह बोध उनकी कलम तक पहुँच भी नहीं पाता। उग्रतारा में नर्मदेश्वर की भाभी दीप्त स्वर में कहती है–"सुन्दरपुर-मढ़िया के नौजवान गोबर हैं, ऐसा गोबर जिस पर उँगलियाँ रखो तो काठ बनेंगे, कंडे नहीं।" ×× बड़ी उम्र के दो छिनाल पुरुषों की करतूतों पर प्रकाश डालते समय नर्मदेश्वर एक बार बोला था–"भाभी, पिस्तौल का लाइसेंस लेना चाहता हूँ।" इस पर वह खिलखिला कर हँसी थी। रुककर कहा था–"पिस्तौल का क्या करोगे? छिछोर मन का इलाज कारतूस की पेटियों से नहीं होगा। स्त्री-पुरुषों में समान रूप से समझदारी पैदा होगी और मनोरंजन के कई साधन निकल आएँगे तभी व्यभिचार घटेगा। देहात में खाते-पीते परिवारों के अधेड़ भारी मुसीबत पैदा करते हैं। उगनी जैसी लड़कियों के लिए ज्यादा संकट उन्हीं की तरफ से आता है। दूसरा संकट है डरपोक नौजवानों की छिछली सहानुभूति। इन संकटों का मुकाबला हम पिस्तौल से नहीं कर सकते..." (पृ. 33) नर्मदेश्वर की भाभी की पहल पर ही कामेश्वर और उगनी विवाह सूत्र में बँधते हैं। कुम्भीपाक में निर्मला (कम्पाउंड. रनी) भुवन को बुला के नरक से मुक्ति दिलाकर रंजना के पास भेज देती है और अनाथाश्रम के माध्यम से जवान लड़कियों का व्यापार करनेवाले बी.एन. शर्मा जैसे लोग टापते रह जाते हैं।

नागार्जुन की ये महिलाएँ भले ही कहीं-कहीं काम-दुर्बल दिखाई दें पर विचार दुर्बल वे कतई नहीं हैं। प्रसाद के नारी पात्रों की तरह उनमें सामाजिक अग्रगामिता और मधुर नारीत्व दोनों है। यही कारण है कि उनके उपन्यासों में जीवन का कोमल और संकल्प दीप्त स्वर साथ-साथ मिलता है।

भारतीय समाज में पुरुष की नारी दृष्टि क्या है–इसे यथार्थतः हम जानते हैं।

पर नागार्जुन की महिलाएँ कहीं भी प्रतिशोध भाव से ग्रस्त नहीं हैं। हाँ, आत्मयुक्ति के लिए वे निरन्तर प्रयत्नरत हैं और एक समानान्तर दुनिया रचने की तैयारी करती दिखती हैं। उनमें अपने आपको बदल डालने की पूरी सम्भावना है। कुम्भीपाक की 'चम्पा' शुरू में तो त्यागपत्र (जैनेन्द्र) की नायिका की तरह अपने को हमारे सामने प्रस्तुत करती है। गर्हित से गर्हित, दुर्वह से दुर्वह जीवन वह जी चुकी है, पर एक बार मौका पाकर वह हमेशा-हमेशा के लिए उस यन्त्रणामय जीवन से छुटकारा भी पा लेती है। 'वरुण के बेटे' में माधुरी सोचती है—"अब वह कभी उस नशाखोर बुड्ढे की लात-वात बर्दाश्त करने नहीं जाएंगी...फिर से शादी कर लैगी किसी दिलेर-नेकचलन और मेहनत-कश जवान से...और, बगैर मर्द के कोई औरत अकेली जिन्दगी नहीं गुजार सकती है क्या?" (पृ. 109) हिन्दी उपन्यास में ऐसी दिलेर और विचार पुष्ट महिलाएँ बहुत कम मिलेंगी? नागार्जुन के पुरुष पात्र दो वर्गों में विभाजित हैं। एक वर्ग में पुरानी पीढ़ी के पुरोहित, यजमान, सामन्त, जमींदार, जागीरदार, घुटे हुए स्वार्थी राजनेता, साधु, महंथ और बनिए प्रकार के लोग हैं जिनका काम समाज की काया को घुन की तरह चाटना है। जो यथास्थितिवादी या घुसपैठवादी हैं। आधुनिक भारतीय समाज में पत्रकार, लेखक, समाजसेवी, प्रकाशक, वकील, प्राध्यापक—यानी कि बुद्धिजीवी कहे जानेवाले लोगों के प्रति भी लेखक की दृष्टि बहुत कुछ आलोचनात्मक ही है। यहाँ वे मुक्तिबोध के समानान्तर चलते जान पड़ते हैं। 'कुम्भीपाक' में इस प्रकार के लोगों की छवियाँ अंकित हैं। जमनिया का बाबा में, भारतीय समाज का अन्धविश्वास और मठों में व्याप्त भ्रष्टाचार की कलई खोली गई है। हीरकजयन्ती (अभिनन्दन) में आधुनिक सामाजिक बदमाशियों और राजनीतिक ढोंगों को नंगा किया गया है और तथाकथित भद्र समाज को भीतर से पहचानने का एक अवसर सुलभ किया गया है। विजय तेंदुलकर मराठी नाटकों के माध्यम से जो काम अब कर रहे हैं, नागार्जुन अपने उपन्यासों में वह बहुत पहले शुरू कर चुके हैं। समाज के इस खतरनाक यथार्थ से आगाह करने और सावधान रहने की सूचना वे हमें निरन्तर देते हैं। साथ ही वे हमारे लिए उन रचनात्मक पात्रों की दुनिया भी निर्मित करते हैं, जिस पर हम भरोसा कर सकते हैं। जिसके सहारे अपनी लड़ाई लड़ सकते हैं। सामाजिक संक्रमण के इस क्षण में, जबकि चीजें बहुत साफ नहीं हैं, केवल राजनीतिक नेतृत्व के भरोसे निर्णायक स्थिति नहीं लाई जा सकेगी। नेतृत्व को सामाजिक, सांस्कृतिक और धार्मिक क्षेत्रों में यह कार्य करना होगा। सच्चा जनतान्त्रिक नेतृत्व तभी हो सकेगा। दुःखमोचन जैसे पात्रों की कल्पना इसी लिहाज से की गई है।

कह सकते हैं कि नागार्जुन अधूरी दुनिया के लेखक नहीं हैं अतः न तो वे कोरे आदर्शवादी (कल्पनावादी) हैं और न ही कोरे यथार्थवादी। उनके उपन्यास किसी निश्चित राजनीतिक या सामाजिक चिन्ता से जन्म लेते हैं और किसी स्पष्ट इशारे के साथ खत्म होते हैं। गोर्की के शब्दों में उनकी कला साधना पक्ष और प्रतिपक्ष के

बीच लड़ा गया एक धर्म युद्ध है—"It is a battle for and against."

इसलिए उसमें बदलाव की गहरी मंशा हर जगह झलकती है। मनुष्य अगर इतिहास की उपज है तो इतिहास-निर्माता भी है। परिस्थितियाँ ही उसे नहीं बदलतीं, वह भी परिस्थितियों को बदल डालने में सक्षम है। यह बदलाव केवल वस्तुजगत का न होकर व्यक्ति के अन्तरंग जगत का भी होगा। नैतिक साहस और ईमानदारी जैसी भीतरी शक्तियों के बिना यह बदलाव अधूरा और एकांगी होगा। नागार्जुन को पढ़ते हुए ये तथ्य बार-बार हमारे दिमाग में कौंधते हैं।

नागार्जुन और उनकी धरती

अपने तरउनी गाँव की भूमि से जितना लगाव अपराजिता जी का है, उतना ही नागार्जुन का भी। कभी के बौद्धभिक्षु नागार्जुन जब प्रवास में होते हैं उन्हें सिन्दूर-तिलकित भाल वाली अपराजिता देवी अक्सर याद आती हैं, पर अकेली नहीं। नागार्जुन का प्रेम-छोह अकेले एकान्त का नेह-छोह नहीं है। उसके रेशे-रेशे उस धरती में भिदे हुए हैं जहाँ उनका बचपन बीता है। इसलिए जितना प्रेम सहधर्मिणी अपराजिता के प्रति है, उससे कहीं अधिक ही अपनी जन्मभूमि मिथिलांचल के प्रति। पत्नी को याद करते हुए भी वे मिथिला के जनजीवन और प्रकृति-अंचल के रमणीक दृश्यों में डूब जाते हैं—

याद आते स्वजन
जिनकी स्नेह से भीगी अमृतमय आँख
स्मृति-विहंगम की कभी थकने न देगी पाँख
याद आता मुझे अपना वह 'तरउनी' ग्राम
याद आतीं लीचियाँ, वे आम
याद आते मुझे मिथिला के रुचिर भू-भाग
याद आते धान
याद आते कमल, कुमुदिनि और तालमखान
याद आते शस्य-श्यामल जनपदों के
रूप-गुण-अनुसार ही रक्खे गए वे नाम

... ...

धन्य वे जिनके मृदुलतम अंक
हुए थे मेरे लिए पर्यंक
धन्य वे जिनकी उपज के भाग
अन्न-पानी और भाजी साग
फूल-फल औ' कंद-मूल अनेकविध मधु-मांस
विपुल उनका ऋण, सधा सकता न मैं दश मांश

'रतिनाथ की चाची' का एक पात्र सोचता है—"सुजलां सुफलां मलयज शीतलां

फुल्ल कुसुमित द्रुमदल शोभिनो शुभ्रज्योत्स्ना पुलकित यामिनीं सुहासिनीं समधुर-भाषिणीं सुखदां वरदां"–मातृभूमि की वन्दना के लिए बंगीय बंकिमचन्द्र ने इन विशेषणों का उपयोग किया है। जय किशोर का दावा था कि हमारी मातृभूमि मिथिला भी ठीक इन्हीं विशेषणों की अधिकारिणी है। (पृ. 112) इसी उपन्यास में तारा बाबा नामक एक पात्र हैं जो कवि नागार्जुन की तरह देश-दुनिया घूमते, तीर्थाटन करते रहते हैं, किन्तु लौटकर यहीं आते हैं–शुभंकरपुर की मिट्टी से उन्हें एक प्रकार का मोह हो गया था। साल डेढ़ साल बाद वह विंध्याचल या पशुपतिनाथ की यात्रा में निकला करते और डेढ़-दो महीने बाद वापस आ जाते। फिर वही गाँव, फिर वही कुटी। तारा बाबा के लिए लेखक की यह टीप बहुत कुछ उसके अपने बारे में भी सच है। देश-देशान्तर की यात्रा करते हुए वह अपनी धरती को निरन्तर याद करता रहता। नेवला जब साँप से लड़ रहा होता है तब बीच-बीच में युद्ध-विराम कर वह निकट की किसी हरी झाड़ी में लौटता रहता है। कहते हैं वहाँ से लौटते हुए वह दुगुनी ताकत साथ लाता है। नागार्जुन का लेखन भी इसी प्रकार सभ्यता के जहरीलेपन से लड़ने के दौरान पैदा होता है। इसीलिए वे बार-बार गाँवों के अंचलों की ओर लौटकर सामूहिकता, भाई-चारा और दबंगी की संजीवनी लेकर लौटते हैं। जहाँ प्रेम है, वहीं शक्ति भी है, इसे नागार्जुन को पढ़कर जाना जा सकता है।

नागार्जुन के गाँव यद्यपि राष्ट्रीय अर्थों तक अपनी व्यापकता रखते हैं, फिर भी गाँवों को जानने-पहचानने और आत्मीय सम्बन्ध स्थापित करने का सुयोग तो उन्हें मिथिलांचल में ही मिला। इसीलिए उनके उपन्यासों में मैथिल-जीवन का बहुत विस्तृत और आत्मीय वर्णन मिलता है। प्रेमचन्द ने भी अपना अधिकांश लेखन 'गाँव' को केन्द्र में रखते हुए किया है, किन्तु वे किसी अंचल-विशेष के विस्तृत ब्यौरों में नहीं गए। उनकी मूल चिन्ता गाँवों की आर्थिक विपन्नता थी। वे यह तो नहीं चाहते थे कि गाँव शहर बन जाएँ, किन्तु गाँवों के लोग भी जीवन यापन की वे सारी सुविधाएँ पा सकें जो आम शहरी के लिए सुलभ हैं, यह उनकी अभिलाषा थी। इसलिए उन्होंने अपना सारा ध्यान ग्रामीण समस्याओं पर केन्द्रित किया है। फणीश्वरनाथ रेणु के गाँव अपनी समूची आँचलिक समृद्धि के साथ जगमग हैं। वे करवटें ले रहे हैं। शहरों की नई हवाएँ उसकी रग-रग रंग रही हैं। नागार्जुन इन दोनों से अलग हैं। गाँवों की बहुत सारी बातें अब छाँट देने लायक हैं। वर्ण-भेद, जाति-अहं, जमींदारी, सामन्ती ठाठ-बाट और अज्ञानता की कालिख अब धुलनी ही चाहिए, किन्तु उनका अमन्द प्रकृति वैभव, उल्लासमय जीवन, संघर्षजीविता, अवसाद-मुक्ति, सामूहिकता और बान्धवता निश्चय ही आज के निराश और सभ्यता-कातर मनुष्य के लिए मूल्यवान है। गाँवों की अपनी समस्याएँ भी हैं। जमींदारों के बाद नया श्रीमन्त वर्ग सार्वजनिक भू भागों को पैसे के बल पर हड़पना चाहता है। सरकारी मुलाजिमों को खिलापिलाकर, धौंस जमाकर सार्वजनिक जमीनों को अपना लेना चाहता है। और यह लेखक इस बारे में काफी सजग और चौकन्ना है। उपन्यासों में ही क्यों कविताओं

में भी उसकी यह चिन्ता बरकरार है। क्रान्तिकारियों, कामरेडों, मजदूर-किसान सभाओं और स्वावलम्बी कुटीरों की कल्पना उसके उपन्यासों में खूब है। इसके बावजूद नागार्जुन मिथिला की धरती के निष्णात चितेरे हैं। संघर्षों के कुहरे में भी उनकी आँखें आम-लीची के बाग, तालमखानों, गढ़ पोखरों और लोकरंजक व्रतों-उत्सवों पर लगी रहती हैं। वे हमें एक समूचा इतिहास देते हैं, समूचे भूगोल के साथ। मिथिला का यह अंचल अगर उनके उपन्यासों से घटा दिया जाए तो नागार्जुन के कथा-संसार का एक मूल्यवान हिस्सा ही कट जाएगा।

सच तो यह है कि मिथिलांचल उनके लेखन की प्रेरणा भूमि है। उसी ने उन्हें प्रेम करने के संस्कार दिए हैं। उनकी राग भावना की आधारभूमि यही धरती है! इसी पर खड़ी होकर उनकी कविता अपने ताने-बाने बुनती है, खिलती और महकती है। यही वह भूमि है जिसने कवि को अपनी रक्षा के लिए लड़ते रहने के संस्कार दिए हैं। कथाओं को सोचने-विचारने और राह निकालने की जुगत बताई है। प्रेमचन्द, गोर्की या शरत-बंकिमचन्द्र सभी अपने इसी आत्मीय भाव के कारण सच्चे और ईमानदार लेखक बन पाए हैं। आज तो स्थिति बदल गई है। मिट्टी की गन्ध को साहित्यिक दकियानूसी मानकर कुछ आधुनिकतावादी लेखक अजनबीपन बघार रहे हैं। उनकी बुद्धिवादिता की छौंक में प्रेम और भावुकता के तत्त्व जलकर राख हो चुके हैं। वे अति-विस्तृत आकाश और निरवधि पृथ्वी के बारे में सोचने का दावा करते हैं, मनुष्य मात्र उनका काव्य-विषय है। किन्तु वे यह नहीं जानते कि प्रेम जब उमड़ता है तब बादल बन किसी न किसी कोने पर बरसता है, और वह धरती का ही एक हिस्सा होता है। प्रेम एक ठोस और मूर्त अनुभव है। वह हवा में घुमाई जानेवाली तलवार नहीं है। उसके लिए किसी परिचित परिवेश का होना जरूरी है, अन्यथा प्रेम की कोई सार्थकता ही न रह जाएगी। वसुधैव कुटुम्बकम् का नारा लगानेवाले लोग भी यह मानते हैं कि घोंसला तो एक ही होगा, जहाँ हमारे थके पंख विश्राम पाएँगे। बड़े लेखकों में यह प्रेम आगे बढ़कर भक्ति में रूपांतरित हो जाता है। वे अपने प्रेम को सेवा और समर्पण में बदल डालते हैं। नागार्जुन इसी तरह के एक समर्पित लेखक हैं। वे देश प्रेमी ही नहीं देश भक्त भी हैं। उनका प्रेम कोरा उद्गारमूलक नहीं है। उसकी विशेषता है, उसकी चिन्तनपरकता।

मिथिला के अंचल को वे इतना जानते हैं जितना कोई अपनी माँ को। इसीलिए वे सिर्फ मोह में फँसे हुए प्रेमी नहीं हैं। उनकी आँखें खुली हुई हैं और वे इस मातृऋण को अदा करना चाहते हैं—"विपुल उनका ऋण, सधा सकता न मैं दशमांश", जैसी पंक्तियों में उनकी यही गहरी पीड़ा प्रतिध्वनित हो रही है। उनका समूचा लेखन इसी ऋण-शोध की परिणति है।

कुछ लेखक हैं जो सिर्फ अपना मोह प्रकट करके रह जाते हैं। हिन्दी के नए गीतों में यह मोह काफी सघन रूप में व्यक्त हुआ है जहाँ कवि अपने पुराने संस्कारों का मर्सिया पढ़ रहा है। दूसरी ओर ऐसे भी लेखक हैं जो वस्तुमूलक चित्रण के

माध्यम से एक नई अभिरुचि अपने परिवेश के प्रति जगाना चाहते हैं। उनके लिए सब कुछ एक काव्य विषय है और कच्ची मिट्टी की तरह उनके हाथों में है। ये कलाकार किस्म के लोग हैं। नागार्जुन न तो मोहांध प्रेमी हैं, न शुद्ध कलाकार। उनका प्रेम ऊर्जा का वह स्रोत है जहाँ से सृजन की गंगोत्री जन्म लेती है, किन्तु अपने प्रवाह में वह आत्ममुग्ध नायिका की तरह नहीं रह जाती। बहती हुई आस-पास के तट-प्रदेशों को हरा-भरा करती, हरियाली और प्रकाश बिखेरती चलती है। लोगों को पुकारती और अपनी यात्रा में शामिल करती चलती है। जिस तरह कोई बड़ी नदी अपने यात्रा-क्रम में अनेक नदी नालों को समेट कर लोकधारा बन जाती है, उसी तरह नागार्जुन की सृजन-गंगोत्री भी लोक के प्रवाह और लोक की चिन्ता का साक्षात् प्रतिरूप है। लोक के प्रवाह के क्रम में उन्होंने धरती के सौन्दर्य की झाँकी प्रस्तुत की है और लोकचिन्ता के रूप में उन्होंने उन समस्याओं को उठाना चाहा है, जो उनकी शस्य श्यामला धरती को 'विपन्न अंचल' बनाए दे रही हैं। इसलिए नागार्जुन के उपन्यासों में मैथिल अंचल का स्वरूप दुहरा है—एक है उसका नैसर्गिक सौन्दर्य और दूसरा है उसकी सामाजिक और आर्थिक दशा का बयान। नैसर्गिक सौन्दर्य का जहाँ तक प्रश्न है बाग-बगीचे, नदी-तालाब, खेत-खलिहान क्या नहीं है यहाँ। बड़ी ही सम्पन्न धरती है यह। किन्तु हद दर्जे की गरीबी और पिछड़ापन भी है। नागार्जुन को अपनी धरती का यह पिछड़ापन सालता रहता है और वह इसके अभावों से जूझते हुए अपने उपन्यासों में राष्ट्रीय आन्दोलनों की सुबह का जिक्र करते चलते हैं। उनकी विधवाएँ चर्खा कातती हैं, शिल्प कुटीर स्थापित करती हैं, उनके ग्रामीण नवयुवक सुराजी और असहयोगी ही नहीं क्रान्तिकारी और कामरेड भी हैं। गाँव-गाँव में राजनीतिक नवजागरण की लहर-सी फैली हुई है। लोग-बाग पढ़-लिख रहे हैं, अखबार आ रहा है, किसानों-मजदूरों के संघ खड़े हो रहे हैं, जमींदारों की चालें नाकामयाब की जा रही हैं। उनका यह अंचल काफी आत्म सजग है। पता नहीं यह सजगता प्रेमचन्द के गाँवों में कब तक पहुँचेगी। न जाने वे अब भी आधा गाँव, अलग-अलग वैतरणी और राग दरबारी जैसी दुर्घटनाओं के शिकार क्यों हो रहे हैं? जाने क्यों आजादी के बाद उन्हें साँप-सा सूँघ गया है। और क्या यही हमारे लेखकों का यथार्थ दर्शन है। मैं तो इसे यथार्थ के आगे घुटने टेक देना मानता हूँ। यथार्थ का मतलब निराशा नहीं है। मेरे लिए उसका अर्थ आदमी के भविष्य के प्रति अदम्य आस्था की रचना है। नागार्जुन इसी अदम्य आस्था के कल्पक हैं। इसका एक खास कारण यह है कि वे हिन्दुस्तान के ग्रामीण स्वभाव को ठीक-ठीक पहचानते हैं। आज भी निराशा और कुंठा, अपरिचय और अकेलापन उसे ही सताता है जो शहरों को ही सर्वस्व माने बैठा है। नागार्जुन शहरों की इन आयातित महामारियों से काफी दूर हैं। वे गाँवों के संघर्ष के उजेले में हैं। वे जानते ही नहीं कि थकान या पस्ती क्या बला है। पढ़ाई-लिखाई ने उन्हें निकम्मापन नहीं दिया है। बल्कि वे उसका अधिक सार्थक उपयोग कर सकने में सफल हो सके हैं। अपने अंचल से प्रेम करने की नई

तमीज इसी पढ़ाई-लिखाई से चलकर उन तक आई है जिसने सैकड़ों लेखकों को व्यक्तिवाद और निराशा के गर्त में धकेल दिया है। मिथिलांचल को उसके समूचे अतीत और भविष्य के साथ वे देखते हैं; किन्तु खुद उसके वर्तमान में खड़े हैं। सामंतवाद उनके पीछे है और लोकतन्त्र आगे। इतिहास के इस चक्र से वे परिचित हैं और जानते हैं कि मनुष्य की सभ्यता विभिन्न युगों से होकर गुजरी है। चाहे वह जानबूझ कर ऊपर न उठी हो या उसका उत्थान अबाध न रहा हो, तब भी कोई न कोई शक्ति अवश्य रही है जो मनुष्य को धीरे-धीरे पुराने आदिम युगों की पिछड़ी स्थितियों से उठाकर वर्तमान स्थिति तक ले आई है। इतिहास की इस सतत गति को वे पहचानते हैं और इसलिए संघर्ष को विकास की एक स्वाभाविक प्रक्रिया मानते हैं। सारी प्रकृति इसी प्रक्रिया के दौरान यथासमय मुकुलित-पुष्पित और फलवती हो रही है, कोटि-कोटि चरण नई-नई सृष्टि रचने में तत्पर हैं। तब लेखक क्यों चुपचाप अलस-अकर्मा बैठे? क्यों न वह भावी समाज की रचना के आधारों की बुनियाद तैयार करे। इस बुनियाद में सब कुछ मौलिक ही होगा ऐसा भी नहीं। कोरमकोर मौलिक क्या होता है इसे तो हम भी नहीं जानते। बाबा तुलसीदास ने 'क्वचिद् अन्यतोपि' कहकर मौलिकता का अनुपात निर्दिष्ट कर दिया है। व्यवस्था के बदलने में जादू नहीं, तर्क काम करता है इसलिए परिवर्तनकारी शक्तियाँ इस तर्क भूमि को नजरअन्दाज नहीं करतीं। वे समूची इतिहास यात्रा को नए सिरे से देखती परखती हैं। अपने एक उपन्यास में नागार्जुन लिखते हैं[1]—"यह तुझे मैंने हजारों वर्ष पुरानी बातें बतलाई हैं। मनुष्यों की बलि चाहनेवाले यक्ष-गन्धर्व, देव-देवियाँ और ब्रह्म अब बाहर नहीं रह गए—मोटी जिल्दों वाले पुराने पोथों की बारीक पंक्तियों के अन्दर आज वे नजरबन्द हैं। राजाओं, पुरोहितों, सामन्तों, सेठों और तीर्थंकरों की बातों को बढ़ा-चढ़ाकर बखान करने वाले बहुत सारे विद्वान सुदूर अतीत की उन क्रूर घटनाओं पर अब भी पर्दा डाले हुए हैं, वह उन लोगों के लिए सत्य युग है, स्वर्ण युग है! साधारण जनता का स्वर्ण युग तो अभी आगे आने वाला है बेटा!" इसी स्वर्ण-युग का सपना वे मिथिला की धरती पर खड़े होकर देख रहे हैं। यह वही धरती है जहाँ "शरद ऋतु की चाँदनी में नील निर्मेध आकाश, बिखरे नक्षत्रों की अपनी जमात के बलुआहा पोखर के श्यामल वक्षस्थल पर जब प्रतिफलित हो उठता, तो भिंड (भीट) पर बैठे हुए निपट निरक्षर दुसाध-मुसहर भी कवि की तरह उसासें भरा करते! उन्हें जाने अपने जीवन की मधुमय घड़ियाँ एक-एक कर याद आतीं, या क्या।

हेमन्त की हल्की ठंड में सिल्लियों और वन मुर्गियों का झुंड बलुआहा के निर्मल जल में घने सेंवार पर इधर से उधर छप-छप करके दौड़ा करता। शिशिर की नीरव निस्तब्ध निशा में रह-रहकर एक-आध बड़ी मछली पानी पर उतराकर अपने 'पर' फड़फड़ाती तो ठिठुरती प्रकृति के वे एकान्त क्षण मुखरित हो उठते। वसन्त में ग्रामीण

1. बाबा बटेसरनाथ, पृ. 70

बालक-बालिकाएँ लाख मना करने पर भी अपना जलविहार आरम्भ कर देते। वैशाख और जेठ के महीने में तो मानो वरुण देवता का खजाना धनी-गरीब, बूढ़े-बच्चे, औरत-मर्द सभी के लिए खुल जाता। इन्हीं दिनों मछुए महाजाल डालकर बलुआहा की तमाम बड़ी मछलियाँ निकाल लेते। बरसात के दिन भी भूलने के नहीं हैं। बाहर से जब पानी का रेला आता तो इस पोखर की बची-खुची मछलियाँ बाहरी दुनिया की सैर को निकल पड़तीं। उनका वह अभियान स्वाद-लोलुप ग्रामीणों के लिए महोत्सव का द्वार उन्मुक्त कर देता। मतलब यह कि चौमासे में भी काफी मछलियाँ मारी जाती थीं। आश्विन और कार्तिक की कड़वी दोपहरियों में काँटे डालकर मछलियाँ फँसाना देहाती जीवन का एक बड़ा रोमांस है।"[1]

नागार्जुन का यह 'ऋतु-संहार' उनके ग्राम तरउनी की पृष्ठभूमि पर रचा गया है जिसे वे कभी शुभंकरपुर, रूपउली और कभी तरकुलवा नाम से पुकारते हैं। इस देहाती जीवन का वर्णन करते हुए बाबा बटेसरनाथ में लेखक ने कई मोहक दृश्य उकेरे हैं। रात के आखिरी पहरों में भैंसों की पीठ पर बैठे हुए चरवाहों का मीठे गीत गाना, चौदह-चौदह सोलह-सोलह साल की अल्हड़ लड़कियों का गाय-भैंसों की चरवाही करना, शरीर पर गुदने गुदवाना, जवान औरतों का बाबा बटेसरनाथ के कन्धों पर हाथ डालकर आत्मीयता प्रकट करना, फसलों का फूटना, खलिहानों का खिलखिलाना, शादी ब्याह, मुँडन-छेदन, जनेऊ-उपनयन, तीर्थव्रत करना, बारातों में हाथी, घोड़ा, ऊँट, बैलगाड़ी, पालकी-तामदान, सगड़ या हल्का और खटोले की सवारी करना, राजकुमारों की शादियों में कन्धों पर बाँस रखकर सोलह-सोलह बेगारों का अपने कन्धों पर तख्तपोश ढोना और मय साज-बाज के एक रंडी का उस पर नाचना, न जाने कितने अद्‌भुत पुराने-नए दृश्य हैं जिन्हें इस लेखक ने यहाँ टाँक दिया है।

मिथिला के ग्रामीण अंचलों में फसलों का आना जमींदारों से लेकर तीर्थों के पंडों तथा भिखमंगों तक को खुश कर जाता है। यही स्थिति बरखा और चैत की भी है। जिस साल आम की फसल नहीं आती ग्रामवासी उदास हो जाते हैं, बरखा नहीं होती तो ताल-तलइयों के चेहरे मुरझा जाते हैं। आमों के आने और बरखा के होने की खुशी में सारा ग्रामीण जीवन भीतर ही भीतर नाच उठता है। नागार्जुन को ही क्यों सारे मिथिलावासियों को मछलियाँ अत्यन्त प्रिय हैं। उनके बिना कोई भोज महाभोज नहीं बन पाता। नागार्जुन को आमों और मछलियों की न जाने कितनी किस्में मालूम हैं, सिर्फ याद नहीं। उन्होंने खाया भी है, चूसा भी और गिना भी। रतिनाथ के नाना रुद्रनाथ पाठक के पास पचास बीघों का बाग है। कलमी आमों का—बम्बइया, मालदह, किसुनभोग, कलकतिया, फजली, दड़मी, जर्दालू, शाह पसन्द, सुकुल, सिपिया, कपुरिया, दुर्गीलाल का केरवा, बथुआ, राढ़ी, भदई। लेखक ने नाना के बहाने एक-एक किस्म का वैलक्षण्य वर्णन भी किया है—"किसुन भोग

1. रतिनाथ की चाची, पृ. 41-42

दुलरुआ ठहरा, जरा सी असावधानी से उसमें पीलू पड़ जाते हैं। गूदा कड़ा और काफी रहता है उसमें। शकल बिल्कुल गोल। कलकतिया गरीबों व साधारण जनता का प्रिय ठहरा, खूब फलता है और सालों-साल। भादों तक टिकता है। माकूल मिठास और भरपूर गूदा। सुलभ और सस्ता। उसका नाम ही गरीबनेवाज रख दिया है लोगों ने।" इसी प्रकार वरुण के बेटे में वे मछलियों की किस्में याद करते हैं—"लाल-लाल मुँह वाले रेहू अपने रुपहले और सुरमई छिलकों में खूब ही फब रहे थे। दाँत नहीं, जीभ नहीं; जबड़े भी अलक्षित थे।" "लाल-लाल और सुरमई छिलकों वाली पोठी मछलियाँ मसूरिया आँखें चमकाती हुई शान से निकलतीं और बहते पानी में उल्टे-तिरछे चढ़तीं। मंगल को पोठी मछलियों की यह अकड़ खूब ही भाती थी। जंगल को लेकिन सूत-सी सादी लम्बी मूँछों वाला इंच्चा (झिंगा) देखते रहना अच्छा लगता था। चुल्हाई कटीले कंठों वाला भूरा-कजरा टेंगरा देखता तो खुशी के मारे चीख पड़ता। मधुरी की निगाहें चिकने-रुपहले सूहा पर फिदा थीं। जिलेबिया को नीली आलावाली मटमैली मारा मछलियाँ प्यारी थीं। सिलेबिया को चिपटा-चमकीला मोतिया कतरा पसन्द था।" इनके अलावा भी बुआरी, माकुर, मोदनी, मुन्ना और नैनी जैसी न जाने कितनी किस्में मैथिल नागार्जुन को याद हैं।

मछलियाँ नागार्जुन को इतनी पसन्द हैं कि खास नाश्ते में उनकी उपस्थिति जरूरी है। मछुआरों के जीवन पर लिखते हुए उन्होंने मत्स्यगीतों की रचना भी की है और जाल डालने का बहुत विशद चित्रण प्रस्तुत किया है। मैथिलों को मछली कितनी प्रिय हैं इसे वे 'रतिनाथ की चाची' में निर्दिष्ट करते हुए लिखते हैं—"जयकिशोर मछली के आगे और किसी भोज्य पदार्थ को महत्त्व नहीं देते थे। हाँ, साथ में जम्बीरी नीबू रहना ही चाहिए! 'जम्बीर नीर परि परित मत्स्य खंडे' की तुलना में मैथिल लोग अमृत तक को तुच्छ समझते हैं।" (पृ. 137)

मैथिलों का महाभोज भी असाधारण होता है। कहते हैं अगर अतिथि का हाथ पूरे पत्तल पर पहुँच गया तो फिर भोज क्या? अठारह-अठारह किस्म की तो सिर्फ मिठाइयाँ बनती हैं। यथार्थवादी नागार्जुन ने इस प्रकार के भोजों की अश्लीलता का वर्णन करते हुए लिखा है—"दरअसल यह चीजें खाने की नहीं, तमाशे की थीं। सबके आगे बड़े पत्तलों में मिठाइयों का ढेर लगा था। जूठन की उन मिठाइयों को जवार के शूद्रों ने कई दिन तक खाया था..."

सामन्ती जीवनशैली का निरूपण करते हुए लेखक ने उस अंचल की कट्टर जातीयता, वर्ण-अहं, कुलाभिमान, उच्चकोटि की दरिद्रता और अकर्मण्यता आदि का वर्णन किया है। कमानेवाले भूखे थे और न कमाने वाले खुशहाल। प्रेमचन्द ने अपनी प्रसिद्ध कहानियों में भी इस अनुभव को वाणी दी है। नागार्जुन की दुनिया भी बहुत कुछ बदली नहीं है, सिर्फ किसान और मेहनत-मजदूरी करनेवाली जनता संगठित होकर अपने अधिकारों की लड़ाई लड़ रही है। तब भी सामाजिक रीति-रिवाजों के पाखंडपूर्ण प्रसंगों से उसे अभी अलग होना है। कुलीनता के साथ-साथ आर्थिक

समृद्धि भी अत्यावश्यक है। अब कुलीनता ही काफी नहीं है। नागार्जुन ने मिथिला की उस विलक्षण विवाह-शैली का वर्णन भी किया है जिसमें हजारों विवाहार्थी इकट्ठे होते हैं। कन्याओं की तरफ से उनके अभिभावक बड़ी तादाद में जमा रहते हैं। लेखक ने टिप्पणी दी है—"सभा में यदि कन्याएँ भी शामिल होतीं तो स्वयंवर का यह विराट पर्व न केवल भारत-भर में परन्तु सम्पूर्ण विश्व में अद्वितीय कहलाता। तब सोनपुर के प्लेटफार्म और हरिहर क्षेत्र के मेले की तरह सौराठ की यह विवाह सभा भी मशहूर हो गई रहती। यद्यपि अपनी मौजूदा स्थिति में भी ब्राह्मणों का यह वैवाहिक मेला अनुपम है।"

भयंकर सम्पन्नता और भीषण गरीबी मिथिलांचल ही क्यों समूचे उत्तरी-पूर्वी बिहार की विशेषता है। सम्पन्नता का पता जमींदारों के महाभोजों से लगता है तो विपन्नता का अन्दाज मछुआरों के जीवन को देखकर जिसका प्रतिनिधि खुरखुन है, जो पचमेर मिठाई खाने के बाद भी दो-दो सकोरा चाय ढकेल लेता है और भोला की गाली सुनकर दाँत निकालकर खी-खी हँसता रहता है। न पाँव में जूते न बदन पर कपड़े। मिथिला की इस विपन्नता की प्रतिध्वनि उसके रोमांस-गीतों में भी सुनाई पड़ती है। ये गरीब लोग अपने जांगर की पूँजी पर ही जिन्दगी का सफर तै करते आए हैं।

मिथिला के जीवन पर लिखते हुए नागार्जुन ने समूचे देश की उस सर्वहारा, अधिकार-प्रवंचित आबादी का चित्र खींचना चाहा है जो अकाल और बाढ़ के दिनों में प्राकृतिक प्रकोपों का शिकार होती है और खुशहाली के दिनों में जमींदारों, ऊँची जाति वालों के स्वार्थों का शिकार बन जाती है। अकाल और बाढ़ का वर्णन नागार्जुन ने अपनी कविताओं में भी किया है और उपन्यासों में भी। बाबा बटेसरनाथ में एक साथ इनका वर्णन है। हिन्दुस्तान के किसानों के चार बड़े दुश्मन हैं—एक है जन-विरोधी राजनेता, दूसरा है घूसखोर भ्रष्ट अधिकारी, तीसरा है सामन्त और चौथे पर अकाल और बाढ़। ये सब बारी-बारी से उसे पीटते रहते हैं। कभी-कभी मिलकर भी। नागार्जुन के लेखन में इनकी छाया जगह-जगह दिखाई देती है और लेखक बार-बार अपनी जनता को इनसे आगाह करता है। साथ ही इनसे निडर रहने का सन्देश भी देता है। चाहे 'शुभंकरपुर' हो चाहे 'गोंढ़ियारी' सबको मिलकर अपनी तंगहाली और गरीबी से निपटना चाहिए। उपन्यास के अन्त में बाबा बटेसरनाथ अपना अन्तिम सन्देश देते हुए कहते हैं—"मैं आशीर्वाद देता हूँ, रूपउली वालों की यह एकता हमेशा बनी रहे! सुखमय जीवन के लिए तुम्हारी यह सामूहिक प्रचेष्टा कभी मन्द न हो, स्वार्थ की व्यक्तिगत भावना कभी तुम्हारी चेतना को धुँधला न बनाए।" नागार्जुन के समूचे लेखन का यही निचोड़ है जो अपने अंचल की तर्कपूर्ण विवेचना के बाद उन्होंने अपने पाठकों के सामने प्रस्तुत किया है। एकता, जुझारूपन, सामाजिकता और स्वाधीनता उनके लेखन के मूल मुद्दे हैं जो बार-बार हमारा ध्यान अपनी ओर खींचते हैं।

यहाँ यह कह देना जरूरी होगा कि अपनी धरती के प्रति इस प्रेम ने ही नागार्जुन को आज तक भटकने से बचाया है। इसी नाते वे कोरे पार्टीबाज और कट्टर सिद्धान्ती नहीं बन सके। और यही वह स्रोत है जो बार-बार हजार-हजार उमंगों और आशाओं में फूटता है। लोक और धरती के प्रति तर्कातीत समर्पण ही उनके सृजन की मूल ऊर्जा है। विचार, सिद्धान्त, राजनीतिक सम्प्रदाय और निष्ठा अगर इसमें सहायक बन सकते हैं तो उनका स्वागत है।

कथा-शिल्पी नागार्जुन

ऐसा नहीं कहा जा सकता कि प्रगतिशील सर्वहारा जाति का लेखक सिर्फ अपनी बात को महत्त्वपूर्ण मानता है, बतकही का ढंग नहीं सोचता। किसी भी लेखक के लिए विषय की सूझ-बूझ जितनी जरूरी है, उससे कम जरूरी उचित शिल्प की खोज नहीं है। जिसे जरा भी अपनी बात के प्रति मोह होता है, वह उसे उतने ही सुन्दर ढंग से प्रस्तुत करता है। ढंग की यह सुन्दरता बहुत कुछ लेखक की शिल्प दक्षता पर निर्भर करती है। कभी-कभी 'ढंग' बड़ा पुराना होता है किन्तु लेखक उसमें नई चमक पैदा कर देता है। दोहों के क्षेत्र में यह सुखद चमत्कार देखा जा सकता है। कुछेक नए कहानी लेखक पंचतन्त्र और हितोपदेश शैली में अपने को व्यक्त करके उतने प्रभावशाली साबित हो रहे हैं जितने कि नए शिल्प का प्रयोग करनेवाले नहीं हो पा रहे हैं। महत्त्वपूर्ण यह नहीं है कि प्रयोग कितना अभिनव है, महत्त्वपूर्ण यह है कि उक्त प्रयोग के द्वारा लेखक अपनी समग्र सर्जनात्मक प्रतिभा का भरपूर उपयोग कर सका है या नहीं।

नागार्जुन के उपन्यासों के सन्दर्भ में यह भूमिका जरूरी जान पड़ती है। कारण यह कि वे हमारा ध्यान शिल्पगत अभिनवता की ओर न खींचते हुए भी प्रयुक्त-पद्धतियों का बहुत ही सधा हुआ इस्तेमाल करते हैं। उनके उपन्यासों में हमें वर्णन, विवरण, आत्मोद्‌घाटन, स्वप्न कथन और नाटकीय शैलियों का उपयोग मिलता है। बलचनमा जैसे उपन्यासों में 'आत्म कथात्मक' (उत्तम पुरुष शैली) पद्धति अपनाई गई है। सच तो यह कि उन्हें उपन्यास की किसी शैली-विशेष से न मोह है, न ही उसके प्रति विमोह-ही। सभी प्रचलित और ज्ञात शैलियों में वे अपनी कथाएँ कहते हैं। इसलिए इस क्षेत्र में हम उन्हें प्रास्थानिक प्रयोक्ता नहीं कह सकते। 'रतिनाथ की चाची' में वे बहुत कुछ प्रेमचन्द की कथा शैली को अपनाते हैं, जिसे हम धारावाहिक कथा-शिल्प कहते हैं किन्तु 'बलचनमा' में जीवनीपरक कथा शैली अपनाते हुए 'उग्रतारा' और 'कुम्भीपाक' जैसे उपन्यासों में समस्या केन्द्रित नाटकीय विवरण शैली को पकड़ लेते हैं। विशेष बात यह है कि विवेकी कला-पुरुष की भाँति विषय और परिस्थितियों के सन्दर्भ में वे अपनी शैली बदल डालते हैं। प्रेमचन्द ने भी गाँवों से अपने कथानक चुने हैं, किन्तु यह शैली-वैविध्य उनमें नहीं मिलता। जिस युग में वे अपना यह कार्य कर रहे थे, उस समय चुनौतियाँ भी कुछ दूसरी थीं। कथा को उत्सुकता

और मनोरंजन की दुनिया से निकाल कर सामान्यजन की कहानी में रूपांतरित करनेवाली समस्या सर्वप्रमुख थी। नागार्जुन ने जब अपना कार्य शुरू किया, हिन्दी कथा-साहित्य कई-कई रंगों और रूपों में विकास प्राप्त कर रहा था। उनके सामने नमूने थे, उन्होंने उन्हें चुना और सफलतापूर्वक उनसे अपना काम निकाला।

हिन्दी के आलोचकों की निगाह में नागार्जुन या तो ग्राम कथा लेखक हैं या आंचलिक या समाजवादी-यथार्थवादी। निश्चय ही ये सारे विशेषण लेखक की विलक्षणताओं को सीमाबद्ध करते हैं। जबकि नागार्जुन जैसे लेखक की कथा-वस्तुएँ जीवन की सहज प्रवाहमयता का अनुसरण करती हैं। जीवन अपनी स्वाभाविकता में न तो पूरी तौर पर आदर्शवादी होता है न ही यथार्थवादी। लेखक सिर्फ यह छूट लेता है कि वह इनमें से किसी एक को अपने कथन-इष्ट के रूप में चुने। जिस प्रकार 'चिन्तामणि' का लेखक विचार प्रधान निबन्ध रचना में प्रवृत्त होकर भी जीवन की सहज भाव राशि की मूल्यवत्ता को भी स्वीकार करता चलता है, उसी प्रकार यथार्थवादी नागार्जुन भी जीवनगत आदर्शों से बहुत जगहों पर अपनी वस्तु को समृद्ध करते चलते हैं। बावजूद इसके उनकी कथानक-संरचना निर्दोष और संगतिपूर्ण है। गोदान को लेकर आलोचकों की यह आपत्ति सर्वविदित है कि गाँव और शहर के जीवन को लेकर चलनेवाली कहानियाँ उचित सामंजस्य प्राप्त नहीं कर सकी हैं। नागार्जुन 'बाबा बटेसरनाथ' जैसे उपन्यास की शुरुआत सामाजिक जीवन के धरातल से करते हैं किन्तु उत्तरार्ध में सारी कथा राजनीतिक हलचल और सक्रियता की गोद में जा बैठती है। तब भी इसे संरचनात्मक असामंजस्य नहीं कहा जा सकता। सामाजिक जीवन राजनीतिक जीवन से इतना घुला-मिला हुआ है कि उक्त उपन्यास का कथानक देशी क्रान्ति का इतिहास प्रस्तुत करता हुआ लगता है। कथानकों की यह संगठना उस समय और भी उभार लेती दिखती है जब लेखक कई अन्य छोटी-मोटी प्रासंगिक कहानियों को भी इसके साथ जोड़ता चलता है। 'वरुण के बेटे' में मुख्य समस्या मछुआ जीवन के अधिकारों की रक्षा से सम्बद्ध है किन्तु मधुरी और मंगल की प्रेमकथा ने उस संघर्ष को अधिक रोचक और गम्भीर बना दिया है। 'प्रेम' और 'संघर्ष' के इस दुहरे जीवन को पूरे कथानक में रस्सी की तरह बट कर एकाकार कर दिया गया है। प्रेम की कोमल चाँदनी रातें संघर्ष के प्रखर ताप में लीन होकर नई सामाजिक सुबहों का आवाहन करती दिखाई देती हैं।

नागार्जुन के विवरण प्रधान कथानकों में भी सूचनाओं के बदले नाटकीय शैली का प्रयोग अधिक है। आम, लीची, तालमखाने और मछलियों की किस्में गिनाते हुए वे जितने सूचना-समृद्ध लगते हैं, वहीं मार्मिक प्रसंगों के सन्दर्भ में वे सघन दृश्यात्मकशिल्प का उपयोग करते दिखाई देते हैं। 'बलचनमा' और 'नई पौध' में जो विवरण प्रधानता है भी तो उससे कथा संवर्धन का काम लिया गया है। 'बाबा बटेसरनाथ' में लेखक ठोस कथा-बिम्बों के माध्यम से दृश्य साक्षात्कार की पद्धति अपनाता है। बाबा के मुख से यह वृत्तान्त देखिए—

“अगले वैशाख में राजा के मझले कुमार की शादी हुई। शुक्ल पक्ष की दशमी थी। बारात इसी रास्ते गुजरी थी। नौकर-चाकर मिलाकर सौ आदमी रहे होंगे। कन्धों पर बाँस रखकर सोलह बेगार भारी-सी एक तख्तपोश ढोए जा रहे थे, उस पर दरी और जाजिम बिछी थी। मय साज-बाज के एक रंडी उस तख्तपोश पर नाच रही थी–तबला, डुग्गी, सारंगी, मँजीरा सब साथ दे रहे थे।...वैसा अद्‌भुत दृश्य मैंने फिर कभी नहीं देखा बेटा। न, कभी नहीं।” (पृ. 44)

सामाजिक इतिहास का यह काव्य-प्रत्यक्षीकरण नागार्जुन जितने कौशल के साथ करते हैं, वह कला कभी-कभी केवल अमृतलाल नागर में ही दिखती है। सामन्त युग को पहचानने के लिए नागरजी ‘ताई’ जैसे कथा-बिम्बों की सृष्टि करते हैं। उसका मानवीय पक्ष दिखाने के साथ-साथ वे उसकी गतिहीन जड़ता और जर्जर शक्ति की भी सूचना देते हैं, ऐतिहासिक दृष्टि से जबकि वास्तविकता कुछ और है। आज भी पुराने राजा, नवाब, सामन्त-जमींदार, पुरोहित हमारे गाँवों में अपनी पद-प्रतिष्ठा ही कायम नहीं रखे हुए हैं बल्कि उभरती हुई सर्वहारा जागरूकता को कुचल देने के लिए कटिबद्ध हैं। उपन्यासकार के रूप में नागार्जुन इस प्रत्यक्ष जटिल समस्या को अहमियत देते हैं। सामाजिक नवनिर्माण और राजनीतिक चेतना के विकास के परमशत्रु के रूप में वे इन्हीं लोगों को हमारे सामने कभी टुनाई पाठक (बाबा बटेसरनाथ) कभी नित्याबाबू और पंडित ललित नारायण (दुखमोचन) के रूप में पेश करते हैं। सामाजिक और आर्थिक सवालों को लेकर पुरानी पीढ़ी का एक संयुक्त मोर्चा आज भी हमारे समाज में है। रतिनाथ की चाची, नई पौध, बलचनमा, दुख मोचन, उग्रतारा में यह मोर्चा अपनी सारी मुस्तैदी के साथ विद्यमान है और उनकी नई पीढ़ी इस मोर्चे को केवल हिंसा या रक्तपात से नहीं कभी-कभी समझा-बुझाकर भी अपने पक्ष में कर लेती है। इस दृष्टि से नागार्जुन के कथानकों की स्वाभाविकता और प्रामाणिकता अधिक बढ़ गई है। उग्रतारा में नर्मदेश्वर की भाभी, दुखमोचन में स्वयं दुखमोचन इस मोर्चे को समझाते-बुझाते हैं। जरूरत पड़ी तो घर-परिवार के बड़े-बूढ़ों से डंडा भी खा लेते हैं। छोटी-छोटी बातों के लिए बड़ी-बड़ी लड़ाइयों की भीम रचना नागार्जुन कहीं नहीं करते। विषय-वस्तु जैसी है, उनकी कथा-कल्पना भी उसी स्तर और आकार की नियोजित की गई है।

कथानक-रचना की यह विशेषता प्रेमचन्द में भी है पर वे कभी-कभी अति कल्पना का भी सहारा लेते हुए कलाकारिता को प्रधानता देने की कोशिश करते हैं। नागार्जुन इस अतिकल्पना का सहारा प्रायः नहीं ही लेते। इसलिए उनके कथानक कभी-कभी तो सामान्य जीवन प्रसंग के पर्याय-से बन गए हैं। घटना, प्रसंग, बात और पात्र सभी इतने सामान्य होते हैं कि हमें लगता है हम अपनी ही किसी आस-पास की दुनिया के बीच खड़े हों। नागार्जुन की यह स्वाभाविकता ही उनके यथार्थ की ताकत है।

हिन्दी में ऐसे उपन्यास लेखकों की संख्या भी काफी है जो व्यक्तिगत जीवन के

किसी मार्मिक और अविस्मरणीय प्रसंग को सुन्दर कल्पना में ढालकर उपन्यास रच लेते हैं। नए कथाकारों में यह प्रवृत्ति कुछ अधिक ही देखी जाती है। नागार्जुन की विशेषता यह है कि वे व्यक्तिगत घटनाओं को भी सामाजिक कलेवर देकर पेश करते हैं। 'रतिनाथ की चाची', 'जमनिया का बाबा' और 'पारो' (मैथली से अनूदित) की घटनाएँ उपन्यासकार के जीवन से सीधा वास्ता रखती हैं किन्तु कथा लेखक ने उन्हें सामाजिक चिन्ता के रूप में प्रस्तुत किया है। विधवा जीवन और अनमेल विवाह जैसी घटनाएँ सामाजिक सहानुभूति और व्यंग्य की दृष्टि से प्रस्तुत की गई हैं। 'पारो' की कहानी तो बहुत है छोटी किन्तु उसका कलात्मक प्रभाव अत्यन्त मार्मिक और कचोटनेवाला है। करुण-व्यंग्य की अद्‌भुत कहानी कहते हुए लेखक कहता है—

"सुनने में आया है कि चौधरी जी ने इसी बैशाख में फिर शादी की है...अपनी इच्छा नहीं ही थी, मगर ममेरे भाई का आग्रह...तब करते भी क्या?"

दूसरी कहानियाँ भी वे अपने आस-पास के जीवन से ही उठाते हैं। कुम्भीपाक में अनाथाश्रमों के नारकीय जीवन, उग्रतारा में बालविधवाओं के संकट, नई पौध में फिर वही अनमेल विवाह वाली समस्या, ऐसी कहानियाँ हैं जो रोज ही हमारे इर्द-गिर्द घटती रहती हैं। हमारे जीवन में सामाजिक कोढ़ के रूप में ये मौजूद हैं, आज भी। आज भी हम लेखकों के लिए ये आँखें खोल देनेवाली बातें हैं। जिस जनजीवन को हम आगे ले जाना चाहते हैं, उसकी बीमारियों की पहचान भी हमारे पास है या नहीं। या हम सिर्फ नए मजदूर जुलूसों के हाथ में क्रान्ति का झंडा थमाकर नवयुग आगमन की बेसब्र भोली प्रतीक्षा में हैं। नागार्जुन इस प्रकार के अयथार्थवादी यथार्थ लेखक नहीं हैं। वे जानते हैं कि हिन्दुस्तानी समाज चींटी की चाल चलता है। कंगारू की तरह पीछे की ओर काफी भारी है। नई हवाओं को आसानी से अपनी पुरानी बारादरी में घुसने नहीं देता। अगर वे कटिबद्ध होकर घुस आईं तो दूसरी विचित्रता यह है कि उन्हें एक अनिवार्य क्षेपक की तरह स्वीकार भी कर लेता है। धीरे-धीरे वे मुख्य प्रवाह का अंग बन ही जाती हैं। यह ऐतिहासिक समझ नागार्जुन की विशेषता है। इसलिए पुराने सामाजिक कोढ़ों के साथ नई हवाओं की टकराहट वे अक्सर आयोजित करते हैं। इस आयोजन में आजादी पूर्व का समाज सुधार, राष्ट्रीय नवजागरण और किसान मजदूर आन्दोलनों की झाँकियाँ भी अपना योगदान करती हैं। ज्ञात तथ्य है कि श्रीलंका के बौद्ध मठ से लौटकर नागार्जुन बिहार के सुप्रसिद्ध किसान आन्दोलन में कूद पड़े थे जिसका नेतृत्व स्वामी सहजानन्द सरस्वती कर रहे थे। कुम्भीपाक में इस आन्दोलन का हल्का-सा जिक्र पृष्ठ सत्तासी पर किया गया है। इसी तरह गांधी के नेतृत्व में चलनेवाले राष्ट्रीय आन्दोलन की एक संक्षिप्त झाँकी बाबा बटेसरनाथ में मिलती है। क्रान्तिकारियों, समाजवादियों और किसान-मजदूर संगठनों के वृत्तान्त भी प्रचुरता के साथ इस्तेमाल किए गए हैं। सामाजिक विकास की इस राजनीतिक यात्रा में हमारे सामने वे सारे विवरण यह लेखक प्रस्तुत करता है, जो आजादी पूर्व के सामाजिक क्रान्ति के महत्त्वपूर्ण अध्याय कहे जा सकते हैं।

इनका नियोजन करते हुए वे उन वैचारिक निष्कर्षों तक हमें पहुँचाना चाहते हैं जिन्हें हमारी नई पीढ़ी ऐतिहासिक निरक्षरता और अबोधपन के कारण भूलती जा रही है। हमारे महामहिम कथा लेखक अति आधुनिक विचारों के मोहजाल में फँसकर भारतीय समाज के इस क्रमिक विकास सोपानों को नजरअन्दाज कर चुके हैं। वे हमारा ध्यान कथा-शिल्प की नवीनता और अभूत संघटना की ओर खींच रहे हैं। प्रेमचन्द ने जिस बिन्दु से अपना लेखन शुरू किया था, उसको तिलांजलि देकर व्यक्तिगत विलक्षणात्मकता की ओर बढ़ने का कारण हमारे लेखकों का अति आधुनिकतापरक दुराग्रह ही है। अमृतलाल नागर, रेणु, शिवप्रसाद सिंह, श्रीलाल शुक्ल, भीष्म साहनी, राही मासूम रजा ने अपने उपन्यासों को फिर से राष्ट्रीय जीवन के वास्तविक प्रसंगों से जोड़कर ऐसी कहानियाँ लिखने की कोशिश की है जो हमारे सामाजिक जीवन की अविभाज्य इकाइयों के रूप में विद्यमान हैं। नागार्जुन भी इसी परिवेश के लेखक हैं। साक्षात जीवन (देखे हुए) की वास्तविक घटनाएँ ही उनकी कल्पना में पुनः जन्म लेकर उपन्यास की कथा बन जाती हैं।

इसी तरह उनके ज्यादातर चरित्र भी प्रत्यक्ष जीवन से लिए गए हैं। प्रेमचन्द की तरह उनके कुछ चरित्र तो जातीय विशेषताओं से सम्पन्न दिखाए गए हैं—गौरी (रतिनाथ की चाची), बिसेसरी (नयी पौध), भगौती, सेठ विर्धीचन्द (जमनिया का बाबा), अभिनन्दन के सारे के सारे पात्र इसी प्रकार के हैं। किन्तु पारो, उग्रतारा, मस्तराम, चम्पा, भुवन, इमरतिया जैसे पात्रों का महत्त्व उनकी व्यक्तिगत विशेषताओं के चलते है। कुम्भीपाक में चम्पा का यह स्वप्न चित्र देखिए—जो उसकी पिछली जिन्दगी से छनकर फ्लैशबैक शैली में आया है—

"—बस, ज्यादा मत सोचो। भाग चलो चम्पा...

—लेकिन बच्चों को छोड़कर एक माँ के पैर उठेंगे?

—जहन्नुम में जाओ।

—बच्चे...शकुन्तला और विजय।

—मेरी कोख जल नहीं गई है, बच्चे फिर हो जाएँगे...हिन्दुस्तान में रहूँगी तो कभी उस गाँव की मिट्टी छू सकूँगी जहाँ जन्म हुआ था।" (पृ. 96)

भीखनसिंह के नाम लिखा गया उग्रतारा का पत्र किसी भी सामान्य युवती का काम नहीं है। 'जमनिया का बाबा' में मस्तराम जैसे साधु कितने हैं जो अपने भोलेपन और देश प्रेम में लाजवाब हैं। जो ढोंगियों को पहचानते ही नहीं उन्हें नसीहत देने की प्रतिज्ञाएँ भी करते हैं। प्रश्न यह हो सकता है कि क्या लेखक को अपने पात्रों से वह सब कराने का हक है, जिसे वह खुद करना चाहता है? या सोचता है। "कोई भी उपन्यासकार जब किसी पात्र का सृजन करता है तो स्वयं उसके माध्यम से विलक्षण घटनाओं से पूर्ण एक दूसरा जीवन जीता है। वह उपन्यास के एक काल्पनिक पात्र का ही सृजन नहीं करता अपितु स्वयं के ही रक्त और मांस से एक नए जीव का निर्माण करता है जिसमें उसी की भाँति अनुभूति-क्षमता होती है और

जिसके जीवन की प्रत्येक घटना को मूल रूप से वह उपन्यासकार स्वयं भोगता है।"[1] स्वाभाविक ही है कि उपन्यास-लेखक आत्म प्रकाशन नहीं आत्माभिव्यक्ति के कारण अपने कार्य में प्रवृत्त होता है। एक फ्रांसीसी पत्रकार के जवाब में डॉक्टर जानसन ने कहा था—'मूर्खों को छोड़कर कोई भी केवल पैसे के लिए नहीं लिखता।' प्रत्येक लेखक के सन्दर्भ में यह बात महत्त्वपूर्ण है। प्रत्येक लेखक कुछ न कुछ व्यक्त करना चाहता है और वह अभिव्यक्ति की ऐसी गुंजायशों की खोज निरन्तर करता रहता है जिनके तहत वह अपने खौलते हुए विचारों और व्यग्र अनुभवों को प्रकट कर सके। पात्रों या घटनाओं का चयन और संघटन करते हुए वह केवल तथ्य संकलन नहीं करता, उन्हें वैचारिक क्रम में सजाता भी है। अपनी कल्पनाओं के अनुसार तराशता और विकसित करता है। उसकी इस स्वतन्त्रता को हम उससे छीन नहीं सकते। अपनी यह राय जरूर कायम कर सकते हैं कि उसने जो चरित्र हमें दिए हैं वे हमारी संवेदना को भी झकझोर सके हैं या नहीं? उनमें जीवन का स्पन्दन कितना गहरा और प्रभावपूर्ण है?

एक मुँहलगे पाठक के यह पूछने पर कि 'बाबा! आपका बलचनमा अब कहाँ होगा?' नागार्जुन ने विक्षुब्ध स्वर में कहा था—'होगा साला कहीं किसी ग्राम पंचायत का सरपंच बना बैठा।' लेखक के इस उत्तर से सुराग लगता है कि उसने अपने चरित्रों से क्या उम्मीद की थी और सामाजिक जीवन के बीच पड़कर वे क्या से क्या हो उठते हैं। डॉ. गोपाल राय ने बलचनमा की समीक्षा लिखते हुए यह अपेक्षा की है कि शायद बलचनमा का दूसरा भाग भी नागार्जुन लिखनेवाले हैं। किन्तु उल्लिखित उत्तर से यह पता लगता है कि वे 'बलचनमा' से कितने असन्तुष्ट हैं और उससे दुबारा मिलकर अपने किए-कराए पर ही पानी फेरेंगे। आजादी के आस-पास जिस आशा और आस्था से वे संवलित थे आज वह ताश के महल की तरह ढह चुका है और लेखक का स्वर कदाचित व्यंग्यात्मक और आलोचनात्मक हो चुका है। 'बलचनमा' में हमारी मुलाकात एक ऐसे व्यक्ति से होती है 'जो हमसे मुलाकात होने के साथ ही गहरी आत्मीयता स्थापित कर लेता है और हम उसकी कहानी सुनने लगते हैं।' यह आत्मीयता पाठक की उस सामाजिक सहानुभूति के चलते है जिसे यह लेखक पकड़ सका है। असल बात यह है कि नागार्जुन पात्रों के भीतर उतरते हुए सामाजिक-नैतिक अपेक्षाओं पर हमारा ध्यान अधिक केन्द्रित करते हैं और उनके चरित्र उसी की कोख से जन्म लेते हैं। उनमें जो विशेषताएँ हमें दिखाई पड़ती हैं वे उसी धारणा की देन हैं। जहाँ कहीं वे व्यक्तिगत विशेषताओं पर फोकस डालते हैं, वहाँ भी उनका निरपेक्ष चित्रण नहीं करते बल्कि सामाजिक जीवन चरित्र की छाया में व्यक्तिगतता एक कोमल व्यंग्य के रूप में उभरती दिखाई देती है। वस्तुतः वे अपने पात्रों के प्रति दो प्रकार के रवैयों की माँग करते हैं—सहानुभूतिपरक और कठोर

1. ए नॉवलिस्ट बिगिन्स—जूलियन ग्रीन, पृ. 48

आलोचनात्मक रुख। सामाजिक जीवन के अभिशापों को झेलनेवालों के प्रति वे पहली चेतना की अपेक्षा करते हैं तो वातावरण में प्रदूषण फैलाने वाले सदस्यों के प्रति वे निर्मम और कठोर व्यवहार की कामना करते हैं। ऐसे भी पात्र हैं जिनके सामने हमारी बुद्धि झुक जाती है और हृदय आदर और स्नेह से भर-भरा उठता है और ऐसे भी जिनके मुँह पर घृणा से भरकर थूकने की इच्छा होती है। वे हमारी श्रद्धा, आदर, स्नेह के साथ-साथ घृणा, निन्दा और आलोचना को भी जगाए रखना चाहते हैं, और इस क्रिया के सम्पादन के लिए अन्तर्दर्शन और आत्मविश्लेषण की विधियाँ भी भरपूर अपनाते हैं। प्रायः हर सफल लेखक इस रास्ते चलना चाहता है और नागार्जुन भी।

उपन्यास में पात्रों को प्रस्तुत करते हुए जिन तीन शैलियों का सहारा वे लेते हैं वे क्रमशः विवरण, सम्भाषण और अन्तर्दर्शन की शैलियाँ कही जा सकती हैं। जमनिया का बाबा और हीरकजयन्ती में अन्तर्दर्शन और आत्मविश्लेषण की यह शैली बहुत ही सफलतापूर्वक प्रयुक्त हुई है। आत्मचिन्तन में स्मृतियों का झरोखा अपने आप खुल जाता है और पात्र अपनी नई-पुरानी जिन्दगी की कतरनों के साथ हमारे सामने आ जाता है—

"—प्रणाम, सरकार!

—पहचाना नहीं मुझे आपने?

—उहुँ!

—नहीं पहचाना? लीजिए, हैट और काला चश्मा हटा लूँ...।

मुस्कान।

धुले हुए शब्द।

चतुर चितवन।

—अरे तुम? जटाशंकर। कहाँ रहे?

—बम्बई रहता हूँ, सरकार! जर्नलिज़्म का धन्धा अपना लिया है।

—तुमको तो पॉलिटिक्स में आना था, छात्रों पर इतना असर तो और किसी का था नहीं...।

एक हजार रुपए, हाँ, दस वाले सौ नोट मैंने तुम्हारे हवाले किए थे..."

(पृ. 77)

विवरण शैली के माध्यम से दुःखमोचन, उग्रतारा, पारो जैसे चरित्रों की सृष्टि की गई है। कुम्भीपाक और बटेसरनाथ में सम्भाषण शैली का इस्तेमाल किया गया है।

नागार्जुन उन यथार्थवादी लेखकों से अलग हैं जो चरित्र का परिचय केवल बाहरी क्रियाओं के आधार पर देते हैं। और उनसे भी भिन्न हैं जो पात्रों की भीतरी दुनिया को ही उनका परिचय-सर्वस्व मानते हैं। प्रेमचन्द की तरह वे भीतर और बाहर दोनों की सामान्य पड़ताल करते दिखाई देते हैं। भीतर का यह यथार्थ वह सामान्य मनोविज्ञान है जो बिना किसी शास्त्रीय पद्धति को अपनाए परम्परा में घटित होता रहा है। इलाचन्द्र जोशी, अज्ञेय या जैनेन्द्र की तरह वे किसी मनोवैज्ञानिक सम्प्रदाय

का अनुगमन नहीं करते। इसी तरह बाहरी यथार्थ की ओर वे स्पष्टतः अपना प्रस्थान भेद यशपाल जैसे लेखकों से सूचित करते हैं। यशपाल के पात्र निर्मित और गढ़े हुए जान पड़ते हैं क्योंकि वहाँ प्रबल मताग्रह है जबकि नागार्जुन इस प्रकार के मतभेदों से परिचालित होने के बजाय जीवन और स्वभाव की सहज और स्वाभाविक रूपरेखा को प्रधानता देते हैं। व्यक्ति के रूप में सूक्ष्म से सूक्ष्म गति और चलन का निरीक्षण वे करते रहते हैं। कुम्भीपाक में मुंशी मनबोधनलाल (मकान मालिक) और बुकसेलर तिलकधारी दास की कितनी बारीक निगरानी वे प्रस्तुत करते हैं। वरुण के बेटे में भोला और खुरखुन, मंगल और जंगल की सूक्ष्म विभेदकर रेखाएँ खींच सकने में वे उतने ही कामयाब हैं जितने कि नागर, उदयशंकर भट्ट और फणीश्वरनाथ रेणु हैं। भोला और खुरखुन दोनों बाजार गए हैं। भोला जरा मोटा असामी है जबकि खुरखुन सिर्फ दसवाँ हिस्सा पाता है। सौदा सुलुफ खरीदकर दोनों भरपेट पूड़ी-तरकारी चटनी और इमरती बालूसाही, गुलाब जामुन-बर्फी-लड्डू खाते हैं। दो-दो बीड़े मीठे पान भी। गाड़ी आई तो दोनों जने टिकट कटाकर डिब्बे में जा बैठे। नागार्जुन लिखते हैं—

"खुरखुन की तबीयत हुई चाय पीने की। भोला अपना मस्त था सिगरेट में। खुरखुन ने इशारे से चाय वाले को नजदीक बुलाया। दुअन्नी देकर दो सकोरे चाय ली उससे। एक अपने लिए, दूसरा भोला के लिए।

भोला हँसने लगा—पचमेर मिठाई से जी नहीं भरा। अब गुड़ की इस गरम शरबत पर मन आके अटका है? राम-राम!! मैं नहीं पीता तुम्हारी चाय...

वह चाय वाले को पुकारने लगा—लेजा रे अपनी चाय, नहीं चाहिए हमें तेरी यह लाल शबरत।

चाय वाला नहीं लौटा तो दूसरा सकोरा भी खुरखुन ने ही पिया।

भोला कुढ़कर बोला—इसी को कहते हैं कुत्ते की लत, समझा?

खुरखुन दाँत निकाल-निकालकर मुस्कराता रहा और एक हथेली पर दूसरे हाथ से खैनी मसलता रहा।" (पृ. 16)

निम्न वर्गों के बीच भी आर्थिक आधारों पर मनोवृत्तियों में अन्तर पड़ जाता है। भोला खाता-पीता मछुआरा है। तुलनात्मक दृष्टि से सम्पन्न भरी-पूरी गृहस्थीवाला। जबकि खुरखुन फटेहाल, तंगी में जूझता हुआ। एक ही वर्ग में चेतना और प्रतिक्रिया के स्तरों में कितना सूक्ष्म भेद हो जाता है इसे यहाँ देखा जा सकता है। इस दृष्टि में लेखकीय सहृदयता के साथ-साथ गहन शोध दृष्टि भी काम कर रही है। नागार्जुन यहाँ अपने समस्त समकालीनों को हाथ मारते हुए आगे बढ़ रहे हैं। डॉ. गणेशन ने हिन्दी उपन्यास साहित्य का अध्ययन प्रस्तुत करते हुए यह चिन्ता प्रकट की है "जिस देश की नब्बे प्रतिशत जनता कृषक वर्ग की है, उसके उपन्यास साहित्य में उस वर्ग का सम्पूर्ण जीवन प्राप्त न हो तो वह निश्चय ही खेद का विषय है। हमारे देश के नित-नित जीवन से संघर्ष करते हुए बार-बार बाढ़ों, अति वर्षाओं, सूखों, अकालों और महामारियों का सामना करते हुए जीवन-यापन करनेवाले धरती लालों

को जो स्थान मिला है, उससे अधिक वेश्यालयों को और विकृत चित्तवृत्ति के कुछ युवक-युवतियों को प्राप्त हुआ है।" (पृ. 238) जिस 'आम पुरुष' और 'आम स्त्री' को वे उपन्यासों में प्रतिष्ठा दिलाना चाहते हैं, नागार्जुन, रेणु, शिवप्रसाद सिंह जैसे लोग उसी के जवाब हैं। एकदम नयों में विवेकी राय जैसे लेखक हैं जिनकी दृष्टि गाँवों के सामान्य किसान जीवन की ओर गई है। नागार्जुन के लेखन में किसान–विशेषकर छोटे किसानों, खेतिहर मजदूरों और अन्य ग्रामीण मजदूरों का जितना विभिन्न चित्रण मिलता है, उससे पता लग सकता है कि उनके लेखन का मिशन क्या है।

जिस सामाजिक जीवन और व्यक्ति-संसार को वे हमारे सामने पेश करते हैं, मुख्यतः उसका सम्बन्ध मिथिलांचल से है। स्वभावतः इस अंचल की ढेर सारी विशेषताएँ–रहन-सहन, खान-पान, बात-व्यवहार का अन्दाज उनके उपन्यासों का उपजीव्य बन गया है। इससे बचने की न तो कोई सुविधा थी न ही यह जरूरी ही कहा जा सकता है। कोई भी पात्र अगर अपने सामाजिक भूगोल के साथ हमारे सामने लाया जाता है तो इससे उसकी प्रामाणिकता तो बढ़ती ही है, जीवन्तता भी असंदिग्ध रूप से कायम बनी रहती है। लेखक की कल्पनाएँ बहुत अधिक स्वच्छन्द और आत्मनिर्भर होने के बजाय हवा-पानी से तालमेल बिठाती हुई आगे बढ़ती हैं। नागार्जुन के उपन्यासों में आँचलिकता का यही अंश हमें मिलता है। किन्तु यह कहना बुद्धियुक्त न होगा कि इन्हीं आंचलिक विशेषताओं को प्रकट करने के लिए उनके उपन्यास लिखे गए हैं। उपन्यास लेखन को वे सामाजिक समस्याओं से टकराने और निपटने के लिए हाथ में लेते हैं। इसलिए उनके उपन्यासों में बहस और उत्प्रेरणा दोनों ही हैं। सामाजिक घटकों की यथार्थ स्थिति पर मार्मिक और सटीक टिप्पणियाँ हमें बीच-बीच में मिलती हैं। महिलाओं, पुरुषों, किसान-मजदूरों और राजनेताओं की जीवन-स्थितियों और कार्य-पद्धतियों पर बड़े तीखे रिमार्क लेखक बीच-बीच में पास करता है। कहना चाहें तो इसे आलोचनात्मक यथार्थवाद कह सकते हैं। यथार्थवाद की प्रकृतवादी और गूढ़ मनोवैज्ञानिक पद्धतियों के अलावा नागार्जुन ऐतिहासिक, आलोचनात्मक और सामाजिक यथार्थवाद को अपने लिए उपयोगी दृष्टि बिन्दु के रूप में स्वीकार करते हैं। आंचलिकता इन्हीं पद्धतियों की एक आवश्यक माँग है।

नागार्जुन के उपन्यास जिस भाषा में लिखे गए हैं उसका प्रधान स्वरूप खड़ी बोली है। खड़ी बोली का क्षेत्र कितना विस्तृत और विविध है कि आज उसका कोई सुनिश्चित स्वरूप तय कर पाना कठिन लगता है। राजस्थान, हरियाणा, हिमाचल प्रदेश, उत्तर प्रदेश, बिहार के अलावा कलकत्ता, बम्बई, दिल्ली और हैदराबाद जैसे महानगरों में वह आंचलिक ध्वनियों और प्रादेशिक छापों से युक्त है। एक ही शब्द दरभंगा और इलाहाबाद में अलग-अलग ध्वनियाँ ग्रहण कर लेता है। इसलिए नागार्जुन जहाँ विवरण पेश करते हैं वहाँ तो इलाहाबादी परिनिष्ठित खड़ी बोली से काम लेते हैं किन्तु यात्राओं की दुनिया में उतरते ही वे उनकी बोलियों के अन्दाज को भी पकड़ लेते हैं। 'वरुण के बेटे' में बंगाली बाबू की हिन्दी का नमूना देखिए–

"घो घोन, छेड़े दाओ (छोड़ दो) : हिआं (यहाँ) आओ—हम डी.टी.एस. को फोन करता है...बिहान (सुबह) मिलिटरी आएगी तब मॉब को लेसन देगा (भीड़ को सबक सिखाएगा)...हुआँ (वहाँ) जास्ती देर मत ठहरा (खड़ा) रहो रे बुड़बक (भोंदू)।...।" ...पृ. 94। कुम्भीपाक में नेपाली नौकर दिवाकर शास्त्री से कहता है—"हुजूर, खाना तइयार है।" (पृ. 79)

"कम्पाउंडर की बीबी ने दिल ही दिल में अपने से कहा—"छिनाल कहीं की। उड़ती चिड़िया की पूंछ में हल्दी लगाने वाली राँड। किस कदर बात बनाती है"... पृ. 19 कुम्भीपाक।

"हमारे दफ्ती में चौदह ठो दैनिक आता है। सात ठो वीकली...पृ. 13। अभिनन्दन (हीरक जयन्ती) का यह वाक्याँश—"सरकार (नलनजी की कुर्सी के पीछे खड़ा होकर) ए गो बाबू आपको चाल पाड़ते हैं, उनको यहीं से आवें हजूर?" पृ. 100

रतिनाथ की चाची में ऐसे ढेर सारे शब्द हैं जो टिपिकल मिथिलाइट हैं। ऐसे शब्दों के लिए लेखक ने पाठकों के लिए टिप्पणियों का अंश भी जोड़ते हुए लिखा है—"हिन्दी भाषा-भाषी क्षेत्र बहुत बड़ा है। पूर्वी हिन्दी के ठेठ शब्द पश्चिमी हिन्दी के क्षेत्र तक पहुँचते-पहुँचते 'अजनबी' हो जाते हैं। इसी तरह पश्चिमी हिन्दी के शब्द पूर्वी हिन्दी के अंचलों में अपरिचित लगते हैं—" ऐसी स्थिति में इस आंचलिकता को दर किनार कर हिन्दी के पाठकों की भाषायी एकता के प्रति न्याय नहीं किया जा सकता। नागार्जुन के दिमाग में यह जिम्मेदारी पूरी मुस्तैदी के साथ काम करती रहती है। परिणामतः वे बोली और लिखी गई भाषा की विभिन्न भंगिमाओं को समेटने की कोशिश करते हैं। विशेष ध्यान यह रहता है कि वह चरित्र-संगति की कसौटी पर खरी उतरे। संस्कृत नाटकों में शूद्र और महिलाएँ प्राकृत बोलते हैं जबकि पढ़े-लिखे द्विज संस्कारों के लोग टकसाली संस्कृत। अपने उपन्यासों में भी नागार्जुन इस बात का पूरा ध्यान रखते हैं कि सामाजिक और आर्थिक स्तरों की विभिन्नता के कारण भाषा-भेद कहाँ और कैसे पैदा हो जाता है। किन्तु जहाँ वे खुद चीजों, दृश्यों, ऋतुओं और प्रसंगों पर विचार व्यक्त कर रहे होते हैं वहाँ उसका एक और भी रूप उभरता हुआ दिखाई देता है। ऐसे स्थलों पर भाषा बेहद काव्यात्मक, चित्र विधान परिपूर्ण और गम्भीर विचारोपयुक्त हो उठी है—

चित्रात्मक भाषा का स्वरूप वरुण के बेटे में—

"खुरखुन के होंठ अलग-अलग फैल गए और बत्तीसी बाहर झाँकने लगी। दाँत क्या थे, पकी-पोढ़ी लौकी के पंक्तिबद्ध बीज थे मानो। वैसे ही सफेद, साबित और यकसाँ। (पृ. 22)

काव्यात्मक अंश की बानगी—

"शाम होने में अब भी विलम्ब था। गढ़ पोखर का प्रशान्त नील-कृष्ण विशाल वक्ष हौले-हौले लहरा रहा था। हेमन्ती दिनांत के प्रियदर्शी रवि की पीताभ-किरणें

उसकी लोल-लहरियों पर बिछ-बिछकर अपने को नाहक पैना रही थी।" (पृ. 112)

सूरज अब लुक-झुक, लुक-झुक कर रहा था, लेकिन सड़क और डूबते सूरज के दरम्यान गढ़ पोखर की ऊँची भिंड़ खड़ी थी।" (पृ. 116)

विचारपूर्ण भाषा का रूप इस प्रकार देखिए—

"समाज उन्हीं को दबाता है, जो गरीब होते हैं। शास्त्रकारों को बलि के लिए बकरे ही नजर आए। बाघ और भालू का बलिदान किसी को नहीं सूझा।"

(रतिनाथ की चाची, पृ. 58)

ब्राह्मणों के समाज पर टीका-टिप्पणी करने का अवसर पाकर बिरजू अहीर को सचमुच ही बड़ी खुशी हुई। वह बोला—जब ऐसी बात थी, तब क्यों जयदेव बाबू ने सबसे राय नहीं ले ली? और समाज को भी अब सोचना पड़ेगा कि इस जमाने में किसी को एकघरा बनाकर छोड़ा नहीं जा सकता। हजाम अगर बाल नहीं बनाएगा तो क्या? इस्टीसन पर दिन की गाड़ी के वक्त दस-दस हजाम दाढ़ी बाल बनाने को तैयार बैठे रहते हैं। जाति-पाँति नहीं किसी की पूछते। (रतिनाथ की चाची, पृ. 89)

उपन्यासकार की भाषा की सफलता का प्रमाण है उसकी वर्णन-विश्वसनीयता, जो नागार्जुन को हासिल है। साथ ही वे बीच-बीच में 'मुस्करा की बुकनी' जैसे लोक सौन्दर्य वाले बिम्ब, 'लजकोटर' जैसे टिपिकल देहाती प्रयोग और 'इस्टीसन' जैसी ध्वनि-विकृतियाँ भी अपना लेते हैं जिनसे उनकी भाषा की रंगीनी और विविधता का पता लग सकता है। उनके उपन्यास पंडित पाठकों के लिए नहीं उस आम आबादी के लिए लिखे गए हैं जो साहित्य के सहयोग से जीवन को नए सिरे से समझना-बूझना चाहते हैं। यास्क ने कहा था—अपने कर्म की सफलता का प्रमाण पाना चाहते हो तो लोक से जाकर पूछो नागार्जुन का सारा कला धर्म इसी 'लोकपृच्छ' की आधारभूमि पर खड़ा है। लोक की बिरादरी की ओर जाते हुए भी यह ध्यान वे बाकायदा रखते हैं कि लहसुन या हींग की गन्ध लोग एक सीमा तक ही पचा पाते हैं। अगर सारे भोजन में उसका अनुपात अधिक कर दिया जाए तो स्वाद की तीक्ष्णता भोजनेन्द्रिय को बिचकाने लगेगी। भोजन असह्य हो जाएगा। आंचलिक शब्दों का इस्तेमाल करते हुए वे इसका बराबर ध्यान रखते हैं क्योंकि उनके कथा-लेखन का मुख्य धर्म आंचलिकता का उभार न होकर राष्ट्रीय जीवन के समकालीन यथार्थ से ऐतिहासिक संक्रमण के बिन्दु पर टकराना और नई राहों की ओर इशारा करना है। उनकी कला लोक जागरण की इस प्रतिज्ञा का कदम-कदम पर पालन करती है।

राष्ट्रीय मार्क्सवाद और नागार्जुन

अपनी पुस्तक 'आलोचना के नए मान' में समकालीन कविता के बुनियादी चरित्र-परिवर्तन की चर्चा करते हुए लेखक ने लिखा है कि "समकालीन कविता से सरोकार रखनेवाला प्रत्येक समीक्षक आज इस बात से सहमत है कि पिछले दिनों हिन्दी कविता में पुनः एक बुनियादी परिवर्तन घटित हुआ है। आजादी के बाद दो दशकों तक प्रवाहित रुग्ण व्यक्ति केन्द्री प्रवृत्तियों से उसे अब ही उबारा जा सका।" कर्णसिंह का यह निष्कर्षकारी वक्तव्य प्रगतिशीलों के लिए जितना खुशनुमा है, उनके अपने भावी कर्मों के प्रति चुनौतीपूर्ण भी है। ऐसा लगने लगा है कि हिन्दी कविता का मंच पूरी तौर पर प्रगतिशीलों के हाथ में आ गया है और इस विश्वास में अब सन्देह की कोई गुंजायश नहीं है। सातवें दशक में जितनी अधिक गोष्ठियाँ, लेखक सम्मेलन और पत्रिकाओं का प्रकाशन इस बिरादरी की ओर से हुआ है, उतना पाँचवें और छठवें दशक में नहीं। पाँचवाँ दशक नई कविता का तो छठवाँ किस्म-किस्म की कविता का दशक कहा जाएगा। आज जबकि हमारा समाज राजनीतिक उठा-पटक के दरम्यान आ खड़ा है, जनता को प्रशिक्षित और राजनीतिक दृष्टि से प्रौढ़ बनाने की जिम्मेदारी प्रगतिशील कविता पर आ पड़ी है। कविता यह काम कितना कर पा रही है और कालान्तर में किन-किन मंजिलों तक पहुँच पाएगी—यह अभी देखना बाकी है। इसी सन्दर्भ में कुछ पुराने सवालों को उठाने और उनका उत्तर खोजने की भी जरूरत आज की कविता को है।

पश्चिम बंगाल के नक्सली आन्दोलन ने जब आतंक का सहारा लेते हुए ईश्वरचन्द्र विद्यासागर या बंग-महापुरुषों की प्रतिमा-भंजन का कार्य किया था तो बुद्धिजीवी समाज ही नहीं, सारा जन समाज क्षोभ और चिन्ता में डूब गया था। सवाल यह था कि क्या प्रगतिशीलता के रास्ते में हमारी जातीय उपलब्धियाँ आड़े आ रही हैं? क्या हिन्दुस्तानी मार्क्सवाद को भी धर्म को अफीम मानने की जरूरत है? हिन्दुस्तानी मन को ठीक-ठीक पकड़ने के लिए यहाँ के राष्ट्र प्रेमियों, देशभक्तों, समाज-चिन्तकों और सुधारकों की वैचारिक फजीहत एक खास लहजे में कितनी जरूरी है? इन्हें लोकमन से उतारने की कोशिश क्या सचमुच प्रगतिशीलता की अनिवार्य शर्त है? क्या कविता इतनी क्रान्तिकारी है कि वह समस्त अतीत को नकार कर नए राग-सम्बन्धों की रचना कर सकेगी? प्रगतिशील कविता के लिए ये सवाल विचारणीय हैं।

वेणु गोपाल ने एक बातचीत के दौरान यह स्वीकार किया था कि भारतीय मन के कुसंस्कारों को गाली के जरिए नहीं बदला जा सकता। लोकमन के प्रति गहरी प्रेम भावना और धीर गम्भीर तर्क-निष्ठा ही उन्हें अपदस्थ कर सकेगी। इसीलिए प्रगतिशील कविता का एक काम अपने भीतर उस गहरे और आत्मीय रागभाव को पैदा करना है, जो परिवेश के प्रति उसे प्रामाणिक अनुभूति दे सकेगी। दूसरे, उस सामान्य आदमी की जिन्दगी की उन जटिल और सूक्ष्म अन्ध परतों को खोलने की कोशिश करनी होगी, जो उसे देखने और समझने से निरन्तर वंचित करती आ रही है। यहीं नागार्जुन और उनका लेखन हमारे लिए एक आदर्श की तरह उभरने लगता है।

नागार्जुन नए और पुराने समस्त प्रगतिशीलों में सबसे अधिक संवेदनशील और लोकोन्मुख कवि रहे हैं। भारतीय आबादी के जितने स्तरों और रूपों का पता उन्हें है, उतना इस युग में शायद किसी दूसरे को नहीं। वे पूर्वी बिहार के गाँव में पैदा हुए। आज भी गाँव से उनका रिश्ता टूटा नहीं है। दरिद्र किन्तु ब्राह्मण परिवार के सदस्य होने के नाते अपने युग के सामन्तों, जागीरदारों से लेकर मध्यजातियों और गरीबी की रेखा को परिभाषित करनेवाली जातियों के सम्पर्क की भी सुविधा उन्हें मिली। काशी की विद्वन्मंडली, पंडे-पुरोहितों ने उन्हें इसलिए आत्मीयता दी कि वे दरभंगा के मैथिल पं. वैद्यनाथ मिश्र हैं और परम्परागत अर्थों में साहित्याचार्य भी। उसी काशी में नागार्जुन गरीब छात्रों, विधवाओं और उन रिक्शा-इक्कावालों के भी सम्पर्क में आए जो सामन्ती और पूँजीवादी समाज की व्यवस्था के शिकार रहे हैं। नागार्जुन का एक पाँव आज भी कस्बों में रहता है तो दूसरा महानगर में। महानगर उन्हें लुभा नहीं पाता और कस्बा उन्हें निराश नहीं करता। महानगरों में वे कनाट प्लेस और चौरंगी के बजाय उन सीलन भरी बस्तियों में रहते हैं जहाँ छोटे-मोटे दुकानदार, ट्यूशनिस्ट अध्यापक, विज्ञापन की खोज में आती-जाती रोजगार खोजती युवतियाँ, कल-कारखाने में काम करनेवाला मजदूर, आफिस में माथापच्ची करनेवाले बाबू रहा करते हैं। नागार्जुन यहाँ एक सदस्य की हैसियत से आते-जाते रहते हैं। पटना, इलाहाबाद, सागर, विदिशा या तरौनी गाँव या फिर केदारनाथ अग्रवाल का बाँदा, सब उनके आकर्षण के केन्द्र हैं और वे सब की पारी पूरी करते रहते हैं। घुमंतू तबीयत ही उन्हें श्रीलंका और तिब्बत भी ले गई। वही उन्हें एक व्यक्ति से दूसरे व्यक्ति तक, एक अनुभव से दूसरे अनुभव तक भी ले जाती है। इसीलिए जन-जीवन की जितनी पकड़ इस कवि को है उतनी केदार और त्रिलोचन को भी नहीं। केदारनाथ अग्रवाल ने खुद ही यह कहा है कि—"मेरी धारणा यह है कि हमारे यहाँ भी जितना सचेत और जागरूक, संवेदनशील वह रचनाकार होता है, जो जनता से आया है, उतना कोई और नहीं। जैसे बाबा नागार्जुन का उदाहरण है। उनकी कविताओं में वही बातें मिलती हैं, जो जन आन्दोलन में उभरती हैं।" [पूर्वग्रह सित. अक्टू. 79]

जो लेखन साहित्यिक अध्ययन का परिणाम है, वह पंडिताऊ तो हो सकता है किन्तु प्रामाणिक नहीं। नई प्रगतिशीलता के लिए तो आज यह प्रामाणिकता और भी जरूरी है जबकि वह समूचे साहित्यिक परिदृश्य का नेतृत्व करने का दम भर रही है। किन्तु उसकी प्रामाणिकता महानगरों की बहसों या किताबों से कदापि अस्तित्व ग्रहण न कर पाएगी। उसके लिए प्रत्यक्ष जन सम्पर्क अनिवार्य है। नया प्रगतिशील कवि भी धीरे-धीरे कैरियरबाजी की ओर बढ़ने लगा है और सरकारी शहद का स्वाद भी उसे मिलने लगा है। प्रजातन्त्र के नाम पर चलनेवाली पूँजीवादी सरकारें ऐसे प्रतिष्ठानों को विलय केन्द्रों की तरह तैयार भी करने लगी हैं जहाँ वामपंथी आधुनिकता का ताप क्रमशः ठंडा पड़ने लगता है और अग्निमुखी सेनाएँ एक रोज बर्फ की नदी बन जाती हैं। किताबी मुहावरों, साहित्यिक लटकों और तापहीन वासी अनुभवों की भीड़ में जातीय जीवन की ताजगी तब हवा हो जाती है। आज यह खतरा निरन्तर बढ़ता जा रहा है क्योंकि प्रगतिशील कविता और आलोचना भी अपने पुराने कला-कर्मों में रुचि लेने के बजाय समकालीन प्रतिस्पर्धी आधुनिकता की प्रहारबाजी में लगी हुई है। सन् '74 के बिहार आन्दोलन में जब जे.पी. के साथ रेणु और नागार्जुन कूद पड़े थे तब प्रगति पंथियों को यह बात बहुत नागवार गुजरी थी और उन्होंने नसीहत के तौर पर इस लेखक की वैचारिक अस्तिमता पर सन्देह प्रकट करना शुरू कर दिया था। और आज वे ही लोग जबकि अपनी समर्थन नीतियों का पोस्टमार्टम कर रहे हैं, नागार्जुन की कविता अब भी उसी जनता के साथ है, जो गाँवों और कस्बों में निरन्न और अधिकार वंचित जीवन जी रही है।

जनता ही उनकी माँ-बाप है, वही उनका ईश्वर भी। धरती और जनता के प्रति उनकी यह गहरी आस्था ही उनकी कविताओं और उपन्यासों को राष्ट्रीय बनाती है। गाँवों से लेकर शहरों तक वे उस जनता को जानते हैं जिसे हिन्दुस्तान में आम आदमी कहा जाता है, जो दर्जा चार तक पढ़ी-लिखी है और कम से कम दोनों जून का भोजन पा लेती है। नागार्जुन की कविताएँ इसी आम आदमी के पीछे भटकती रहती हैं, रेडगार्ड बनकर। उनकी चिन्ता अपने देश के इसी आदमी के भविष्य और वर्तमान को लेकर है। अन्तर्राष्ट्रीय सर्वहारावाद प्रकारान्तर से एक साम्राज्यवादी नारा है जो सम्पन्न साम्यवादी देशों के लिए उनकी हेठी प्रदर्शित करने में उनकी मदद करता है। चीन और रूस जब एक नहीं हो पा रहे हैं, तब अन्तर्राष्ट्रीय साम्यवाद का मतलब किसी से छिपा नहीं रह जाता। ईसाई आदि धर्मों जैसी भौगोलिक समरूपता की सार्वत्रिक खोज मार्क्सवाद के सन्दर्भ में सम्भव नहीं। वह केवल अमूर्त विचार दृष्टि नहीं है। उसका साबका समाज और इतिहास की नंगी और जटिल परिस्थितियों से निरन्तर पड़ता रहता है। हिन्दुस्तान जैसे देश में साम्यवाद ठीक उसी तरह नहीं भी आ सके जिस रास्ते रूस या चीन में आया। प्रत्येक देश की अपनी अलग जमीन और अलग आसमान हुआ करता है, वह संयोग से यहाँ भी है। सांस्कृतिक और ऐतिहासिक दृष्टि से हमारी सम्पन्नता हमें लज्जित करनेवाली

नहीं। इसलिए उसकी पैठ को नकारना या उसके सार्थक और जीवन्त अंशों की उपेक्षा करके मार्क्सवादी राज्य का सपना देखना, सपना देखना ही है। यह कहना होगा कि हिन्दुस्तान के वामपंथी राजनेताओं को विशेषकर हिन्दी प्रदेशों की जनता के लोकमन की पहचान अब भी नहीं है। मार्क्सवादी दलों के महान नेतागण (?) आम जनता की कौन कहे, अपने प्रति सहानुभूति रखनेवाले बुद्धिजीवियों से भी बराबरी का व्यवहार करने में अपना अपमान समझते हैं। नागार्जुन, त्रिलोचन और रामविलास शर्मा इसके उदाहरण हैं। क्या कारण है कि बौद्धिक मोर्चे पर इन लेखकों की निष्ठा की खबर पार्टी बॉसेज को तो है, पर वे आज भी इन्हें अपनी बराबरी का दर्जा नहीं देना चाहते और दावा अन्तर्राष्ट्रीय साम्यवाद का करते हैं। रामविलास शर्मा जैसे प्रखर और लोकमेधा सम्पन्न लेखक भी उस दृष्टि से नितान्त निष्क्रिय बने बैठे हैं। क्योंकि वे अब भी जनता की सांस्कृतिक गहराइयों और लोकमन तक को पहचानने और पकड़ने की कोशिश में हैं। वे आज भी यह मानते हैं कि छायावाद एक सांस्कृतिक काव्यान्दोलन था और उसका विरोध करना भारतीय संस्कृति का ही विरोध कहा जाएगा। 'भारतीय' और 'संस्कृति' जैसी संज्ञाएँ जिन्हें नापसन्द हैं वे भले ही अन्तर्राष्ट्रीय विश्व में पूजे जाएँ, पर यह सम्भव नहीं कि वे देशी-नेह-छोह के भी भागी बन सकेंगे। प्रगतिशीलता जिनके लिए रूस जाने की किश्ती है, उन्हें निरन्तर लेनिन-लेनिन जपना पड़ता है और तब कहीं मामला सध पाता है। देशी सरकारों या उनके कलपुरजों को खुश करके अहोभाग्य प्राप्त किया जा सकता है। पर इस अहोभाग्य से किस आम आदमी का क्या भला होनेवाला है? या अब तक क्या हुआ है? क्या अब भी वामपंथी दल इस मुगालते में हैं? और क्या आज भी वे अपनी जड़ें जनता के बीचों-बीच नहीं रोपना चाहते? क्या अभी भी वे दूसरे दलों के कन्धों पर लल बबुओं की तरह बैठकर हिन्दुस्तानी मन की यात्रा करना अपनी रणनीति मानते हैं? शायद नहीं। पर इस दिशा में उनकी ओर से अभी तक कोई सक्रिय और असरकारी संकल्प नहीं दिखता। इस निरन्तर चूक को वह व्यक्ति कैसे बर्दाश्त करता जाए जो आम आदमी भी है और आम जनता का कवि भी। जिसने अपना पूरा जीवन उस जनता के चरणों में अर्पित कर दिया है। जो प्रत्यक्षतः जनता के संघर्षों से जुड़ा हुआ है। जिसका अपना अलग कोई सुख नहीं है। जिसकी अपनी अलग कोई जात नहीं है। नागार्जुन ऐसे ही आदर्श पुरुष-कवि हैं। वामपंथ उनके लिए अपनी जनता के संघर्षों से जूझने का साधन है। रूस-चीन या लेनिन-माओ की पूजा का पोथा नहीं। इसलिए वे निरन्तर अपना ध्यान जनता के खिलाफ होनेवाले हमलों पर लगाए रहते हैं। चाहे जवाहरलाल नेहरू का शासनकाल हो चाहे इन्दिरा गांधी का, वे हर वक्त शासन की जन विरोधी नीतियों के जबर्दस्त प्रतिवादी रहे हैं। उनके प्रतिवाद की यह आग कभी मन्द नहीं पड़ी, बुझने की कौन कहे। कारण है, जनता के दुःख की सच्ची अनुभूति। उसकी पीड़ा का सही बोध–

भटक गया है देश दलों के बीहड़ वन में
कदम-कदम पर संशय ही उगता है मन में
नेता क्या हैं, निज-निज गुट के महापात्र हैं
राष्ट्र कहाँ है शेष, शेष बस 'राज्य' मात्र हैं

× × ×

देश की गरीबी, भुखमरी, अकाल, बाढ़, राजनीतिक पंडागिरी, प्रगति-पंथियों के शर्मनाक समझौते और भोली-भाली जनता की निरन्तर उपेक्षा इस कवि को बेचैन किए रहती है।

सम्पूर्ण क्रान्ति से लेकर छद्म क्रान्ति तक की सारी वीभत्सता से वे अपनी जनता को निरन्तर आगाह करते रहते हैं—

खिचड़ी विप्लव देखा हमने
भोगा हमने क्रान्ति विलास
अब भी खत्म नहीं होगा क्या
पूर्ण क्रान्ति का भ्रान्ति विलास
टूटी सींगोंवाले साँडों का यह कैसा टक्कर था
उधर दुधारू गाय अड़ी थी
इधर सरकसी बक्कर था
समझ न पाओगे बरसों तक
जाने कैसा चक्कर था
तुम जनकवि हो तुम्हीं बता दो
खेल नहीं था, टक्कर था

जन प्रशिक्षण के लिए लिखा गया यह साहित्य समाजवादी संघर्ष के रास्ते को कितना प्रशस्त करता है, इसे बताने की जरूरत नहीं। कला और साहित्य की जमीन पर बिना इस बारीक समझ के न तो जनवादी लेखन किया जा सकता है न ही जनता के निकट पहुँचा जा सकता है। नागार्जुन जैसे लेखक यह समझते हैं कि आज भारतीय जनता की चेतना का विकास नए आधुनिकतावादी नारों से नहीं होगा। न ही उसकी परम्परागत धार्मिक और सामाजिक निष्ठाओं को गाली देकर हम उसका ध्यान अपनी ओर आकृष्ट कर सकेंगे। सव्यसाची जैसे लेखकों की किताबें शायद ही उस जनता को पकड़ पाएँ जिनके लिए वे लिखी गई हैं।

हमारे राजनीतिक क्रान्तिकारियों को सबसे पहले उस लोक चेतना को जगाने का काम करना चाहिए जिसका उद्धार वे करना चाहते हैं। यहाँ विप्लवदास गुप्त ने अपनी पुस्तक 'दी नक्सलाइट मूवमेंट' में उक्त आन्दोलन की असफलता पर जो विचार व्यक्त किए हैं वे गौर फरमाने लायक हैं—"नक्सलवादियों की सबसे भारी भूल तो यही है कि वे हिन्दुस्तानी जनता को हिंसक क्रान्ति के लिए मानसिक रूप से तैयार समझ बैठे। उन्होंने यह भी पूर्वानुमान कर लिया कि आम जनता राजनीतिक

तौर पर प्रबुद्ध हो चुकी है, और भारतीय सरकार की कोई भी पैठ उसके बीच नहीं है। इस मुगालते में जनता के बीच आर्थिक और राजनीतिक संघर्ष की भूमिका तैयार किए बिना ही वे सीधे सशस्त्र संघर्ष पर उतर आए। ऐसा करते हुए उन्होंने भारतीय शासकों के महत्त्व को ठीक-ठीक नहीं समझा। और अपने बारे में जो अन्दाज लगाया वह वास्तविकता से कुछ अधिक ही था। माना कि हिन्दुस्तानी जनता गरीब है किन्तु अकेले गरीबी के रास्ते से वह समाजवाद तक नहीं पहुँच जाएगी। आम जनता की गरीबी की व्याख्या केवल मार्क्सवादी खेमे ही नहीं करते, दकियानूस, साम्प्रदायिक दक्षिणपंथी खेमों में भी होती है। वे भी जनता तक पहुँचकर उसे पुराने विचारों के घेरों में कैद रखना चाहते हैं। उनकी अशिक्षा, पिछड़ेपन, जातिवाद, भाषायी और धार्मिक भावनाओं का शोषण करते हैं जबकि इन क्षेत्रों में मार्क्सवादी आन्दोलन अभी भी अपनी पहचान नहीं बना सका है।" जरूरी है कि वह इन क्षेत्रों में राजनीतिक दृष्टि से असजग, आर्थिक दृष्टि से निरक्षर और विपन्न जनता के बीच अपने बदले हुए तौर-तरीकों के साथ आए। उग्र-वामपंथ की विगत असफलताओं और भावी सफलताओं के सन्दर्भ में विपनचन्द ने अपनी पुस्तक 'नेशनलिज्म एंड कोलोनियलिज्म' में लिखा है कि भारतीय किसानों के बीच आज भी पर्याप्त राजनीतिक गतिविधियों का अभाव है। वामपंथी दल शहरी मिल-मजदूरों, कामगारों के बीच जितने सक्रिय हैं, उतने देहातों में नहीं। परिणामतः हिन्दुस्तानी किसान का दिमाग अब भी सामन्त-विरोधी न होकर सामन्त-समर्थक बना हुआ है। हिन्दुस्तानी किसान अब भी धर्म, जाति, पुराणपंथ और कुसंस्कारों का भारी पिटारा है। जब तक उसे उन स्रोतों से विच्छिन्न करके वैचारिक दृष्टि से उदार और ग्रहणशील नहीं बनाया जाता तब तक क्रान्तिकारी परिवर्तनों की कौन कहे, संशोधनवादी कार्यक्रमों का सपना भी नहीं देखा जा सकता। किसान संगठन के नाम पर आज भी जो संगठन किए जा रहे हैं उनमें बड़े जोतदारों का वर्चस्व है। वर्ण की दृष्टि से भी उनमें ऊँची या मध्यम जातिवाले लोग सक्रिय हैं। छोटी जातियों, शोषितों, खेतिहर मजदूरों और समाज-पीड़ितों का अब भी कोई संगठन नहीं बन सका है। भारतीय समाज में स्त्रियों, विधवाओं, परित्यक्ताओं की स्थिति आज भी बदतर है। हरिजनों को शासकीय पैमाने पर चाहे जितना लाभ पहुँचा दिया गया हो, सामाजिक तौर पर उनकी स्थिति ज्यों की त्यों है। वामपंथी दल भी अन्य दलों की तरह नई सामाजिक चेतना को जागृत करने के बजाय सत्ता के खेल में ज्यादा रुचि ले रहे हैं।

नागार्जुन के लेखन को इसी पृष्ठभूमि पर देखा जा सकता है। अपने उपन्यासों में भारतीय महिलाओं विशेषकर विधवाओं, परित्यक्ताओं, अनाथ-प्रताड़ित और परिवार-वंचित युवतियों के साथ-साथ गरीबीवश बूढ़े खूसटों के हवाले हलाल किए जानेवाले बकरों की भाँति कर दी जानेवाली किशोरियों की पीड़ा का वर्णन करते हैं। इतना ही नहीं वे इन पीड़ाओं के पीछे काम करनेवाली सामाजिक रूढ़ियों की ओर भी इशारा करते हैं। अगले उपन्यासों में उनकी ये महिलाएँ सामाजिक पारस्परिकता

के आधार पर निर्णायक और असरकारी फैसलों की ओर बढ़ती दिखाई देती हैं और नई पीढ़ी के तरुण युवक उनका साथ देते हैं। उपन्यासों में ऐसे युवक-युवतियों की कमी नहीं है जो दकियानूसों, रूढ़िवादियों की पांत में घुसकर नई मर्यादाएँ स्थापित करने का काम करते हैं। आर्यसमाज तो विधवा विवाह तक ही चलकर आता है, नागार्जुन उससे भी एक कदम आगे बढ़कर उग्रतारा जैसी युवतियों का विवाह करवाते हैं जो विधवा तो खैर थी ही, परिस्थितिवश पराये गर्भ को भी ढो रही है। यहाँ वे डॉ. लोहिया के नारी सम्बन्धी विचारों से सहमत जान पड़ते हैं। नागार्जुन की प्रगतिशीलता चूँकि सामाजिक इतिहास से सीख और प्रेरणा लेकर विकसित हुई है, इसलिए उसमें जबर्दस्त क्रान्तिकारी कूद के बदले एक क्रमिक वैचारिक विकास दिखाई देता है। खरगोशी प्रगति और चितकबरे विकास का उन्होंने हमेशा विरोध किया है और बार-बार लोगों का ध्यान उन मूल मुद्दों की ओर खींचने की कोशिश की है जो हिन्दुस्तानी जनवाद की प्रारम्भिक सीढ़ियाँ हैं। वे किसी भी जबानी निन्दा या जबानी प्रगति के झाँसे में नहीं आते। बल्कि अपने सारे लेखन को परिवर्तन के मंच के तौर पर इस्तेमाल करते हैं। बलचनमा, वरुण के बेटे में वे पिछड़ी जातियों, हरिजन गाथा (कविता) में भारतीय शूद्रों की संघर्ष क्षमता और समूहबद्धता का संकेत करते दिखाई देते हैं, जिसके बिना कोई लड़ाई जीती ही नहीं जा सकती। चाहे समाज प्रताड़ित नारी वर्ग हो, चाहे अधिकार वंचित पिछड़ी गरीब जातियाँ—नागार्जुन सबको 'सामूहिक प्रचेष्टा' की प्रेरणा देते हैं। स्वार्थ की व्यक्तिगत भावना से ऊपर उठकर लोकस्वार्थ की सामूहिकता में परिणत हो जानेवाली चेतना ही सुखमय जीवन ला सकेगी। राजनीति के क्षेत्र में काम करनेवाले सभी लोग भाषा, जाति, धर्म और द्विजत्व के खिलाफ मौन साधे हुए हैं। साहित्य में कुछ लोग इन सारी ठोस बातों से बचने के लिए आधुनिकता का जामा पहन चुके हैं। नागार्जुन ठीक मोर्चे पर हैं और उनकी शब्द-संगीनें उन सारे लोगों पर तनी हुई हैं जो किसी न किसी रूप में हमारे राष्ट्रीय दुश्मन हैं। हिन्दू मठों और महंथों को भी उन्होंने अपने निशाने में लेते हुए 'जमनिया का बाबा' जैसा उपन्यास लिखा है। धर्मप्रेमी जमात के ढोंग-ढकोसलों पर प्रहार करते हुए उन्होंने मूल धार्मिक भावना की मानवीय संवेदना को आदर और श्रद्धा से देखा है। 'जमनिया का मठ' पर अखबारी कतरनों का हवाला देते हुए वे लिखते हैं—"असम्भव चमत्कारों का जाल बिछाकर दूर-दूर तक के लोगों को फाँसा जाता है— पिछड़ी जातियों की बहुएँ और बेटियाँ गुंडों की वासना का शिकार बनाकर छोड़ दी जाती हैं...जमनिया का मठ भारतमाता की पीठ पर पक्षाघात का जहरीला फोड़ा है। इसे हम कब तक बर्दाश्त करेंगे?" धार्मिक पाखंडों के प्रति इतना सुनियोजित वैचारिक आक्रमण करते हुए भी वे हिन्दू समाज की ऐतिहासिक धर्मभावना की रचनात्मक प्रवृत्तियों का पोषण भी मस्तराम के इस आत्मचिन्तन के माध्यम से करते हैं—"अपने हिन्दू-समाज पर बार-बार मेरा ध्यान जा रहा है। हजारों वर्ष गुजर चुके हैं और बाहर से आ-आकर पचासों जातियाँ इन समाज के अन्दर

घुल-मिल गई हैं। आर्य-अनार्य, शक-हूण, मंगोल-किरात...सबका लहू हमारी रगों में हरकत कर रहा है। अरब, यहूदी, मुगल, पठान, ईरानी जाने किस-किस की धड़कन हिन्दुओं की इस जादुई काया को जानदार बनाए हुए है। हमारी बिरादरी क्या कोई छुई-मुई का पौधा है जो छू देने से सिकुड़ जाएगा?

एक साधु के नाते, मुझे यह सवाल जरा भी परेशान नहीं करता है कि बाबा जन्म से मुसलमान होने पर भी क्यों हिन्दू साधु बनकर हमारे बीच अपने को पुजवाता रहा? हम सदियों से मुस्लिम फकीरों, ईसाई संतों को अपनी श्रद्धा-भक्ति देते आए हैं, उनके हाथों का प्रसाद ग्रहण करके अपने को धन्य माना है। हमारा समाज इतना क्षुद्र कभी नहीं होगा कि इस सिलसिले को खत्म कर दे।" भारतीय देहातों में जाते हुए मार्क्सवाद को नागार्जुन के ये संकेत भी समझने पड़ेंगे। आम गरीब जनता तो क्या सामान्य मध्यमवर्ग भी अपनी गरीबी और अशिक्षा से तंग आ गया है। ठेठ जातिवाद लेकर क्या वह चाटेगा। पर सीधे गाली देने से भी हम उसका उद्धार नहीं कर पाएँगे। हरे कृष्ण कोन्नार जैसे अतिवादी वामचिन्तकों की लीक पर चलकर हिन्दुस्तानी जनता को पकड़ पाना कठिन होगा। सुधार, संशोधन की मंजिलें भी तय करनी होंगी और समाज की दुःखती रगों पर उँगली रखते हुए उन सम्भावना केन्द्रों को उद्‌बुद्ध करना होगा, जो आगामी परिवर्तन के माध्यम बन सकेंगे। कुछ दिनों पहले निराला ने लिखा था—

आज अमीरों की हवेली
किसानों की होगी पाठशाला

इस लिखावट को चरितार्थ करने के लिए स्त्रियों, शूद्रों, आदिवासियों और गरीबों के बीच सामाजिक चेतना और राजनीतिक जागरण लाना होगा। अवतारी शैली में दृष्टि दलन का काम करनेवाले लोग कभी भी वह समाजवाद न ला सकेंगे जिसकी कल्पना वे किए बैठे हैं। हिन्दी के प्रगतिपंथी लेखक भी काफी किताबी और सम्भ्रान्त होते जा रहे हैं। जिस जनता के लिए वे किताबी मुहावरों का इस्तेमाल कर रहे हैं वह पढ़ना-लिखना ही बहुत कम जानती है। 'गम्भीर आधुनिक चिन्तन' उसके पल्ले कैसे पड़ेगा—यह सोचना बाकी है। जनता के लेखकों की भारी कमी है। जनता के लिए लिखनेवाले तो हमेशा ही बहुतायत में रहे हैं। नागार्जुन जनता के लिए जनता का साहित्य लिखते हैं, जनता के लिए बुद्धिजीवी लेखन नहीं करते। उनकी राजनीतिक कविताओं, यथार्थवादी कथाओं को पढ़कर मेरे इस कथन पर विचार किया जा सकता है। नागार्जुन का मार्क्सवाद यहाँ हमें राष्ट्रीय और सांस्कृतिक परम्पराओं की गोद में बैठा हुआ मिलेगा। गाँवों का भाईचारा, पारस्परिक विश्वास, सहयोग, नाते-रिश्तों की सामाजिक जड़ें उसे पढ़ते हुए अधिक गहरी होती हैं किन्तु पाखंड, ढोंग, शोषण, सामन्ती-हेठी और पुरोहितवाद का फट्टा साफ हो जाता है। जिस नए समाज की रचना हम करना चाहते हैं उसके लिए तरुण युवक-युवतियों की वह संकल्पित पीढ़ी भी हमें यहाँ मिलती है। नागार्जुन ने सामान्य जनता के बीच पड़े ऐसे गुमनाम

समाजवादी युवकों की ओर हमारा ध्यान खींचा है जो अपने जागरूक आचरणों का ढिंढोरा न पीटते हुए भी नई समाज रचना में तल्लीन हैं। एक लेखक के नाते वे देश की हर आम और खास समस्या से जुड़े हुए हैं पर उनके सन्दर्भ में दो बातें सर्वाधिक महत्त्वपूर्ण और ध्यान देने लायक हैं। प्रथमतः वे राष्ट्रवादी हैं। राष्ट्रीयता को बाहर या भीतर से ठेस पहुँचानेवाली कोई भी विचारधारा या क्रिया के वे सबसे पहले शत्रु हैं। दूसरे सोपान पर वे जनवादी हैं जो तमाम प्रकार की सुधारवादी, संशोधनवादी, परिवर्तनवादी उदारताओं के साथ धीमे-धीमे आगे बढ़ रहा है। राजनीतिक या धार्मिक शक्तियाँ अगर इसके आड़े आती हैं तो उनका मुँहतोड़ जवाब भी वे देने में तत्पर हैं। तीसरे स्तर पर **उनकी कलम एक सच्चे भारतीय सर्वहारा की कलम है जो खुद को ही अपना नियंता मानता है। खुद के संघर्षों के आधार पर ही जो अपना भविष्य रचने की तैयारी में है।** सत्तामुखी राजनीति की दक्षिण-वाम प्रणालियाँ जिसे ठग नहीं सकतीं। अन्तर्राष्ट्रीय जनसंघर्षों और राष्ट्रीय क्रान्तिकारी दिखावों के बीच जो सीधे स्थानीय संघर्षों से जुड़कर अपनी गँवई, कस्बाई जनता के साथ उनके सुख-दुख में विहँस-भीग रहा है। बिना उद्धारक मुद्रा अख्तियार किए जो अपने आस-पास की जानी-पहचानी दुनिया के नए नैतिक और साहसिक आचरणों की पीठ थपथपा रहा है, उसकी क्रान्तिकारिता अगर भारतीय कम्युनिस्टों की निगाह में बहकी या भटकी जान पड़े तो चारा ही क्या है? जनान्दोलनों में शामिल होने से अगर उसकी समझ बचकानी लगने लगे तो बेहतर है हम अपने चश्मे की धूल पोंछें और उनके इन शब्दों पर गौर फरमाएँ—"अपन तो 'तप रे मधुर मधुर मन।' वाला माहौल कभी पसन्द नहीं कर सके न! यहाँ तो जड़ता का 'अचलायतन' खिसकाने के लिए, छद्मवाम के इन्द्रजाल को नग्न करने के लिए, सामाजिक-राजनीतिक सड़ाँध से छुटकारा दिलाने के लिए, लम्बी अवधि तक गृहयुद्ध की परिस्थिति पैदा करके आम जनता में प्रबल प्रतिरोध की अकूत शक्ति उभारने के लिए, शोषक-शासक वर्गों को आपास में ही विनष्ट होने देने के लिए नग्न फासिज्म तक की 'अगवानी' करने को उतावले हो उठते हैं कभी-कभी।" 7 जनवरी, 80 का पत्र।

सर्वहारा समाजवाद के उन्नायक लेखक की ये पंक्तियाँ हमें जहाँ पहुँचाती हैं क्या वह सचमुच फासिज्म समर्थन की मंजिल है? क्या लेखक वर्तमान सामन्तवादी पूँजीवादी चरित्रवाले गणतन्त्र का समर्थक है और उसमें अन्य कई समकालीनों की तरह सुरंगें लगाने की जुगत भिड़ा रहा है? या वह अब भी अपने लेखन के मोर्चे पर इन विकृतियों का पर्दाफाश कर रहा है? क्या उसकी बुनियादी दृष्टि में कहीं कोई फर्क आ चला है या हमारा समीक्षक ही उसे लेकर अब तक किसी मुगालते में था? कवि की एक कविता है—यह कैसे होगा?

भौतिक भोग मात्र सुलभ हों भूरि-भूरि
विवेक हो कुंठित
तन हो कनकाम, मन हो तिमिरावृत्त।

कमलपत्री नेत्र हों बाहर-बाहर,
भीतर की आँखें निपट निमीलित!
यह कैसे होगा?
यह क्योंकर होगा?

पंत ने 'ज्योत्स्ना' नाटिका में छायावादी काल में कभी यह कल्पना की थी कि पश्चिम का शरीर और भारत की आत्मा का समन्वय ही नई सृष्टि की पहचान होगा। नागार्जुन की इस कविता में भौतिक भोगों के साथ-साथ भीतरी चेतना की अमन्दता और सक्रियता का आग्रह किया गया है। सभ्यता के एकांगी और अतिवादी विकास का समर्थन कोई भी चिन्तक कैसे करेगा? सम्पूर्ण मनुष्यता का आग्रही चिन्तन ही वस्तुतः हमारा राष्ट्रीय चिन्तन है। और हम इस ओर से बेखबर नहीं हो सकते। जनता के बाहरी विकास के साथ-साथ भीतरी विकास की फिक्र नागार्जुन जैसे प्रगतिशीलों को है। जड़ भौतिकता और जड़ आध्यात्मिकता—दोनों ही अतिवाद की सृष्टि करती हैं। भिक्षु नागार्जुन लेखक नागार्जुन होकर भी इस विख्यात भारतीय मध्यमार्ग को भुला नहीं सके हैं। यहीं पहुँचकर उनकी भारतीयता और प्रगतिशीलता की असली पकड़ सम्भव है। संकीर्ण मतवाद या राजनीतिक कठमुल्लेपन के वातावरण में किसी भी संवेदनशील, स्वाधीन और दृष्टिसम्पन्न लेखक को नहीं समझा जा सकता—चाहे वे नागार्जुन हों या रामविलास शर्मा। 'नई कविता : क्रान्तिकारी विरासत से विद्रोह' शीर्षक लेख में डॉ. शर्मा लिखते हैं—गांधी और नेहरू की आलोचना सार्थक तब होती है जब आप राजनीति और साहित्य को जन-जीवन के और निकट ले आए हों, जब आप ज्यादा दृढ़ता से भारतीय जनता को शोषण और गरीबी से मुक्त करने की दिशा में आगे बढ़े हों।' किन्तु नई कविता के समर्थक जब भी राजनीति की बात करते हैं, वे समाजवाद के लिए संघर्ष के सवाल को दाएँ-बाएँ छोड़कर आगे बढ़ जाते हैं। नागार्जुन को समझने के लिए समाजवाद के लिए संघर्ष की देशी शैलियों को समझना होगा। तभी हम उनके साहित्य का महत्त्व समझ पाएँगे।

नागार्जुन जब कविता पढ़ते हैं

कविता पहले ज्यादातर श्रव्य रही किन्तु आज वह प्रधानतया पाठ्य है। छापे की मशीनों ने उसे इस तरह लोकव्यापी और किताबी बना दिया है कि वह तरह-तरह से लिखी और पढ़ी जा रही है। केवल भारत में ही नहीं पश्चिम में भी उसकी शैली और व्यक्तित्व पर जबर्दस्त असर प्रेस का पड़ा है। पिछले युगों में काव्य की बड़ी समृद्ध परम्परा थी। चारण और भाट समुदायों के इतिहासों पर गौर करने से यह रहस्य प्रकट हो सकता है। किन्तु ऐसा भी नहीं कि सारी कविता सिर्फ श्रव्य ही रही हो। बड़े-बड़े महाकाव्यों को दरबारों या लोकोत्सवों के बीच अनुष्ठानपूर्वक भले ही पढ़ा जाता रहा हो किन्तु तब भी यह अपेक्षा बनी रहती थी कि कविता का सम्बन्ध सिर्फ श्रोता वर्ग से नहीं है, पाठक वर्ग से भी है। भक्तिकाल में काव्य गायन और रीतिकाल में मुक्तक पाठ की समृद्ध परम्परा के बावजूद पोथियाँ तैयार होती रही हैं और निश्चय ही उनके पीछे आगामी पाठकों की कल्पना काम कर रही होती थी।

हमारे समय की अधिकांश कविताएँ 'लिखतम' बनकर रह गई हैं। परिणामतः कविता का जो तीव्र प्रभाव पहले था वह क्षीण हो चला है। हमारे कवि शायद यह भूल ही चुके हैं कि भाषा का बुनियादी स्वभाव बोलना और सुनना है। जबकि कविता भाषा में ढलती हुई भी निरन्तर लिपि बनती जा रही है। यह एक प्रकार की दुर्घटना है। लिपि एक चाक्षुष माध्यम है। ज्यादातर यान्त्रिक। भाषा बोलनेवाले के समूचे व्यक्तित्व को हमारे सामने पेश करती है। उसकी ऊर्जा और मुद्रा, उसके अनुभवों की सीधी धड़कन हमें सुनाई पड़ती है। लिपि यह काम नहीं कर सकती। इसलिए पाठक और कवि की संवेदना के स्वरूप में काफी भिन्नता आती गई है। इतना ही नहीं लिपिबद्ध होने के नाते वह बहुत कुछ बिक्री की चीज बनी और बहुतों के लिए व्यक्तिगत सम्पत्ति जैसी भी, जो कविता पुस्तकों को बड़े पैमाने पर खरीद कर अपनी अलमारियों में सजा कर रख सकते हैं। कवि-सम्मेलनों ने एक दूसरी ही स्थिति पैदा की। कविताएँ रिकार्ड कर ली जाती हैं। संग्रह की वस्तु। श्रोता की अपनी कोई भूमिका अब रही नहीं। अगर उसके पास पर्याप्त पैसा हो तो वह ऐसे न जाने कितने संग्रह कर सकता है। यह सब मशीनी युग का कमाल है। कवि को इतनी भी स्वतन्त्रता नहीं है कि वह अपने पाठक चुन पाए। पाठक उपभोक्ता बन गया है। वह अपनी इच्छानुसार खरीद और पढ़ सकता है। इसलिए कविता के ढेर सारे ब्रॉण्ड

और पाठकों की किसिम-किसिम की जातियाँ हैं। और यह प्रक्रिया अस्वाभाविक भी नहीं। कविता का स्वरूप यदि पिछले युगों में बदला है तो उसके पाठक भी बदले हैं। उपभोक्ता संस्कृति के इस युग में वह उपभोग्य हो चली है। जबकि वह एक गम्भीर और सूक्ष्म मानवीय श्रम है। इसे समझनेवाले लोग प्रायः बहुत कम रह गए हैं। ज्यादातर लोग इसे भी विपुल उत्पादन का ही एक और उदाहरण मान बैठे हैं। इसलिए कविता उनके जरूरी क्षणों और बुनियादी जरूरतों की चीज न होकर वक्त काटने और रंजन करने की ही कोई वस्तु है। वह भी बहुत थोड़े लोगों के बीच। रेडियो जैसे माध्यमों ने उसकी श्रव्यता को और भी आघात पहुँचाया है। वहाँ कवि इतना सिकुड़ा-सिमटा और फार्मल रहता है कि उसका काव्यपाठ ज्यादातर निर्जीव और व्यर्थ लगने लगता है। वेणु गोपाल ने अपने एक विचारक्रम के दौरान यह स्वीकार किया था कि 'रेडियो पर जब कविता पढ़ता हूँ तो लगता है शून्य में पढ़ रहा हूँ। मानवीय ऊष्मा नहीं पैदी होती।' लिपिबद्धता ने जहाँ कविता को अधिक कला सजग किया है, वहीं रेडियो जैसे साधनों ने उसकी व्यर्थता को भी प्रमाणित करना शुरू कर दिया है। कवि और श्रोता के बीच मशीन का यह व्यवधान कितना फूहड़ और क्रूर है कि सोचते ही बनता है। आश्चर्य तो तब होता है जब इस क्रूर और फूहड़ माध्यम से पूरे के पूरे कवि सम्मेलन तक प्रसारित होते हैं। हमारे समय के आर्थिक दबावों के चलते इन दुर्घटनाओं में कोई कमी आएगी—ऐसा मैं नहीं मानता। यह जरूर लगता है कि सही कविता इन माध्यमों से दूर होती जाएगी और सही कवि रेडियो पाठ से कुछ ज्यादा ही अन्यमनस्क।

आज जबकि अधिकांश लेखन आम आदमी के पक्ष का दावेदार है, कविता भी घनघोर रूप से प्रतिबद्ध और जुझारू होती जा रही है। शायद यही कारण है कि तात्कालिकता का बोध एक अनिवार्य काव्यगुण बन गया है। इस नाते कुछ कवि जो अब भी कविता को लोकसंवाद मानते हैं, काव्यमंचों से अपनी कविताओं का पाठ करते हैं। निराला और दिनकर जैसे कवियों ने काव्य-पाठ की एक विरल परम्परा स्थापित की। किन्तु बच्चन जैसे लोगों ने उसे एक सामाजिक मनोरंजन में ढाल दिया। यह सही है कि बच्चन के काव्य पाठ ने कविता और कमाई के अनेक दरवाजे खोले किन्तु कवि के भाँड़ होने और सट्टा लिखकर रात भर नाचने की कुप्रथा की शुरुआत भी कर दी। इससे कविता सुननेवालों का एक और वर्ग सामने आया। नवधनाढ्यों का, जो ऊपर से तो कला और संस्कृति की ठेकेदारी करता हुआ समाज सेवक कहलाना चाहता है किन्तु भीतर से सारी कविता को विचारहीन और बाजारू बना रहा है। कलकत्ता और बम्बई जैसे महानगरों में ऐसे ठेकेदारों की जाति ही तैयार हो गई है। माँग के अनुसार खपत करनेवाले कवियों की एक पूरी जमात हर शहर-कस्बे में विद्यमान है जो इसे सबसे अधिक लाभप्रद धन्धा मानकर अपने व्यवसाय की निपुणता को निरन्तर विकसित कर रही है। उर्दू-हिन्दी दोनों ही शैलियों में यह तमाशा जोर पकड़ता जा रहा है और सही कविता प्रबुद्ध गोष्ठियों

में ही सिकुड़ कर रह गई है।

नागार्जुन और भवानी प्रसाद मिश्र हमारे समय के दो ऐसे उदाहरण हैं जो बहु-प्रचारित बाजारू कवि सम्मेलनों के मंच से भी गम्भीर विचारोत्तेजक कविताएँ पढ़ लेते हैं। जिन्होंने आज तक मंच से कोई समझौता नहीं किया किन्तु जिनके श्रोता मंचीय कवियों से जरा सा भी कम नहीं हैं।

नागार्जुन को मैंने कई बार कविता पाठ करते हुए सुना है। देखा है। वे उन आधुनिक कवियों में से हैं जिन्होंने कविता को किताबी मात्र होने से निरन्तर बचाया है। ऐसी भी कविताएँ उनके पास हैं जिन्हें सिर्फ सुनकर तत्काल नहीं समझा जा सकता किन्तु उनके पाठ-आयोजनों की भी विभिन्न जगहें और तदनुसार पृथक श्रेणियाँ हैं। वे विश्वविद्यालयों के हिन्दी विभागों, कवि सम्मेलनों, गम्भीर गोष्ठियों और नुक्कड़ सभाओं के अलावा मजदूरों के बीच भी अपना काव्य-पाठ करते हैं। इसलिए उनकी एक कविता दूसरे पाठ स्थल के वक्त नहीं पढ़ी जाती। मसलन जब वे अल्प साक्षर श्रोताओं के बीच काव्य पाठ शुरू करते हैं तब उनके चुनाव में पहला नम्बर 'पाँच पूत भारत माता के' जैसा कविता का रहता है। इसमें गणित के अंकों के अवरोह के साथ अर्थ का आरोह सुनाई देने लगता है। विश्वविद्यालयों की गोष्ठियों में वे प्रायः अपनी सुहागिन कविता 'बादल को घिरते देखा है' जरूर सुनाते हैं। और ऐसी कविताएँ वहाँ बचा ले जाते हैं जो राजनीतिक स्तर पर बेहद उघड़ी और नंगी होती हैं। वहाँ वे 'तो फिर क्या हुआ' और 'सौन्दर्य प्रतियोगिता' जैसी व्यंग्य कविताएँ सुनाते हैं या फिर 'मन्त्र'। गम्भीर रसज्ञजनों के बीच नागार्जुन अपनी कलात्मक कविताओं की बानगी पेश करते हैं और ताजा कविताएँ सुनाकर उपस्थित श्रोताओं को अपनी निरन्तर सजगता और सक्रियता की सूचना भी देते हैं।

जिन्होंने उन्हें देखा है, वे मेरी बात की तसदीक करेंगे कि नागा कवि का कद कितना नाटा और काया कितनी दुर्बल है। चेहरा एकदम गँवई किसान का। आँखें निहायत मामूली सादी। लिबास कुछ भी। कुरता-पायजामा-टोपी या फिर लांगकोट-पैंट विनोबाई कनटोप, बढ़ी हुई दाढ़ी या फिर बिल्कुल सफाचट। ऐसा सरूप लेकर जब कोई व्यक्ति कवि के नाम पर सामने आता है तो नायकप्रिय हिन्दी जनता कितनी निराश होती होगी। नाम बड़ा होने से क्या; दर्शन भी तो कुछ न कुछ होना ही चाहिए। पर नहीं। नागार्जुन का बड़ा नाम ही उनके दर्शन को बड़ा कर देता है। क्योंकि उसके पीछे कविता की दुरन्त जीवन शक्ति काम कर रही है। सामाजिक स्वीकृति ने जिसे उनके व्यक्तित्त्व का पर्याय बना दिया है। अगर व्यक्तित्व न हो तो नाम मात्र संज्ञा है। 'नागार्जुन' जो बौद्धभिक्षु और हिन्दी कवि दोनों हैं। संन्यासी और परम गृहस्थ। प्रज्ञावान और अति सामान्य। प्रकांड पंडित और सुपठ किन्तु पंडिताई के बोझ से मुक्त। स्नेहिल, उदार, वसुधैव कुटुम्बकम् को अपनानेवाले। तब भी कुछ लोगों पर फिदा और कुछ पर बेहद कुपित। रुष्ट और अभिशापोन्मुख। महासन्त कि 'सीकरी' की ओर ताकें नहीं। और ऐसे अनुरागी कि प्रेम की जगहों पर पुनः पुनः

लौटते हुए 'मेरो मन अनत कहाँ सुख पावै' को चरितार्थ करें।

एक बार लायंस क्लब ने काव्य-पाठ के लिए बुलाया तो वहाँ वे बेमन से गए और गिनकर छह कविताएँ सुनाईं और उदास मन लौट आए जैसे कोई पाप करके लौटे हों। और उसी शहर में जब आपात्काल में जनकवि सम्मेलन आयोजित हुआ तो रात के दो बजे तक नवजवान कवियों की सत्ताविरोधी कविताएँ सुनते हुए पुलकित बैठे रहे अगहन की रात में। बिना इस चिन्ता के कि ठंडे मौसम में दमा उखड़ सकता है।

मंच पर वे कविता ही नहीं पढ़ते, पुलकित होकर पंक्तियों को दुहराते हुए चुटकी बजाते और नाचते भी हैं। उनका यह विश्वास है कि इससे कविता की अर्थ-बढ़ोतरी ही नहीं होती वह एक 'दर्शन' भी बन जाती है। 'इन्दु जी, इन्दु जी क्या हुआ आपको?' जैसी कविताएँ उन्हें इतनी उद्दीप्त कर देती हैं कि लगता है दुर्बल शरीर के भीतर साक्षात् दैवी शक्ति उतर आई है। नागार्जुन का चरम पाठ-पुरुषार्थ वहाँ देखा जा सकता है जहाँ श्रोता का दिमाग हँसोड़ या गलेबाज कवियों की मार से लगभग अधमरा हो चुका होता है और उसके संज्ञा-सजग होने की गुंजायश बहुत कम बच रही होती है। पर यह कवि जानता है कि मरे हुए श्रोता को पैदा करने की तरकीबें कौन-सी हैं! भाषा और छन्द का कौन-सा इस्तेमाल उसे चेतना के नए छींटों से सचेत कर सकता है। वहाँ वे भी हँसी से ही अपना पाठ शुरू करते हैं किन्तु वह हँसी केवल हँसने के लिए नहीं होती। विचारोन्मुख और चिन्ता केन्द्रित करनेवाली होती है। हास्य के रेगिस्तानों की ओर जानेवाले श्रोता समूह को वे चतुर चरवाहे की तरह बटोर कर विचारों की हरी-भरी धरती की ओर ले आते हैं, जहाँ भाषा के अनेकानेक आकाश और लय की उछलती-कूदती तालबद्ध विपुल पगडंडियाँ हैं। छन्दों के रंगीन झरने और संगीत की व्यापक निसर्गता है। लोक और शास्त्र के रोचक प्रसंग हैं। देश की ऊँची-नीची हरकतें हैं और उनके बीच हँस-रोकर गुजारा करनेवाली, किन्तु धीरे-धीरे परिवर्तन के लिए तैयार होनेवाली श्रमिक जनता है। उनका काव्य-पाठ मनोरंजन और उपभोग की वस्तु नहीं। एक ऐसा जरूरी माकूल संवाद है जो कविता की सामाजिक पहरेदारी ही नहीं सूचित करता बल्कि लोक समूह के सुषुप्त, मूर्छित, किंकर्त्तव्यविमूढ़ मन को जाग्रत, उद्बुद्ध और कर्मतत्पर भी करता है। तुलसीदास आदि के बाद यह नागार्जुन जैसे कवियों के ही वश की बात है कि हर स्तर का पाठक और श्रोता उन्हें अपना कवि मानने को विवश है, यदि उसकी किंचित रुचि भी मानव के नए भविष्योत्थान में है तो। यदि वह मनुष्य और उसकी बुनियादी समस्याओं से जुड़ा हुआ है तो नागार्जुन की कविता उसका साथ देती है। यदि वह जुड़कर लड़ रहा है तो उसका हथियार बन जाती है। वह चाहे तो इसे लेकर अपना हिरावल दस्ता तैयार कर सकता है। उन सारे लोगों को एक मंच पर ला सकता है जो सामाजिक विषमता के कोढ़ से ग्रस्त हैं। फिर भी हिम्मत हारे नहीं हैं। उसके विरुद्ध लड़कर छुटकारा पाना चाहते हैं। जिनका आशा भरा भविष्य दूर किसी लक्ष्य की तरह चमक रहा है।

नागार्जुन, भवानी प्रसाद मिश्र ही नहीं अब तो शरद जोशी जैसे गद्यकार भी अपने व्यंग्य लेखों को मंचों तक ले जाने लगे हैं। उस मंचों तक भी जो काका हाथरसी और माणिक वर्मा के समझे जाते रहे हैं। स्वयं शरद जोशी की यह मान्यता है कि जनता के लिए लिखे जानेवाले साहित्य को मंच पर जनता से क्यों मुँह चुराना चाहिए। अगर हमारा सारा लेखन चन्द बुद्धिजीवियों और लेखकों की परितृप्ति और सोच-विचार के लिए है तो यह भी प्रकारान्तर से उस विशाल आबादी से कटना है जिसे हम जनता कहते हैं। साथ ही इस धारणा को बल प्रदान करना भी है कि साहित्य और कलाओं के सच्चे श्रोता (?) या पाठक तो कुछ खास वर्ग और स्तर के लोग हैं जिन्हें परम्परा से हम 'रसज्ञ' या 'सहृदय' कहते आए हैं। यहाँ भी स्वयं प्राचीन रसवादी अवधारणाओं के आधार पर ही यदि विचार करें तो इस निष्कर्ष पर पहुँचना होगा कि रसानुभूति के प्रसंग में रस कहीं बाहर से चलकर नहीं आता। उसकी सत्ता मानव मात्र में विद्यमान रहती है। कलाओं के माध्यम से वह प्रकट मात्र होता है। इस लिहाज से वे सारी कविताएँ यदि अपनी तमाम शास्त्रीय मर्यादाओं का अतिक्रमण करती हुई व्यापक जन समूह को विचार विशेष के प्रति ध्यानमग्न करती हैं तो निश्चय ही सार्थक हैं और किसी भी स्तर पर उनका प्रतिवाद नहीं किया जा सकता। यह भी विचारणीय है कि जनता को चन्द लटकेबाजों या गवैयों के भरोसे क्यों छोड़ दिया जाए। अपने को गम्भीर और परिवर्तनकामी साहित्यिक माननेवाले कवि क्यों न उसे प्रशिक्षित करें। और मैं मानता हूँ कि हमारे समय की राजनीतिक कविता उस जनता की समझ में ठीक-ठीक आ जाती है जो राजनीतिक पाखंड देख रही है और गरीबी की मार से बेचैन और क्षुब्ध है। नागार्जुन जैसे वरिष्ठ कवि अपने काव्य पाठ से इसे बखूबी प्रमाणित कर चुके हैं। उनकी नुक्कड़ कविताएँ तो बिल्कुल ठेठ अन्दाज में लिखी गई हैं जहाँ वे या तो नारा बन जाती हैं या फिर मन्त्र या गाली भी। कविता के इन आपद रूपों से बचकर आज नहीं निकला जा सकता। धूमिल जैसे कवि इसे सिद्ध कर चुके हैं। विनोद कुमार शुक्ल और विनय दुबे जैसे कवियों की कविताएँ किस तरह से जनता की बोली-बानी में उसकी चिन्ताओं के साथ ढल रही हैं यह बताने की जरूरत नहीं। जरूरत अगर है तो यह कि हम अपनी पाखंडपूर्ण मध्यवर्गीय मानसिकता के खोल से बाहर आकर उस आम आदमी के बीच उसके साथ अपनी कविता को लेकर खड़े हो जाएँ। जिससे हमारे समय के दबावों में पिसता हुआ आदमी कोई रास्ता पा सके और हमारी कविताएँ सिर्फ किताबी होने से बच सकें।

समाहार

नागार्जुन ने अपना सारा लेखन चार भाषाओं में किया है—संस्कृत, मैथिली, हिन्दी और बंगला में। संस्कृत में उनकी रचनाएँ बहुत थोड़ी हैं। हिन्दी में प्रभूत। मैथिली में उनकी विशिष्ट देन के कारण 'यात्री-युग' ही चल पड़ा है। बंगला में अभी उनकी कविताएँ प्रकाशित नहीं हुई हैं। प्रकाशक और प्रकाशन को लेकर सोच-विचार जारी है।

चार भाषाओं में लिखा यह साहित्य अभी भी पूरी तरह ग्रन्थबद्ध होकर सामने नहीं आ सका है। कहानियाँ, व्यक्ति लेख, यात्रा-साहित्य और संस्मरण पत्र-पत्रिकाओं में ही दिन गुजार रहे हैं। उन्हें किसी समर्पित और दक्ष शोधकर्ता की अपेक्षा है। कविताओं का बहुत सारा जखीरा प्रगतिशील पत्र-पत्रिकाओं में अँटा पड़ा है जो हिन्दुस्तान की जनता के काम आने लायक है। हाँ उपन्यास सभी प्रकाशित हैं और अकादमिक पाठकों के हाथ पहुँचकर आंचलिक-अनांचलिक संज्ञाओं से विभूषित भी हो चुके हैं।

सन् 1925-26 से काव्य-लेखन की शुरुआत करनेवाले साहित्यकार की यात्रा को आज अगर गणित के दायरे में बाँधना चाहें तो पचास-पचपन वर्ष होते हैं। मोटा-मोटी हिसाब पचास का हो सकता है। इस बीच महादेवी वर्मा और बच्चन अपना लिखना समाप्त कर लेखन-संन्यास ले चुके हैं। कथा के क्षेत्र में भगवतीचरण वर्मा और अमृतलाल नागर सक्रिय हैं। दूसरी ओर अज्ञेय, भवानी मिश्र, शमशेर बहादुर सिंह, त्रिलोचन, केदारनाथ अग्रवाल अभी निरन्तर लिख रहे हैं और बाद की पीढ़ी तो सक्रिय है ही। राजकमल चौधरी, मोहन राकेश, रेणु और धूमिल जैसी प्रतिभाएँ आकस्मिक और करुण मृत्यु की शिकार हो चुकी हैं। कितने सारे आन्दोलन पिछले पच्चीस बरसों में उभरे हैं और पीढ़ी-दर-पीढ़ी अपना शोर मचाकर जा चुके हैं। आज न कहीं सचेतन कहानी का पता है, न ही ठोस या श्मशानी कविता का। सूर्योदयी कविता भी दो-चार पोथियों में इतिहास बन चुकी है और युयुत्सावादी पीढ़ी अभी भी युयुत्सा-आतुर। अकविता, अकहानी, अगीत, अ-निबन्ध जैसे कितने ही दिग्भ्रमित और जूठे नाम हमारी आँखों के सामने अपनी तान तोड़कर ओझल हो चुके हैं। और आज जब अपने पिछले तीस-बत्तीस वर्षों का लेखा-जोखा करने बैठे हैं तो प्रगतिवाद, प्रयोगवाद, नई कविता और नवगीत जैसे कुछ ठोस नाम हमारे हाथ रह गए हैं, जिनमें से और भी कुछ इतिहास बनने की

तैयारी में हैं। नागार्जुन ने अपनी साहित्यिक साधना इसी बीच की है। सिद्धता उन्हें मिल पाई है या नहीं—यह फतवा देना हमारा काम नहीं। आलोचना मौका पड़ने पर यह कर्तव्य-निर्वाह भी करती है किन्तु उसका मुख्य काम कृतित्व का विवेचन और विश्लेषण है। यों तो हिन्दी में इस समय निर्णायक समीक्षा का बाजार गर्म है। फलतः लेखकों पर अलग-अलग दलों में नाम लिखाकर अपने को कृतार्थ करने का संकट आ पड़ा है। स्वतन्त्रता इतनी अधिक प्रयुक्त हो रही है कि तर्क और विवेक के स्थान पर सिर्फ आग्रह ही आग्रह रह गए हैं। नित नए के प्रति आधुनिकों का आकर्षण इतना तीव्र हो उठा है कि अपने को धुरंधर और एकमात्र माननेवाले आलोचक भी युगीन धर्म और दायित्व का समुचित निर्वाह करने के बजाय असंगत छलाँगें लगाते नजर आ रहे हैं। पूछा जा सकता है क्या अज्ञेय, भवानी मिश्र, शमशेर, मुक्तिबोध या स्वयं महादेवी वर्मा और जैनेन्द्र पर हिन्दी के स्वनामधन्य आलोचकों ने अपना दायित्व पूरा कर लिया है? अगर ये सचमुच इस लायक नहीं थे तो इनकी यह अयोग्यता क्या सिर्फ चुप रहकर सिद्ध की जा सकेगी? इस परिदृश्य को देखने पर कहना होगा कि हिन्दी आलोचना अपने ऐतिहासिक दायित्व से मुकर रही है। क्या कारण है कि आचार्य नन्ददुलारे वाजयेयी और डॉ. रामविलास शर्मा ने व्यावहारिक धरातल पर अपने दायित्व को समझा और अपने युग के वरिष्ठ रचनात्मक कृतित्व को समझने-समझाने की कोशिश की। प्रसाद, निराला, पन्त, प्रेमचन्द, महावीर प्रसाद द्विवेदी, आचार्य रामचन्द्र शुक्ल का जो प्राप्य था उसे इन आलोचकों ने देने की कोशिश की? डॉ. नगेन्द्र जैसे अधीत विद्वान और मनीषी आलोचक और डॉ. नामवर सिंह जैसे प्रखर समीक्षक के खाते में अभी भी हिन्दी कृतित्व का ढेर सारा हिसाब ड्यू है। पंत और छायावादियों पर हम आज भी डॉ. नगेन्द्र की प्रतीक्षा में हैं, नए सिरे से। मुक्तिबोध, मोहन राकेश और प्रगतिशीलों पर नामवर सिंह विधिवत कब आते हैं, इसका इन्तजार है।

इसी बीच हमारा समकालीन लेखन पश्चिम के साहित्यिक नारों से खचाखच भरा है। आधुनिकता, नववाम, जातीय स्मृति, अस्मिता की पहचान, न जाने कितने ऐसे शब्द हैं जो हमारी देशी प्रतिभाओं को चमत्कृत करके उन्हें प्रतिभामूढ़ सिद्ध करने में लगे हैं। प्रासंगिकता और पुनर्मूल्यांकन उनके भी सन्दर्भ में प्रयुक्त हो रहे हैं जिनका मूल्यांकन ही अभी ठीक-ठीक नहीं हुआ। प्रेमचन्द जन्मशती के इस कालखंड में उनकी प्रासंगिकता को लेकर बहस की जा रही है और सारे प्रकरण को अपनी खास राजनीतिक विचारधारा की ओर खींचने की बलात् कोशिश हो रही है। ऐसे साहित्यिक माहौल में अगर कुछ सन्तोषकारी है तो वह है हिन्दी रंगमंच और नाटक का द्रुतगामी विकास। जगह-जगह रंगमंडलियों की स्थापना और सक्रियता ने शब्द क्रम को अभिनयधर्मी बनाकर बड़े जन समूह तक पहुँचाने की जो सुखद चेष्टा की है, वह हमारे लिए अवश्य ही उत्साहवर्धक है। कवि सम्मेलन जगह-जगह हो रहे हैं पर उनमें भड़ैंती और गलेबाजी का जोर है। कला अकादमियाँ शास्त्रीय टाइप का कवि आयोजन चन्द प्रबुद्ध बुद्धिजीवियों के लिए कर रही हैं। साधारण

पढ़ा-लिखा आदमी तो पहले से ही कविता को लेकर काफी निराश था, अब अपने को तीसमारखाँ माननेवाला पाठक भी सकते में आ गया है कि उसे ऐसे शास्त्रीय कविता पाठों के प्रति कौन-सा रवैया अपनाना है। नागार्जुन अपना साहित्यकर्म इसी दौरान सम्पादित कर रहे हैं।

राजनीतिक दृष्टि से इस बीच हमें आजादी मिली। गांधी की हत्या हुई। जवाहरलाल नेहरू का समाजवाद आया, चीन, पाकिस्तान और बंगलादेश से हमारे सम्बन्ध बने-बिगड़े, लालबहादुर शास्त्री और इन्दिरा गांधी के बाद मोरारजी और चरणसिंह प्रधानमन्त्री बने और अब फिर इन्दिरा गांधी सत्ता में हैं। बंगाल में नक्सलवादियों की सक्रियता धीरे-धीरे सारे दक्षिण मध्यभारत में फैली। तैलंगाना, गुजरात और बिहार के विराट जनान्दोलन हुए। साम्प्रदायिक दंगे हुए। हरिजनों को जिन्दा जलाया गया। जनता पार्टी का दिव्य पाखंड और भारतीय जनता का सनातन क्षोभ देखने को मिला। नागार्जुन अपने उपन्यासों और कविताओं में इन समस्याओं से बार-बार टकराते रहे और उस आम जनता को उठने, जागने, जागकर समूहबद्ध होने तथा अपने अधिकारों की लड़ाई लड़ने की प्रेरणा और सन्देश देते रहे। अगर जरूरत पड़ी तो खुद भी उसका नेतृत्व किया। कविता भी लिखी। जेल भी गए।

जनता के वास्तविक संघर्षों के प्रति ईमानदार रूप से जुड़े होने के कारण नागार्जुन साहित्यिक नारों और राजनीति प्रेरित आन्दोलनों से तब तक दूर रहे जब तक वे जनोन्मुखी और जनसम्बद्ध नहीं सिद्ध हुए। और जब उन्हें लगा कि जनता का विशाल समुदाय उसमें शामिल हो गया है तब उन्होंने उसमें शामिल होने में देर नहीं की, भले ही उनके राजनीतिक साथी ऊपरी आदेशों का मुँह जोहते किनारे ही खड़े रह गए हों। लेखक के धरातल पर कोई छद्म नारा, चाहे वह वामपंथियों द्वारा ही क्यों न दिया गया हो—उन्हें प्रेरित और प्रभावित नहीं कर सका।

'अप्प दीपो भव' के गहन गम्भीर सन्देश को लेकर वे निरन्तर अपने लोकवादी कृतित्व की मंजिलें तय करते रहे हैं। उनके कृतित्व ने हमारे सामने ढेर सारे सवाल खड़े कर दिए हैं? क्या वे प्रगतिशील कविता के आदर्श बन सके हैं? क्या राजनीति और साहित्य का तालमेल बिठाने में उन्हें निर्णायक सफलता मिल पाई है? क्या वे व्यंग्य कविता के मूर्धन्य कवि हैं? क्या उनके उपन्यास आंचलिक हैं? क्या उन्होंने कविता को पैम्फलेटबाजी के स्तर तक उतार दिया है? और अब नुक्कड़ कविता की ओर उनके चरण बढ़ रहे हैं। क्या कविता की भाषा की अपनी कोई अलग शक्ल नहीं होती? क्या वह पनघट और चौराहों की गालियों का भी इस्तेमाल कर सकती है? सवाल ही सवाल हैं।

प्रश्नों की इस भीड़ में नागार्जुन कहाँ खड़े हैं, यह देखना जरूरी है? क्या उनकी कविता ये सारी रियायतें सिर्फ अपने लिए ले रही है या इसे ही वे आज की कविता के सर्वमान्य स्वरूप के रूप में तय करना चाहते हैं? उनकी कविताओं का मुआयना किया जाए तो पता लगेगा कि वे अपने दायरे में कालिदास, विद्यापति, तुलसीदास,

भारतेंदु हरिश्चन्द्र, काजी नजरूल इस्लाम, निराला, नाजिम हिकमत और पाब्लो नेरूदा की प्रतिध्वनियों को उभारती हुई अपनी मौलिक सृजन शक्ति का प्रमाण भी देती रहती हैं। भाषा, छन्द, लय और तकनीक की जितनी विविधता उनके काव्य में है, उस पर टिप्पणी करते हुए नन्दकिशोर नवल ने कवि शमशेर का हवाला देते हुए लिखा है कि "नागार्जुन की हिन्दी और मैथिली कविताएँ शिल्प की दृष्टि से आश्चर्यजनक रूप से समृद्ध हैं। आधुनिक हिन्दी कविता में निराला शिल्पगत वैविध्य की दृष्टि से निर्विवाद रूप से विलक्षण कवि हैं। उसके बाद यह वैविध्य किसी कवि में मिलता है तो नागार्जुन में।"

उनकी अधिकांश कविताएँ बोलचाल की भाषा और बातचीत की रौ में लिखी गई हैं किन्तु ऐसी भी रचनाएँ उनके पास हैं—जिनमें भाषिक संरचना की अद्भुत क्लासिक बानगी देखने को मिलती है। उनके चित्र इतने चुस्त और दमदार हैं कि कवि की विधात्री प्रतिभा की दाद देनी पड़ती है। बारीक से बारीक और मोटी से मोटी कलम उनके पास है। नाजुक से नाजुक अन्दाजे बयाँ और मुँहफट अनगढ़ अभिव्यक्ति की नागार्जुनी भंगिमा भी हमें एक साथ देखने को मिलती है। उनका कृतिकार सचमुच आत्मदीप्त और कोक की ऊर्जा से ऊर्जस्वित है। लोक की सरस्वती उनके साहित्यिक कंठ में बैठकर अपने को धन्य कर रही है। इसलिए हम उन्हें आदर्श कवि, महान रचनाकार, कवि कंठाहार, सच्चा प्रगतिवादी, महान आधुनिक लेखक कहें न कहें उनके साहित्यिक कृतित्व पर इन टिप्पणियों की टीप असरकारी नहीं होगी। किन्तु तटस्थ और दृष्टि सम्पन्न पाठकों को छायावादियों की आवेग-मधुरता, प्रगतिवादियों का यथार्थ निरीक्षण, प्रयोगवादियों के साहसिक प्रयोग और समकालीनों की कालचिन्ता उसमें एक साथ दिखाई देगी। उनका साहित्य ऐसा सागर है कि आप चाहें तो गहरी से गहरी डुबकी उसमें लगा लें और तैराकी के मूड में हों तो भाँति-भाँति के भाव की तरंगों से खेलते भी रह सकते हैं। वे कवि गुरु निराला के सच्चे शिष्य हैं जो बिना चूना के भी सुर्ती फाँक सकते हैं और छप्पनों व्यंजन का चटखारे मार-मारकर जीवन का रसभोग भी कर सकते हैं। कोमल से कोमल, कठोर से कठोर, प्रिय से प्रिय और हेय से हेय यथार्थ को वे अपनी अनुभव-चलनी से छानकर अभिव्यक्ति में गूँथ चुके हैं। आपको कभी चरपरा खाना हो तो वह भी हाजिर है और खट्टा-मिट्ठा भी। वे वस्तुतः सम्पूर्ण आधुनिक जीवन के कवि हैं। इसीलिए प्रचलित अर्थों में वह न प्रगतिवादी, वामपंथी या आधुनिक हैं, न ही गूढ़ अकादमिक अर्थों में शुद्ध कवि ही। उनको क्रान्तिकारी और विद्रोही भी कहने की जरूरत नहीं है, क्योंकि ये विशिष्टतावाची शब्द हैं जो प्रकारान्तर से व्यक्तिवाद की सृष्टि करते हैं।

प्रगतिवाद ने अब तक केवल राजनीतिक जीवन को उठाने की पहल की और समकालीन मनुष्य की दैनन्दिन आवश्यकताओं के संसार को ही चूड़ान्त अनुभव के रूप में प्रतिष्ठित किया, किन्तु नागार्जुन शुरू से ही समाज की भौतिक आवश्यकताओं

की प्रतिष्ठा पर बल देते हुए भी भीतर के विकास पर जोर देते रहे। एकांगी जीवन दृष्टि को उन्होंने कभी अपने ऊपर हावी होने ही नहीं दिया—

भौतिक योग मात्र सुलभ हों भूरि-भूरि,
विवेक हो कुंठित!
तन हो कनकाम, मन हो तिमिरावृत।
कमलपत्री नेत्र हों बाहर-बाहर,
भीतर की आँखें निपट-निमीलित!
यह कैसे होगा?
यह क्योंकर होगा?

प्रगति की अधूरी, एकांगी और अतिवादी कल्पना के बजाय उनके काव्य में उसकी पूर्ण विकसित, सर्वांगीण और सन्तुलित धारणा हमें मिलती है। उनका प्रगतिवाद सबसे पहले व्यापक अर्थों में मानवीय है, फिर राष्ट्रीय। राष्ट्रीय समस्याओं को लाँघ कर अन्तर्राष्ट्रीय ओलम्पिक में उतरने की न उसकी कोई महत्वाकांक्षा है, न ही उतर न पाने का कोई पछतावा ही। सबसे पहले वे अपने देश के प्रत्यक्ष संघर्षों-समस्याओं के निपटाने में रुचि रखते हैं। इसलिए अति उदार अथच वायवीय और सार्वभौम मार्क्सवाद, ढोंगी और इलेक्शनमुखी साम्यवाद उनके लेखन के दायरे में आलोचना का ही पात्र बना रहा है—कांग्रेसी नेताओं की तरह वामपंथी नेता भी लचकीलेपन का परिचय देने लगे हैं। वे भी जनता की 'धार्मिक' स्वतन्त्रता, 'सांस्कृतिक' स्वतन्त्रता, 'चिन्तन' की स्वतन्त्रता और 'रहन-सहन' की स्वतन्त्रता पर जोर देने लगे हैं। वे कहने लगे हैं—"इन बातों के लिए अभी किसी को न छेड़ो, लोग बिदक जाएँगे तो वोट नहीं मिलेगा, हम तो सिर्फ आर्थिक और राजनीतिक मसलों पर प्रकाश डालेंगे...समाजवाद की चर्चा करना अब आम फैशन हो गया है। इसकी बातें करने से मुख शुद्ध होता है। कोढ़ी के शरीर पर दिए हुए चन्दन की भाँति समाजवाद का सौरभ बड़ों की इज्जत बचाता है।" (निराला, पृ. 68) साम्यवाद और समाजवाद के ऊपरी रंग-रोगन की चमक-दमक न तो उनके लेखन में है न ही वह उनके जीवन को ही मोह मूढ़ कर सका है। उनकी पक्की धारणा है कि "झूठी-अहम्मन्यता से जिनके मन-प्राण दूषित नहीं हैं, दलित जन ही जिनके स्वजन-आत्मीय हैं, अपनी भुजाओं और पैरों का ही जिन्हें सहारा है, ऐसे युवकों के लिए सुख-सम्पदा आसमान से नहीं टपका करती, अपनी गाढ़ी मेहनत से ही वे उसे पाते हैं।" इसलिए उनके लेखन में उद्धारकर्ताओं और समाज सुधारकों के स्थान पर खुद अपनी लड़ाई लड़नेवाले स्त्री-पुरुषों की एक विशाल अक्षौहिणी हमें मिलती है। इस रूप में वे प्रेमचन्द से काफी आगे निकल आए हैं। गोबर को गाँव छोड़कर भागने की जरूरत नहीं। आज वह भोला, खुरखुन और मोहन माँझी (कामरेड) (वरुण के बेटे) के रूप में गंगा साहनी जैसे जमींदारों को बराबर की जोड़ में मात दे रहा है। जीवू (बाबा बटेसरनाथ) के रूप में किसानों का संगठन तैयार कर रहा है, जैकिसुन और उसके साथियों के रूप में पुराने जागीरदारों

और नव-सामन्तों से बराबर की टक्कर ले रहा है, चम्पा, कुम्भीपाक और उग्रतारा के रूप में भारत की स्त्रियाँ आत्मनिर्भर और साहसिक जीवन-निर्णयों की ओर बढ़ रही हैं, तथा गाँव की इस धरती पर दुःखमोचन जैसे युवक उभर रहे हैं जो संतुलित और समर्पित समाजसेवी व्यक्तित्व के धनी हैं। आजादी के बाद पाखंड और स्वार्थ का जो घनघोर अँधेरा शहरों से लेकर गाँवों तक फैला है उसमें नागार्जुन का लेखन अनगिन दीपाघरों की एक प्रकाशपंक्ति है। अगर इतना भी हमारे सामाजिक जीवन में उतर पड़े तो गाँव शहरों के मुहताज नहीं रहेंगे न ही किसी क्रान्ति या विद्रोह की ऊपर से टपकने की प्रतीक्षा हमें करनी पड़ेगी। इस लेखक को पढ़ते हुए बार-बार हमें अपने आसपास के धरती पुत्रों पर भरोसा होता है और यह भी सुझाई देता रहता है कि खतरों के बावजूद बाधाओं से एकजुट होकर निपटनेवाली सेना हमारे पास है। सिर्फ उसे संगठित करने की जरूरत है।

नागार्जुन का लेखन श्रमिक जनता की ओर से किया गया वह शब्दमेघ है जिसमें जड़ पुरातनता और वृद्ध जर्जर सामन्तवाद को आहुति दी जाकर जनवादी चेतना की दिग्विजय की घोषणा की गई है। गरीब ब्राह्मण परिवार का यह औघड़ शब्दकर्मी 'ब्रह्मपिशाच' की तरह न अपनी आत्मचेतन विशिष्टता की उधेड़बुन में पड़ा है, न ही अपने को अद्वितीय और असाधारण मानते हुए पंक्ति-समर्पण की कृपालु मुद्रा ही अपना रहा है। टेलीप्रिंटर की तरह जो जनता के मनोभावों के प्रत्येक क्षण को टंकित करता रहा, जिसने अपनी व्यक्ति पीड़ा को छिपाए रखा और लोक के सुख-दुख को ही परम सत्य समझा, उसी का नाम नागार्जुन है।

लोक की पीड़ा और सामाजिक क्षोभ ही उसके लेखन के प्रधान अनुभव हैं। पीड़ित मानवता को शोषण और अनाचार के खिलाफ खड़ा करके वह एक प्रतिरोधक मोर्चाबन्दी करता है। नकली समाजवाद और छद्म वामपंथ के इस वातावरण में वह ऐसा कैसे कर सका इसका सबसे बड़ा कारण उसका भारतीय जनता से गहरा सम्पर्क है। सारे प्रगतिशीलों में जो कवि भारतीय जनता के चूल्हे-चौके तक पहुँचा हुआ है वह वही है। उसको पढ़ते हुए हम अपनी जनता के सीधे सम्पर्क में आते हैं। उसकी सारी जानकारी कानों सुनी नहीं आँखों देखी है। प्रतीक, उपमान और मुहावरे तक जनता से लिए गए हैं। वह किताबों के जरिए जनता को नहीं जानता। जनता के बीच रहकर अपने शब्द की परीक्षा करता है। साहित्य और राजनीति की मोटी-मोटी किताबें पढ़ कर जो लोग प्रगतिशीलता की तलाश यहाँ करेंगे उन्हें कोफ्त भी होगी और निराशा भी। किन्तु जो ठेठ जीवन शैली की खोज करते हुए इधर आएँगे उनके हाथ बहुत कुछ लगेगा। वे यहाँ उत्साह और उमंग से परिपूर्ण संघर्ष भी पा सकेंगे और चाँदनी रातों को आम के बगीचों में होनेवाला स्वस्थ अभिसार भी। प्रगतिशीलता अगर सिर्फ राजनीतिक दृष्टि नहीं है तो उसकी सर्वतोमुखी प्रतिष्ठा का साहित्य नागार्जुन जैसे लोग ही लिख पा रहे हैं। प्रकृति, नारी सौन्दर्य, यौवन और प्रणय के अनुभव भी यहाँ आपको मिलेंगे पर उसको पढ़ते हुए आपकी दृष्टि

लोलुपता के अंजन से अंजित होने के बजाय स्वस्थ रस-बोध से तृप्त हो उठेगी। सौन्दर्य की एक समग्रदर्शी कवि भावना हमारी चेतना को क्षुद्र आकर्षणों से ऊपर उठाकर भारतीय सौन्दर्य बोध के उन उच्चतम शिखरों की ओर ले जाएगी जहाँ रूप की ऊपरी पर्त गुण और स्वभाव की गहरी और बारीक छननी में छनकर सहज संतुलित और मर्यादित हो उठती है। वरुण के बेटे में नागार्जुन लिखते हैं–"अपने मुँह पर से मंगल की हथेली परे करके मधुरी ने कहा...गाँव गँवई के हम सीधे-सादे लोग ठहरे। हमारा प्रेमनगर कहीं समाज से अलग या संसार के बाहर आबाद हुआ है?" शुक्लजी के शब्दों में यह प्रेम का वह दूसरा रूप है जो अपना 'मधुर और अनुरंजनकारी प्रकाश जीवन-यात्रा के नाना पथों पर फेंकता है। प्रेमी जगत के बीच अपने अस्तित्व की रमणीयता का अनुभव आप भी करता है और अपने प्रिय को भी कराना चाहता है। प्रेम के दिव्य प्रभाव से उसे अपने आस-पास चारों ओर सौन्दर्य की आभा फैली दिखाई पड़ती है, जिसके बीच वह बड़े उत्साह और प्रफुल्लता के साथ अपना कर्म-सौन्दर्य प्रदर्शित करता है। वह प्रिय को अपने समग्र जीवन का सौन्दर्य जगत के बीच दिखाना चाहता है।' यह वह प्रेम है जो आगे चलकर सृष्टि का एक दिव्य स्वरूप विधान हमारे सामने करता है। नागार्जुन के साहित्य में सुन्दर-बिलौटे, खुरदरे पाँव, दूधिया निगाहें, प्रेत की खड़खड़ाहट और खूनी जीभों की खुमारी का एक बड़ा-लम्बा चौड़ा विविध भंगिमाओं से युक्त संसार हमें दिखता है। अगर परम्परागत सौन्दर्य का चश्मा लगाकर कोई प्रवेश करेगा तो मैं मुक्तिबोध की तर्क शैली में उससे पूछना चाहूँगा क्या गुलाब और सुरम्य घाटियों में ही सौन्दर्य होता है? काले बंजर स्याह पहाड़ में नहीं? क्या कभी आपने कुकुरमुत्ते को निराला की आँख से देखा है? नागार्जुन के सौन्दर्यबोध की विशेषता है उसकी निरन्तर सक्रियता और सामाजिक उपयोगिता। कविता के सन्दर्भ में वे उसी सौन्दर्य को महत्त्व देते हैं जो सम्प्रेषणधर्मी और लोक उन्नयनकारी हो। अभावों और अँधेरों की ब्यौरेवार लिस्ट पेश करके रह जानेवाली यथार्थवादी कवि वे नहीं हैं। उनका लेखन समकालीन मनुष्य के उस सपने को प्रस्तुत करता है जो आजादी ने हमारे मनों में बीज के रूप में बोया है। पुराने का सर्वथा तिरस्कार और नए का अन्धाधुन्ध ग्रहण वे कभी नहीं करते। दोनों की उचित प्रतिष्ठा उनका काव्य वैशिष्ट्य है। इसलिए मुक्तछन्द, गद्यछन्द जैसी अति आधुनिक टेकनीक का इस्तेमाल करते हुए वे दोहा, सवैया, कुंडलियाँ, बरवै और लोकछन्दों को भी बेहिचक अपना लेते हैं। उनके पास एक स्वस्थ दिमाग और आग्रहमुक्त दृष्टि है जिस पर किसी भी मतवाद या साहित्यिक सम्प्रदाय की संकीर्णता हावी नहीं हो सकी है। वे अब भी कृतित्व के मामले में तरुण साहसिक प्रयोक्ता हैं और उन बुजुर्ग शिरोमणियों से सर्वथा मुक्त और स्वच्छन्द जो वय और वातावरण के आतंक में घुटते रह कर और अपनी निसर्ग अनुभूतियों पर अर्जित प्रतिष्ठा को दाँव पर लगा बँगला कविताएँ लिख रहे हैं जिनमें उनकी उम्र की छाप के बदले तरुण अनुभवों का संसार हिलोरें ले रहा है–

तोमार घिआने सेड़े साय माथाय व्यथा
स्फुरित होये थाके अन्तरे रूपकथा
को थाई छिलि हुई आमार तिलोतमे
भूलि नि तो करवनी तोमाके सुमध्यमे!

(ओ सुन्दर कटिवाली मेरी तिलोत्तमे तू कहाँ थी। मैं तो कभी भी तुम्हें नहीं भूल पाया। तुम्हारे ध्यान से आज भी मेरे सिर का दर्द भाग जाता है और रोम-रोम पुलकित हो उठता है)

नागार्जुन का कृतित्व इसी कालातिशायी मानव तत्त्व की अन्तर्निहित उल्लसित तरंगों की खोज यात्रा है। पर यह किसे पता नहीं है कि मानव तत्त्व के अन्तर्निहित उल्लास निरांतक और समता के वातावरण में ही सम्भव हो पाते हैं, जिसकी लड़ाई लड़नी पड़ती है। नागार्जुन का साहित्य इस ओर से भी बेखबर नहीं है इसे सिद्ध करने की जरूरत नहीं।

बातचीत–नवम्बर, 1979

तय कर लेने के बाद आप बातचीत कर ही लेंगे—नागार्जुन के सन्दर्भ में यह एकदम झूठ है। हो सकता है कभी आपके हाथ में कागज-कलम न हो और उनकी ठेंपी खुल जाए। फिर तो वे आपको घेरकर खड़े हो जाएँ कॉलरिज के उस पुराने नाविक की तरह जिसकी पकड़ इतनी मजबूत है कि आपको कहीं जाने की अपनी सारी आतुरता ही भूल जाए। वे बिना भूमिका के शुरू होते हैं और बीच-बीच में मुद्दे से बाहर भी चले जाते हैं। मैंने उन्हें केवल कविता सुनाते हुए अत्यन्त ध्यानस्थ देखा है। उनके पास छोटी-छोटी डायरियाँ हैं, जेबी नोटबुक टाइप जिसमें अपन धोबी का हिसाब लिखते हैं। नागार्जुन की कविताएँ लिखी रहती हैं उनमें। वे झोले में नहीं जेब में रहती हैं। कहते रहेंगे—मैं तुम्हें कुछ कविताएँ सुनाना चाहता हूँ जब फुर्सत में रहोगे—और इस ताक में रहेंगे कि उन्हें और आपको फुर्सत कब मिलती है। जरूरी यह भी है कि वे तरोताजा भी हों। थकान के वक्त वे अक्सर चुप रहना पसन्द करते हैं। नहीं तो नाचते नजर आएँगे। जो बातचीत मैं यहाँ प्रस्तुत कर रहा हूँ वह महीने भर के टूटे-बिखरे और बार-बार जुड़े हुए सिलसिले की देन है। कुछ बातें दिल्ली के टैगोर पार्क वाले उस कमरे में हुईं जो उनका स्थायी निवास-सा बन गया है। अधिकांश बातें मेरे अपने घर पर हुईं जब महीने भर के लिए वे मेरे मेहमान थे। कई-कई बैठकों में ली गई यह बातचीत कभी काफी सजग भाव से हुई है, तो कभी मना करते-करते मैंने चुपके से टाँक लिया है। ऐसी भी चर्चा हुई जिसे रिकार्ड करने से मना किया गया, फिर भी मैंने उसे याद रखा और नोट किया। वे सारी चर्चाएँ आपके सामने हैं।

नागार्जुन मेरे यहाँ 17 नवम्बर की शाम आए थे। 18 को उन्हें कालिदास समारोहवाले कवि सम्मेलन की अध्यक्षता करनी थी। इसके बाद उन्हें सात-आठ रोज का एकान्त चाहिए था एक बाल उपन्यास (गरीबदास) पूरा करने के लिए। तय हुआ कि 20 नवम्बर की शाम को साँची चल देंगे और बौद्ध धर्मशाला में अपना काम पूरा कर लेंगे। तब तक कोई बातचीत हो नहीं सकेगी। पर 25 को ही लौट आए, अधूरा काम लिए-दिए। 'तीन दिन और लगेंगे—तब तक मैं तुम्हारे पास न रहकर रघुनाथसिंह के यहाँ रहूँगा। डिक्टेशन के वक्त शोभाकान्त मेरे साथ रहेंगे और रात में लौट आया करेंगे। मैं उपन्यास खत्म करके ही लौटूँगा।' 26 की सुबह उठते ही

मैंने पाया कि जाने के पहले वे कुछ कहना चाहते हैं। 25 को राजेन्द्र माथुर (नई दुनिया) ने उन्हें कई मुद्‌दों पर कुरेदा था। भीतर ही भीतर वे बेचैन थे। चाय पीते-पीते उन्होंने पुकारा–'सुनते हो विजय बाबू। सी.पी.आई. वालों में कठमुल्लापन बढ़ रहा है। जनसंघी एक बार उदारता दिखा सकता है पर वह नहीं। और जब साँठ-गाँठ करनी होगी तो जनसंघी और कांग्रेसी सबके साथ कर लेंगे। कहेंगे–क्या हम तो घुसपैठ कर रहे हैं। और कहीं हम जनसंघियों के साथ बैठकर बातचीत करने लग जाएँ तो कहेंगे–अरे साहब वो तो गुमराह हो गए हैं। वो तो हमेशा से कन्फ्यूज्ड रहे हैं। अभी इम्येच्योर (अपरिपक्व) हैं...अब उन लोगों से कौन पूछने जाए कि आप विधान सभा में एक साथ गाँठ जोड़कर जब प्रगतिशील बने रह सकते हैं तो क्या हम बातचीत करने से ऐसे हो गए। हमें छूत लग जाएगी और उन्हें नहीं।'...

❑ आपको इसीलिए तो वे लोग टाट-बाहर किए रहते हैं–मैंने कहा।

पार्टी के इनर सर्किल में आएगा तो मूलतः साहित्यकार नहीं रह सकता। मैं तो 62 तक सी.पी.आई. का सदस्य रहा। यह और बात है कि मेरी सदस्यता हमेशा ढीले किस्म की रही। इसीलिए कोई रिकॉगनिशन भी नहीं रहा। हिन्दी प्रदेशों के राजनेताओं को राजनीति के अलावा साहित्य-फाहित्य की परवाह नहीं है। मान लेता हूँ कि साहब जनता के अगले फ्रंट पर लड़ते हुए आपके पास इतना समय नहीं है, लेकिन उतना तो हो जितना गोर्की के पास जाने के लिए लेनिन के पास था। लेनिन गोर्की के पास जाता था। अक्तूबर क्रान्ति के दिनों में गोर्की लेनिन के खिलाफ पर्चे निकालते थे। पर लेनिन को चिन्ता यह रहती थी कि गोर्की जाड़े में राशन न मिलने पर ठिठुरकर मर न जाएँ। उसने गोर्की की हिफाजत के लिए एक आदमी रख दिया था। उतना दर्द तो हम हिन्दुस्तान के किसी राजनेता में नहीं पाते। जवाहरलाल नेहरू को तो हिन्दीवालों से कोई मतलब ही नहीं था। अब तो खैर अपना-अपना घर भरनेवालों का मोर्चा बड़ा विशाल है।

❑ इसीलिए मैं आपको प्रचलित अर्थों में प्रगतिवादी नहीं कहता।

हाँ। यह ठीक भी है। आजकल तो मार्क्सवादी/जनवादी/तमाम संज्ञाएँ हैं। मार्क्सवाद के भी इतने शेड्स हो गए हैं कि राष्ट्रीय, अन्तर्राष्ट्रीय मार्क्सवाद से लेकर चारु मजुमदार और चेग्वेरा तक फैला हुआ है। अब आप किसे सही कहेंगे किसे गलत। और इस बीच में चतुर बौद्धिक भी हैं जो छलाँग मारकर विदेश चले जाते हैं। वे लोग भी हैं जिन्हें लाभ-लोभ की राजनीति आती है। मैं ऐसा मार्क्सवादी नहीं हूँ। मेरे सन्दर्भ में राष्ट्रीय मार्क्सवाद शब्द ज्यादा सही होगा। भारत में ही क्यों सम्पूर्ण दक्षिण एशिया में मार्क्सवाद तभी फलदायी होगा जब वह राष्ट्रीयता से जुड़ेगा।

(अचानक उन्हें चीन आक्रमण का सन्दर्भ याद आया)

अब देखो सन् '62 में मैंने चीन के खिलाफ लिखा। मेरे लिए जरूरी नहीं था कि मैं पार्टी-महंथों का मुँह ताकूँ। विडम्बना तो यह कि चीन को गाली छापनेवाला सम्पादक चीन हो आया। अपने यहाँ ऐसे राष्ट्रवादियों की भी कमी नहीं है–गंगा

गए गंगादास जमुना गए जमुनादास। पर ईमानदार कवि यह नहीं कर सकता। उसे अपनी आवेगशीलता की इज्जत तो करनी ही होगी। और ऐसे में वह अथर्ववेद की अभिशाप शैली से पनघट की गालियों तक उतर सकता है।

❑ आप जिसे राष्ट्रीय मार्क्सवाद कह रहे हैं जरा उसे समझाइए बाबा!

अन्तर्राष्ट्रीय साम्यवाद जब राष्ट्रीय हो लेगा तभी वह राष्ट्रीय मार्क्सवाद की संज्ञा पा सकेगा। मेरे लिए इसका मतलब स्थानीय समस्याओं और निकट के संघर्षों से जुड़ना है। बाहर-बाहर तो हम प्रगतिशील बने रहें और भीतर वही प्रतिक्रियावाद काम करता चले तो फिर कैसी राष्ट्रीयता और कैसी साम्यवादिता।

मैंने देखा इधर के वामपंथी काफी असहिष्णु होते जा रहे हैं। वे लेखक को पार्टी की शर्तों पर पाना चाहते हैं जबकि आजकल पार्टी खुद साल छह महीने में अपने को बदल लेती है। उसे वे लोग बुरा नहीं कहते। तर्क यह देते हैं कि कई दिमागों के मिले-जुले निर्णय के तहत यह बदलाव आता है। पर उन्हें कौन बताए कि लेखक तो हजार दिमागों का प्रतिनिधि होता है। इस रूप में वह अगर पार्टी से हट जाए तो कोई हर्ज नहीं। 1917 की क्रान्ति में गोर्की खिलाफ थे, पर लेनिन ने उन्हें दुश्मन घोषित नहीं किया। अपने यहाँ स्थिति और है। और यही कारण है कि रामविलास शर्मा जैसे घनघोर मार्क्सवादी निस्पृह—स्लीपिंग पार्टनर—हो गए हैं। सज्जाद जहीर जैसे लोग हैदराबाद के पार्टी कार्यकर्ता का हालचाल पूछने तो चले जाएँगे, पर आगरा नहीं।

'62 में माओत्से तुंग को घरेलू सम्बन्धों के चलते गाली दी, पर बापपन से इनकार नहीं किया। बाप रंडीबाज हो जाए तो क्या कहा जाएगा उसे। मैं स्थानीय घटनाओं से निर्लिप्त होकर मार्क्सवादी नहीं रहना चाहता।

❑ मुझे लगता है इसलिए डॉ. प्रभाकर माचवे जैसे मित्र आपको अराजकतावादी कहना पसन्द करते हैं।

माचवे उन रिटायर्ड बौद्धिकों में से हैं जिन्हें कुछ मामलों में अज्ञेय भी पसन्द करते हैं। कुछ में दादा धर्माधिकारी भी पसन्द करते हैं। अब स्थिति ऐसी बनती है कि...अराजक एक प्रकार से हल्का विशेषण है...समझ जाइए कि...उनकी बातों का मतलब क्या है। यानी इस आदमी पर ज्यादा ध्यान देने की जरूरत नहीं है। अगर कोई सोशलिस्ट हो जाए तो वे अपने को उससे अलग कर लेंगे। अज्ञेय ने सम्पूर्ण क्रान्ति के दिनों में 'एवरीमैन' के सम्पादन से अपने को अलग कर लिया। और बाद में जे.पी. के दर्शन भी महीने दो महीने में कर आते थे। यह लाभ उठानेवाली बात है। साहित्य में ऐसे लोग खुद को निर्दलीय-अदलीय मानते हैं पर किसी दल से गहरे रूप में जुड़े रहते हैं। जैसे कोई राज्यपाल निर्दलीय हो और बाद में कहे—मुझे भी पंक्ति में ले लो। या फिर किसी महाकुबेर के परिवार में उसकी रसाई हो जाती है। आचार शुद्धि के मामलों में ऐसे व्यक्तियों के प्रमाण-पत्र पर मैं ध्यान नहीं दूँगा।

(कुछ देर बाद गुस्सा शान्त करते हुए फिर भभक उठते हैं।)

सूप कहे चलनी से तेरे बहत्तर छेद। हमें तो अपने इर्द-गिर्द के लोगों के रिमार्क का ज्यादा खयाल रखना है। जिन पात्रों पर लिखता हूँ या लिखूँगा उनका खयाल रहता है।

❑ इसका मतलब तो यह कि आप किसी से सन्तुष्ट नहीं?

हम तो इस प्रतीक्षा में होंगे कि कोई ऐसी पार्टी निकले जो इन तमाम वामपंथियों से अलग हो और जिसका नेतृत्व शोषित वर्ग से उभरे।

❑ क्या कर्पूरी ठाकुर और जगजीवन राम इस वर्ग के नहीं हैं?

नहीं भाई। गरीब ब्राह्मण भी हो सकता है। विधवा हो। जन्म से सिर्फ रविदास कुल का न हो। रैदास हो भी। ये जगजीवन राम हरिजनों के नेता बनते हैं। नेता तो अम्बेडकर थे। इनका चूतियापा लोग बर्दाश्त कैसे करते हैं, (हम तो साहब साठ पार कर गए हैं गाली भी बक सकते हैं)।

❑ फिर आपकी प्रगतिशीलता कैसे पहचानी जाएगी?

प्रगतिशीलों को सबसे पहले जमीन से जुड़ना चाहिए।

अब आप कहेंगे साहब कि बुड्ढा है। बकने दो। तो हम चाहें न चाहें बुढ़भस के शिकार तो हैं ही। तो हम कहते-सुनते कुछ कह भी जाएँगे और इसका भी खयाल रखेंगे कि कोई ऐसी बात मुँह से न निकल जाए जो व्यक्तित्व पर बुरा असर डाले। बहुत सारी बातें ऐसी हैं जिन्हें हम सबके सामने नहीं कहते-करते। और कोई आके कहे—आईने के सामने हँसो। ऋषियों ने कहा है—हमारे जो आचरण अनाचरणीय हैं उनको मत देखो। बातचीत करते वक्त हम इसीलिए बच्चों को भगा देते हैं। समाज में कुछ मर्यादा-बन्धन तो चाहिए ही जो कुल मिलाकर सामाजिक स्वास्थ्य के लिए लाभकारी होता है।

× × ×

अब स्थिति यह है कि जिसे हम आशीर्वाद देते हैं उसी में आगे चलकर कुछ धूर्त तत्त्व उभर आता है, तो मेरी वितृष्णा हो जाती है। पर जैसे हर प्रवाह में लाशें और सड़ी चीजें बहती रहती हैं और उन्हें छोड़ना पड़ता है वैसे ही बहुत सारी बातें हैं। जैसे बूढ़ा पीपल और नए पत्तों के लिए आग्रहशील हो तो यह गलत है।

❑ आपकी बात से ऐसा लगता है कि आप हिन्दू धर्म के काफी नजदीक जा रहे हैं।

हिन्दू धर्म को व्यापक पैमाने पर मैं जनधर्म मानता हूँ। पर उसमें से आप सामन्तशाही और ब्राह्मणशाही हटा दीजिए। तुलसीदास के प्रति हमारी आपत्ति सिर्फ यही है—'पूजिय विप्र जदपि गुनहीना।' यह क्या मजबूरी है हमारी?

❑ सामन्तशाही हटेगी कैसे?

यह बहुत बड़ी बीमारी है। वामपंथी पार्टियाँ भी इसकी शिकार हैं। सभी ऊँचे पदों पर ब्राह्मण बैठे हैं। या तो छोटे-छोटे टुकड़ों में कभी भारत बँटे और गृहयुद्ध में ये चीजें जल जाएँ। पर हम जानते हैं—हमारी कल्पना से जैसे आशीर्वाद सफल नहीं होते वैसे अभिशाप भी सफल नहीं होंगे। हमें तो वे घोषित कर देंगे साला पगला गया है। इन्हीं स्थितियों में प्रखर बौद्धिक कभी-कभी ऊबकर गूँगा हो जाता है।

अतिचातुर्य तब गुण है जब जनमुखी हो। अगर उसका गुण सिर्फ अपना स्वार्थसिद्ध करना है तो रोग है, जिसके उदाहरण हमारे बहुत सारे मित्र हैं।

अब देखिए नोबुल प्राइज रवीन्द्रनाथ को मिला। मुझसे कोई पूछे तो हम शरत बाबू को देंगे। साहित्यिक गुणों के कारण शरत का ही नाम पहुँचता है। रवि का नहीं। अगर उनके पास खानदान और ऊँची प्रचार सुविधा न होती तो वे क्या होते?

❑ रवीन्द्रनाथ तो हमारे अमर साहित्यकार हैं?

अमरता बहुत बड़ा भ्रम है। सापेक्ष शब्द है। कालिदास के समय में उसी चोटी के कवि रहे होंगे। पर उन्हें सुविधा नहीं मिली होगी। इसी तरह शाश्वत शब्द भी भ्रम है।

❑ चाय ठंडी हो चुकी थी। साँस तेज हो गई थी। चेहरे का तनाव बढ़ गया था। आगे की चर्चा स्वास्थ्यकर नहीं होगी यह सावधानी बरतनी ही थी। बाबा पलथिया कर तख्त पर बैठे थे। मैंने उनसे छुट्टी ली और वे रघुनाथसिंह के यहाँ अपना उपन्यास पूरा करने के लिए तैयार हो गए। लौटे वे 28 नवम्बर की शाम जब नवम्बर की हल्की फुहार पड़ रही थी। ठंडक कुछ अधिक बढ़ गई थी। नीबू की चाय रखते हुए मैंने छेड़ा—बाबा आपको अब कुछ कविताएँ भजन शैली में भी लिखनी चाहिए। गीत तो आपने युनिक लिखे हैं—

हाँ। इसकी जरूरत तो है। रमेश रंजक वगैरह लिखते हैं तो प्रगतिशीलता का बघार जरा ज्यादा ही लगा देते हैं। सब गुड़-गोबर हो जाता है। जनता के मन की पहचान नहीं कर पाते—भजनों में तनाव कम करने की अद्‌भुत शक्ति है। सूर ने बच्चों के गीत बहुत लिखे। बेचारा बिना बेटे का था। अच्छा लगता रहा होगा उसे बच्चों का गीत लिखकर।

❑ भजनवाली बात पर बाबा को अपनी मालाएँ याद आने लगीं जो इन दिनों वे अपने पास रखने लगे थे और यहाँ भी एक खरीदकर लाए थे। बोले—

तुम्हें एक मजेदार किस्सा सुनाएँ। मेरे पास पिछले दिनों दो-तीन मालाएँ थीं—तुलसी की, रुद्राक्ष की। दो-एक प्रगतिशीलों की निगाहों में यह बात आई तो कानों-कान प्रचार करने लगे कि बुड्‌ढा सठिया गया है। दूर-दूर तक के दोस्तों तक खबर पहुँची की नागार्जुन के ये हाल हैं। माला जपने लगे हैं। मगर सामने कोई कुछ न कहे। मेरे एक देहरादूनी मित्र थे—ट्रेड यूनियन के लीडर। आए तो कहने लगे—'यह आपको बुढ़ौती में क्या हो गया है? क्या रिएक्शनरीपन है यह?' मैंने उनसे कहा—आप अपनी सिगरेट-विगरेट सुलगाइए फिर बताता हूँ। वे बोले—'नहीं साहब! पहले तो इस कमरे से बाहर चलिए।' मैंने कहा—देखिए आपको एक गुर की बात बताता हूँ। माला से सिर्फ रामनाम का जाप ही नहीं होता। मन की गाड़ी ट्रैक पर रहे—इसके लिए यह हमारे पूर्वजों की बहुत बढ़िया ईजाद है। अब इस उमर में अगर आपका मन भागने लगे तो आप क्या करिएगा। सुनते हो विजय बाबू—मैंने उन्हें समझाया कि अगर जवानी के दिन याद आ जाएँ तो माला से बढ़िया क्या है? चुपचाप दो-चार बार नाम फेर लीजिए। दूसरे, मान लीजिए जुलूस निकला हो और आप इस बुढ़ौती में उसमें शामिल होने लायक न रहें तो कम-से-कम इसे लेकर बैठजाइए और नारे दुहराते रहिए।

आपको लगेगा आप जुलूस के साथ हैं। कोई जरूरी है कि इस्तेमाल भी हम पूर्वजों की तरह करें। हम इस्तेमाल बदल लेंगे। हमारे उन दोस्तों को यह तरकीब काफी पसन्द आई। तुमने सुना होगा नेहरू जी भी बुढ़ौती में माला रखने लगे थे। जवानी के बाद विद्यापति के जीवन में भी एक क्षण आया था जबकि उन्हें—'माधव हम परिनाम निरासा' जैसा पद लिखना पड़ा। आदमी खाली बाहर की सुख-सुविधा से सन्तुष्ट नहीं हो सकता। उसे भीतरी तौर पर भी शान्ति चाहिए। भीतर के सारे माहौल को नजरअन्दाज करके सिर्फ बाहर के भरोसे कोई संस्कृति कब तक जिन्दा रहेगी? रूस गए तो वहाँ हम लोगों को गिरजाघर ले जाया गया। मैंने देखा—चार छः लाशें जिनको दफनाने के पहले पादरी के द्वारा मन्त्र पढ़ा जाना था। कुछ नए तरुण जोड़े थे जो शादी के इन्तजार में थे कि पादरी निपटें तो विवाह की रस्म पूरी हो। यह वहाँ का जीवन है—जहाँ बाहर-भीतर का तालमेल है। यहाँ तो यह सब होने पर हम घटिया किसम के बुद्धिजीवी कहे जाते हैं।

प्रगतिशील कवियों को देखो वे कितने सिकुड़ते जा रहे हैं। अपने ही प्रतीकों को छोड़ रहे हैं। नेरूदा और चेग्वेरा किस तरह अपने प्रतीकों का इस्तेमाल करते हैं। इसे न सीखकर ये लोग अपने प्रतीकों से नफरत करने लगे हैं और बात करते हैं जातीय इतिहास की। मैंने तो काली, दुर्गा, त्रिमूर्ति, पंचमूर्ति जैसे प्रतीकों का इस्तेमाल हमेशा किया है। सिन्दूर तिलकित भाल पर कविता लिखी है। अब कोई कहे कि मैं बिगड़ गया हूँ तो कहे। यह निर्णय करना लोगों का काम है कि मैं फेल हुआ या पास।

बौद्धिक क्षेत्रों में तो जबर्दस्त गुलामी चल रही है। कौन कितना अपने को कठमुल्ला साबित कर सकता है। पराये साहित्य का जूठन लेकर कूड़ा परोस सकता है। प्रेम पर लिखना रिएक्शनरीपन मान लिया गया तो मैंने हिन्दी में न लिखकर बँगला में प्रेम कविता लिखी।

❑ हिन्दी में आप अपने निकट किन-किन को पाते हैं?

रामविलास, केदार (अग्रवाल) और त्रिलोचन को। शमशेर से बन्धुता जरूर है और कभी-कभार उसकी रचनाओं को पढ़ भी लेते हैं पर वैसी नहीं जैसी केदार या त्रिलोचन से।

गीतकारों में वीरेन्द्र मिश्र और नईम के गीत मुझे अच्छे लगते हैं। रमेश रंजक तो है ही। पर उसे अभी ऊँचा उठना है। शलभ (श्रीरामसिंह) को मैं शिल्प की दृष्टि से अच्छा मानता हूँ। उसे छन्दों की पकड़ है। उर्दू पर कमांड है पर उसे अपना हेड-क्वार्टर कलकत्ता नहीं बनाना चाहिए। वहाँ से निकलना चाहिए। अभिमन्यु की तरह उसे हमेशा सात महारथियों से तो नहीं क्षुद्र महारथियों से लड़ना पड़ता है।

❑ भवानी भाई के बारे में आप क्या सोचते हैं?

गांधीवादी कवि वणिक केन्द्रिक होने को बाध्य है। भवानी भाई इसके परम उदाहरण हैं। इसलिए राष्ट्रीय स्वयं सेवक संघ और बनियों—दोनों को प्रिय हैं। उनका मानवतावाद शोषण का उतना तीखा विरोध नहीं कर सकता। भवानी बाबू से मेरा अच्छा सम्पर्क था लेकिन बाद में नहीं रह सका। जैसे घर का कोई आदमी ताड़ी

पीने लग जाए—तो उन्होंने हमको इस तरह घोषित किया। और हम से यह होता नहीं कि 'मन भी दहाड़ता रहे और मुस्कराते भी रहें'। आलोचनात्मक रुख मन में हो और पूँछ लेकर पहुँच जाऊँ—यह नेता लोग करते हैं। हम से नहीं होता।

❑ अपनी कविता के बारे में क्या आप सोचते हैं?

मेरी रचनाएँ भी ऐसी होती हैं जिन्हें आप विदग्ध जनों की कह सकते हैं। बादल को घिरते देखा है, कालिदास जैसी। लेकिन शिक्षा का अनुपात कभी इतना नहीं होगा कि सब के सब कालिदास के मेघदूत का आनन्द ले सकें। इसलिए हमारे युग के कवि को मोटे मुद्दों को लेकर भी कविता लिखनी होगी। मेरे लिए भूख अभी तो स्थायी भाव है। जब तक है तब तक मुँह कैसे फेरा जा सकता है इस ओर से? अब अगर आपको जन सामान्य तक पहुँचना है तो कविता की स्थिति-रंजकता पर भी विचार करना होगा। मुगालता छोड़ना होगा कि आपकी हींग अच्छी, आपका हलवा अच्छा। मानता हूँ कि एक ही कलछी से सब नहीं चलाया जा सकता पर कुछ भावों को अगर जनता तक पहुँचाना है तो तुकों का, संगीत का, राग का सहारा लेना पड़ सकता है। भाषा की नाटकीयता भी हमारा साथ दे सकती है।

मराठी में देखिए, अभंग को लोग कैसे गाते हैं। कानों में घुस जाता है। तुलसी ने रामलीला का आविष्कार किया। रवीन्द्र संगीत का बंगला में अलग दर्जा ही है।

❑ इसका मतलब यह है कि आप कविता को आम जनता तक उतारने के लिए यह सब जरूरी समझते हैं? पर आम जनता भी कुछ कम गड़बड़झाले वाला शब्द नहीं है।

आम जनता से मेरा मतलब बौद्धिक स्तर पर दर्जा चार तक पढ़ी हुई जनता से है। आर्थिक स्तर पर जो दोनों जून की रोटी खा लेती हो। उसके लिए किया गया कवि कर्म।

❑ यानी कि फार्म की चौकसी भी जरूरी है?

हाँ। फार्म को मैं इनकार नहीं करता। वह एक जरूरी चीज है। स्वयं रचनाकार होने के नाते यह स्वीकार करना होगा कि तीव्र आवेग कभी-कभी मुक्त छन्द में जब आएगा तो हम उसे रोकेंगे नहीं। किन्तु छन्द, लय आदि बहुत जरूरी है। और उसे पकड़ने के लिए हमें जनता के बीच जाना पड़ेगा। मुहावरे, बिम्ब सब लेने होंगे वहाँ से।

पर इसका मतलब यह नहीं कि मैं प्राणहीन तुकबन्दी का समर्थन कर रहा हूँ। ऐसे नमूने हिन्दी कविता में बहुत हैं और ये उदाहरण मेरे लिए काफी यन्त्रणादायक होते हैं। तब भी मैं इस निर्णय पर हूँ कि फार्म की उपेक्षा नहीं होनी चाहिए। यह बात मेरी समझ में शुरू से ही आ गई थी। संस्कृत परम्परा में कालिदास ने पचासों छन्दों का इस्तेमाल किया।...मान लो आज मैं अन्धा हो जाऊँ तो पाठ्य काव्य का मुक्त छन्द मेरा साथ न देगा। मेरे लिए उस वक्त एकतारा लेकर भजन रचना और गाना ज्यादा सुलभ होगा। सन्तों ने एकतारा क्यों लिया? उनको लगा कि यह छन्द को और मजबूत करेगा। अगर हिप्पी कवि गिटार पर अपनी कविता चौराहे पर गा

सकता है तो मैं क्यों नहीं? दिनकर, माखनलाल, सुभद्राकुमारी, नवीन क्यों जनता तक पहुँच सके? उनका छन्द ही उन्हें वहाँ तक पहुँचा सका। मुक्त छन्द की कविता भी अगर नाटकीय बातचीत से सम्पन्न हो तो लोगों की जुबान पर चढ़ जाएगी। सुरेश उपाध्याय जैसे कवि क्यों घंटों मंच पर सुने जाते हैं। उसका कारण उनका नाटकीय कथन है। उन्हें चाहे तो कथा-कथक कह सकते हैं। महाराष्ट्र में यह शैली खूब प्रचलित है। हिन्दी में लोग इसे अछूत माने बैठे हैं। एक तो वाचन (पाठ्य) के द्वारा ज्ञानार्जन की सुविधा जब से हुई तभी से रचना की मौलिकता, ताजगी और प्रखरता खत्म हो गई। मौलिकता किताबी ज्ञान में निहित नहीं रहती। वह कवि के व्यापक जीवन अनुभव और उससे पैदा होनेवाले साहस के भीतर से जन्म लेती है...विजेन्द्र लम्बी कविताएँ लिखते हैं। अगर वे नाटक लिखते तो जनता का ज्यादा कल्याण होता। सुमन का नाटकीय लहजा श्रोताओं को बाँधकर रखता है। इसलिए कविता में श्रोतृत्व होना उसकी जनव्याप्ति के लिए जरूरी है। मलयज जैसे कवि कवितापाठ के वक्त बोर क्यों करते हैं। उनका वाचन श्रोता को पकड़ नहीं पाता। तुलसीदास जैसे बड़े कवि ने जब रामलीला शुरू करवाई होगी तो सोचिए क्या प्लानिंग रही होगी। कविता के अनेक-अनेक स्तरों को अनेक-अनेक ढंगों से खोलने की जुगत थी यह। इसी योजना के तहत नवाह्न परायण का विधान आविष्कृत हुआ। उर्दू में मुशायरा होता है। बड़े से बड़ा और गम्भीर से गम्भीर शायर वहाँ जाकर अपने को उपकृत करता है। संस्कृत नाटकों में प्राकृत का प्रयोग क्यों किया गया—दूहा क्यों लिखे गए, जिससे आम जनता भी अपने लिए उनमें कुछ पा सके। प्राकृत उन दिनों जनभाषा थी।

क्या आप यह नहीं मानते कि कविता में कथ्य ही सबसे महत्त्वपूर्ण है, और आप खुद इसके चरम उदाहरण हैं?

मैं मानता हूँ कि कविता में कथन महत्त्वपूर्ण है पर कथन-पद्धति कम महत्त्वपूर्ण नहीं। इसीलिए हमने ज्यादातर छन्द ही चुना। बरवै छन्द में भस्मांकुर लिखा जो विछोह या श्रृंगार का प्यारा छन्द है। रहीम, तुलसी ने लिखा था इसमें। इधर खड़ी बोली में साकेत में एक जगह छः पंक्तियाँ बरवै की आई हैं। मैंने बरवै को लेकर उसे तोड़ा—अभिन्नाक्षर बना दिया। जहाँ वर्णनात्मक अंश हैं वहाँ भाषा संस्कृत-निष्ठ हो गई है। किन्तु बातचीत के प्रसंगों को एकदम ठेठ चलती भाषा में लिखा है। चूँकि कथांश बहुत सूक्ष्म था इसलिए उसे फुलाना भी था। मैंने वह कार्य यहाँ किया। पर हमारे समकालीन बूढ़े कवि लोग इस मायने में काफी दयनीय हैं। उन्हें भय है कि छन्द की ओर जाएँगे तो नए छोकरे क्या कहेंगे।

(बाबा की ठेंपी खुल गई थी और वे बातों में डूब गए थे)

कलकत्ता के रिजर्व बैंक में जो सरकाऊ सीढ़ियाँ लगी हुई हैं, पास ही कुछ बच्चे बैठे रहते हैं। जब कोई बूढ़ा आदमी आता है तो उसे सहारा देकर ऊपरी मंजिल तक छोड़ आते हैं और बदले में कुछ सिक्के घोंट लेते हैं। मैंने उन्हें देखा और उन पर लिखा—

विद्युत अभिमन्त्रित हैं सरकाऊ सीढ़ियाँ
चढ़ नहीं पा रहीं, उतर नहीं पा रहीं
पुरानी पीढ़ियाँ

मिर्जापुर में जब मैंने यह कविता सुनाई तो दो-तीन लोग उठ खड़े हुए। कहने लगे—आप सरासर गप्प मार रहे हैं। हमारा हिन्दी क्षेत्र इतना कूपमंडूक है। साहित्यकार हो या पत्रकार हमारे ये सारे लोग अल्प सूचित हैं। सरकार अगर उनकी आर्थिक सहायता नहीं कर सकती तो यही कर दे कि साल में एकाध बार उन्हें देश-दर्शन ही करवा दे। कम से कम उनकी कूपमंडूकता तो खत्म होगी। दुर्भाग्य तो यह है कि हिन्दी क्षेत्र के पास कोई समुद्र का किनारा नहीं है।

❑ बम्बई तो है। वहाँ तो कुछेक हिन्दी लेखक रहते भी हैं?

बम्बई में भी हमारी मानसिकता बम्बइया हो जाती है। हम अपने प्रति एलर्ट नहीं रह पाते। महीनों चाँद ही नहीं देखते। जब महीने में एक दिन खीर खाई जा सकती है तो चाँद क्यों नहीं जाकर देखा जा सकता। पर हमारी मंडलियों को इसकी फुर्सत नहीं है। सूर पंचशती पर लाखों खर्च करेंगे, पर हिन्दी की आम जनता पर, उसके ज्ञानवर्धन के लिए कुछ भी नहीं करेंगे। मजा तो देखो। समुद्र के किनारे होने पर भी बंगला और मराठी कविता भी इस मानसिकता से मुक्त नहीं है। सभी शंखधर्मी हैं। हाँ! बंगला में ईश्वर गुप्त, एंटनी फिरंगी जैसे कवि हुए जो आम भाषाओं में चार-चार पंक्तियों का 'छाड़ा' लिखते थे। पर यह तभी सम्भव है जबकि आपके मन में अपनी जनता के प्रति प्रेम और आदर हो। मैं तो अपने बंगाली युवक मित्रों से कहता हूँ—'आमा के ग्रामेर अंचले निये चलो।' पर वे खुद भी कहाँ जाते हैं।

बौद्धिकता की चाप कम करने के लिए जरूरी है कि हम ऐसा बार-बार करते रहें। किन्तु बंगाली कवि भी इससे वचता है। विष्णु दे बंगला के शमशेर हैं। बुद्धदेव बसु भी बौद्धिकता से ग्रस्त हैं। छद्म आधुनिकता को छाँटने का यही तरीका है कि हम छन्द की ओर लौटें। दुर्भाग्य है कि इप्टा (Ipta) टूट गया। अपने यहाँ के अच्छे-अच्छे फार्म थे, वे हमसे छूट गए। छन्द में अपने को प्रकट करने में हमारी आधुनिकता को शर्म आती है। कला परिषदोंवाले अगर छन्दवाली कविताओं का पाठ कराएँ तो क्या उनकी जात चली जाएगी। हाँ, यह खतरा तो है कि उनकी अपनी पहचान जरूर खत्म हो जाएगी।

❑ आधुनिक हिन्दी कवियों में वे कौन लोग हैं जिन्हें जनता अपना कवि कहकर मानेगी?

भारतेन्दु के बाद हिन्दी कविता को जनता के बीच खड़ी करने की कोशिश मैंने की। अगले पचास बरसों बाद जब हिन्दी कविता की जीवन्तता के प्रमाण खोजे जाएँगे तो हमारी वे पंक्तियाँ उद्धृत की जाएँगी जो चलताऊ ढंग से आन्दोलनों को लक्ष्य करके लिखी गई हैं। तुलसीदास से मैंने बराबर फार्म के प्रति जागरूकता सीखी है। और यह जैसे-तैसे नहीं आ जाता। कवि को अपनी सनक के बल पर कविता के

साथ सलूक नहीं करना चाहिए। मैं तो हमेशा फार्म तलाशता रहता हूँ। पश्चिमी यू.पी. में जब रहता हूँ तो नौटंकी जरूर देखता हूँ। नौटंकी में अवधी, उर्दू और खड़ी बोली सब मिल-जुलकर प्रभाव पैदा करते हैं। इसलिए मेरी कविता में भी फार्म के धरातल पर आपको वैविध्य मिलेगा। मैं दूसरी ध्वनियों की ओर भी ध्यान लगाए रहता हूँ—चाहे वे बंगला की ही क्यों न हों! काव्य और संगीत अगर एक-दूसरे की सहायता करें—आम जनता तक पहुँचने में—तो हर्ज क्या है। यह काम कवि का है कि वह अपने को सम्प्रेष्य बनाए। यह कैसे होगा—इसे सोचना हमारी जिम्मेदारी है। कवि के लिए हर समय ऐसी चुनौतियाँ मिलती ही रहती हैं। फ्रांस में लुई अरागो, पाल एल्युआर जैसे समृद्ध लेखक उस समय नाम बदलकर जन आन्दोलनों में कूद पड़े जब हिटलर ने फ्रांस को दखल कर लिया। उस समय ये बुद्धिजीवी जनता के बीच सारी आधुनिकता त्यागकर उनकी ही बोली में लिखने लग गए। और जन-जीवन की इस लय को पकड़ना आसान नहीं है। इसके लिए नदियों, तालाबों, पगडंडियों, बगीचों तक आना-जाना पड़ता है। बेतवा किनारे जाकर सिर्फ टहल आने से काम नहीं बनेगा। मोजा उतारकर पाँवों को लहरों में डुबाना होगा। फिर एकाध दिन तक किसी गीत की पंक्ति गुनगुनानी पड़ेगी। तब कहीं लय हाथ लग पाती है। थीम तो खैर बहुत बाद में आ पाती है। पर जो चीज मँहगी है, उसे भी खरीदना पड़ता है, अगर उसकी जरूरत है तो। 'तीन दिन तीन रात' कविता लिखने के लिए मुझे तीन दिन उस महौल में रहना पड़ा। लेकिन जब आपने तय कर लिया लोग समझें, घंटा न समझें, तब यह रूढ़ाग्रह बहुत दयनीय होता है। ऐसी कठिन कविताओं को सुनते हुए हमारे श्रोताओं का वही हाल होता है, जो पक्के संगीतवाले श्रोता का होता है।

❑ भाषा के बारे में आपने कुछ नहीं कहा?

भाषा की तराश या बुनावट के लिए इलाहाबाद की भाषा को हम प्रमाण मानते हैं। घुमन्तू जीवन रहा तो जगह-जगह के मुहावरे भी ले लिए हैं। जो मजदूरों को सुनानी है, उसमें शब्दों की कसावट को ढीला कर दिया है। इधर बीस-पच्चीस साल की रचनाओं में कसावट ज्यादा आई है। प्रयोग भी हमने खूब साहसिक किए हैं। परम्परागत और आधुनिक दोनों डरते हैं। संस्कृत और अंग्रेजी दोनों ही भाषाओं के जानकार हिन्दी लेखक का आत्मविश्वास खत्म हो गया है। पर मैं तो धड़ल्ले से प्रयोग करता हूँ और यह मानता हूँ कि हर भाषा का जादू अपना होता है। यह कर न पाता अगर संस्कृत न पढ़ी होती। संस्कृत पढ़ना अच्छा ही रहा। काफी काम आई। नहीं तो 'प्राभातिक खुमारी' और 'साडम्बर आरती' जैसे प्रयोग हो ही नहीं पाते।

❑ आपकी दृष्टि में सच्चा प्रगतिशील और सही आधुनिक कौन है?

ये सब स्थितियाँ कार्य सापेक्ष हैं। एकाएक लाद देंगे आप सब पर यह मुमकिन नहीं। एक बार घर से निकलने पर हमने अपनी पत्नी से कहा—सिन्दूर पोंछ लो। तो वह रोने लगी। और दिन भर रोती रही। तब हमने उसे समझाया कि सिन्दूर में रखा क्या है, जैसे राख वैसे सिन्दूर। पर वह नहीं समझीं। ग्रामकन्या टाइप युवतियों के

माथे से आप इतनी जल्दी सिन्दूर नहीं पुछवा सकते। इतनी आधुनिक वह नहीं हो पाएगी अभी। और न यह कहकर आप अपने को प्रगतिशील ही सिद्ध कर पाएँगे। संस्कार रूप में जो आएगा, वही हमारे काम का होगा।

आधुनिकता और प्रगतिशीलता की असली पहचान हमारे सामाजिक संघर्षों से होगी। कोई चुटिया रखता है या कोई सिन्दूर लगाती है, इससे निपटारा नहीं होगा। बीच में हमारा कामरेडों के साथ रहनेवाला पीरियड भी गुजरा है, उससे हमारा सन्तुलन बिगड़ने-बिगड़ने को हो गया था। चन्दन लगानेवाला भी हमारे लिए प्रगतिशील हो सकता है, अगर वह संघर्ष का समर्थन करता है। और कोई कामरेड घर का मालिक हो और छोटे भाई या बेटे के लिए दहेज माँगे तो हम वहाँ उसके नम्बर काट लेंगे और उस पंडित को नम्बर ज्यादा देंगे जो चन्दन-चुटिया के बावजूद दहेज नहीं माँग रहा है।

इस विचार तक पहुँचने में हमको काफी वक्त लगा है। ये सब चीजें धीरे-धीरे होती हैं। संस्कार के उखड़ने और जमने में समय की जरूरत पड़ती है।

❑ क्या आप जे.पी. वाले सम्पूर्ण क्रान्ति आन्दोलन और अपने परस्पर विरोधी रवैयों के बारे में भी कुछ कहना पसन्द करेंगे?

जे.पी. वाले जन आन्दोलन से मेरा जुड़ना और जेल से बाहर आने पर उस आन्दोलन से अपने को अलग कर लेना हमारे मित्रों एवं पाठकों के मध्य बार-बार चर्चित हुआ है। इस सिलसिले में डॉ. शिवकुमार मिश्र डी. लिट् न 'प्रतिमान' ख्शाह जहाँपुर, के एक अंक में बड़े विस्तार से प्रकाश डाला था। आप ने शायद वह नहीं देखा।

मेरा जे.पी. के व्यक्तित्व के प्रति कभी अनुराग नहीं रहा। सन् 40 और 70 के बीच जे.पी. के विरोध में दसियों व्यंग्य कविताएँ मेरी छपी होंगी। उनमें से कुछ एक ही अब प्राप्य हैं। फिर घटनाचक्र कुछ ऐसा घूमा कि 71-72 के बाद सत्तारूढ़ पार्टी के नेतृत्व में तानाशाही मनसूबे साफ-साफ उभरने लगे। श्रमजीवी वर्ग और प्रखर बौद्धिक जमात पर शासन का शिकंजा कसने लगा। गुजरात की नई पीढ़ी ने 'नव निर्माण आन्दोलन' के जरिए एक प्रतिरोध खड़ा किया। उसी की अगली कड़ी बिहार की तरुण पीढ़ी ने थाम ली। मार्च-अप्रैल 74 में बीसों छात्र एवं युवक शासकीय बर्बरता के शिकार हुए। तब हमारा धीरज छूट गया। हमें लगा कि बर्बरता के खिलाफ लिखना ही काफी नहीं होगा। हम प्रतीक अनशन पर बैठे। चौराहों और नुक्कड़ों पर कविताएँ सुना-सुना कर शासन के प्रति हमने अपनी बौखलाहट जाहिर की। अपने प्रगतिशील बन्धुओं की ओर से मुझे बार-बार समझाया गया कि यह सब फासिस्टों का सत्यानाशी तमाशा है...परन्तु मेरा विवेक बार-बार मुझे ले जाकर चौराहों पर खड़ा कर देता था।

जेल के अन्दर मैंने शिद्दत से महसूस किया कि समूचा आन्दोलन दक्षिणपंथी तत्त्वों की गिरफ्त में है। बाहर लाखों की भीड़वाले प्रदर्शनों में इस तथ्य का पता नहीं चला, इसीलिए जेल से बाहर आने पर मैंने आन्दोलन के विरोध में खुलकर वक्तव्य दिए।

❑❑